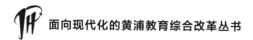
面向现代化的黄浦教育综合改革丛书

儿童视角下的学前教育

本册主编／姚晓红

副主编／肖燕萍　茅红美

上海教育出版社
SHANGHAI EDUCATIONAL
PUBLISHING HOUSE

图书在版编目（CIP）数据

儿童视角下的学前教育 / 姚晓红主编. — 上海：上海教育出版社，2020.12
（面向现代化的黄浦教育综合改革丛书 / 姚晓红主编）
ISBN 978-7-5720-0480-3

Ⅰ.①儿… Ⅱ.①姚… Ⅲ.①学前教育－教学研究 Ⅳ.①G612

中国版本图书馆CIP数据核字(2020)第271532号

序 一

上海是现代化国际大都市,黄浦区是上海开埠以来最核心的区域。在这20余平方公里的地域里,有着很多全国乃至世界闻名的标志性建筑和商业、文化产物:南京路、淮海路——中国最繁华的商业街;市百一店——中国最大的百货商场;国际饭店——改革开放前中国最高的大厦;江南造船厂——中国历史最悠久的近代造船企业。此外,还有着上海最早的江南园林——豫园,有万国建筑博览群之称的外滩,以及在改革开放年代建起来的上海博物馆、上海大剧院……这些都集中反映了上海海纳百川的开放胸怀和海派精神。从城市发展的角度看,上海在不太长的时间里就成为国际性大都市,这种发展模式和开放氛围在中国是特有的。而黄浦区就是典型的代表,由此它也成为上海的商业中心、金融中心和文化中心。可以说,在对国家作出贡献和推进上海社会经济发展方面,黄浦区都体现了特殊的地位与价值,发挥了独有的示范引领作用。

这种特殊的地位与价值同样反映在教育方面。黄浦区有全市历史最悠久的中学、第一所现代学制的小学、第一所教会女子中学,最早中外合作传授现代科学知识的中学和近代第一所职业学校。这种深厚的历史底蕴和文化积淀为黄浦区教育事业的发展奠定了坚实的基础。作为上海市整体教育综合改革实验区和全市唯一整体推进课程领导力实验项目的区域,多项全市性的教育改革在黄浦先行先试,为在更大范围内推广提供了成功的经验。在改革的进程中,黄浦区十分重视处理好历史传承和创新发展的关系,使老校焕发活力、新校崭露头角,达到了传统与现代的完美结合。

在改革早期,办学条件的改善、各项保障教育发展措施的落实是亟待解决的难题。黄浦区以敢为人先的改革精神成功地破解了这些难题。由于黄浦区位于市中心,又有成片的老城区,人口密度高,学校的场地面积可以说是寸土寸金,所谓"大楼中学""弄堂小学""石库门幼儿园"就是对该区学校办学条件的生动写照。在这种区位条件十分艰苦的情况下,区委、区政府和区教育行政部门充分利用国家关于土地批租的有关政策,在全面规划的基础上,把土地予以系统、有序的批租和置换,对学校进行了连锁改造,使学校面貌发生了翻天覆地的变化,在硬件改造方面提交了一份让老百姓满意的答卷。由此形成了黄浦区通过盘活现存资源、有效改善办学条件的改革经验,原国家教委还将这些经验向全国推广。

特别值得一提的是,黄浦区的改革精神和创新意识还突出表现在促进教育的内涵发展上,即用"打造一流教育"的标准去发现问题,用科学务实的态度去研究问题,用教师、校长共同的智慧去解决问题,形成了一些在全市领先的区域品牌和学校特色。

三十多年前,黄浦区就开始了对学生学习指导和非智力因素培养的研究,形成了一系列的研究成果,至今仍在深化,并在相当大的范围进行推广,这在全国产生了良好的影响。这一研究一开始就提出要关注学生的"学",立意开发学习潜能,培养学生健康心理,促进学生自主发展以及用脑科学研究有关成果指导教与学,这完全符合当今的教育理念和核心素养培育的基本要求。

在弘扬传统和改革创新中涌现出一批特色鲜明的学校,如格致中学的科学教育,其严谨求实的校风培养出一大批理科见长的优秀学子;大同中学的课程改革,尤其是活动课程的设置与实施,得到普遍赞誉;向明中学的创造教育,通过创造实验、自主管理、社会实践、主题活动来培养学生创造性人格;大境中学的体育特色,体现了"螺蛳壳里龙腾虎跃"的艰苦奋斗、勇创一流的体育精神;北京东路小学的小班化教育,在生源高峰回落、资源相对宽松的情况下给予学生更充分的教育;还有商职校、旅职校为顺应经济发展的需要在办学方面进行的卓有成效的探索等,当时这些改革举措在上海和全国都产生了很大的影响。

进入 21 世纪,在课程教材改革、教学方式转变、学生心理辅导和信息技术应用等方面,更多学校呈现出自己的亮点,如卢湾高级中学的人工智能,光明中学的法语教育,市八中学的男生班实验,同济黄浦设计创意中学的新型办学模式,上海市实验小学的开放教育,蓬莱路二小的"蓬莱小镇"系列课程,卢湾一中心小学的"云课堂",思南路幼儿园鼓励幼儿自主探究、创意发现的启蒙教育,荷花池幼儿园倡导多元融合、师幼共生、创意表达的艺术教育,等等。

十年前,黄浦区提出"办学生喜欢的学校",强调学校要倾听学生的呼声,关注学生的需求,努力顺应和鼓励学生追求快乐的天性,让校园生活时时处处都充满快乐的元素,让学生在成长中享受追求快乐的权利,使学校生活成为学生美好难忘的人生回忆。全区所有的中小学、幼儿园都参与了研究和实验,广大教师真正树立起了"以学生为本"的理念,把丰富学生的情感体验、促进学生健康快乐成长作为追求的目标。这样就把区域教育内涵发展提升到新的高度。

当然,黄浦区在教育改革与创新中的特色和亮点还有许多,不再一一赘述。

综上所述,黄浦区教育改革不断深化的脉络十分清晰:从历史传承到创新发展;从硬件的改善到对软件的变革;从教学外围的改革直指教学主阵地的改革;从对教师"教"的研究转到更加关注学生"学"的研究;从重视学生知识习得、方法应用等显性变化转向更加重视学生脑的开发,情感、态度、价值观的变化和学生内心成长等精神层面的发展。这种发展、变化的过程,说明黄浦区广大教师和校长对教育规律的认识在不断深化,关注学生情感、尊重学生生命的意识也在不断增强。由此,我认为黄浦区在整个区域教育改革中体现出来的特征也是明显的:其一,它始终以改革来推动教育的发展。从上海开埠以来,黄浦区就是在不断进取和改革中发展起来的,而改革又是站在研究的基础上进行。其二,学校校长和教师是改革与研究的主力军。研究不是请外来的专家"代劳",而是依靠校长和广大教师在实践中发现问题,解决问题,然后又在新的高度提出新的问题,以此持续不断地推动改革的深入。这正是黄浦教育发展的不竭动力。其三,创新精神贯穿于改革的全过程。黄浦区善于从国际视野以及教育未来发展的高度来定位改革方向,因而能抓住教育本质,直指改革核心,使许多工作始终在上海处于领先定位。

我高兴地看到,黄浦区《面向现代化的黄浦教育综合改革》丛书正式出版了！在此表示祝贺！这是全区教师多年来围绕教育综合改革和创新教育开展实践与研究的智慧结晶。相信这套丛书能在更大的范围发挥其借鉴和指导作用。今天已进入新时代，教育正处于全面深化改革的关键期。党的十九大报告指出，"建设教育强国是中华民族伟大复兴的基础工程"。希望黄浦区的广大教师、校长秉承以往一贯的改革创新精神，继续在改革的深度、广度上攻坚克难，不懈探索，以自己的智慧和勇气为加快推进教育现代化作出更大的贡献！

序　二

党的十八大以后,以习近平同志为核心的党中央坚持把教育摆在优先发展的战略位置,全面深化教育领域综合改革,一批标志性、引领性的改革在全国范围深入展开。因为教育改革点多、面广、线长,需要做的事情很多,而且教育问题在各地的反映既有共性又有个性,往往呈现出不同的特点。因此要解决好这些问题,需要按照中央的总体部署和指导原则,在一些承担教育综合改革的区域,按照中央指明的方向,率先大力推进教育体制改革创新,在注重教育改革的系统性、整体性、协同性,以及教育改革发展的重大问题和群众关心的热点问题解决上,提供可复制的经验。特别强调以改革激活力、增动力。

我们经常说的一句话是:改革进入了深水区。究竟深在哪里? 深在如何在制约教育发展的落后规则体系上打开缺口;深在如何在以改革激活力、增动力,释放基层与个体的活力和创造力上找到突破;深在如何在构建新的教育质量观的基础上,重新思考人才培养、办学质量这些根本性问题上有新的布局;深在如何在重新思考区域教育发展战略规划,创新区域学校课程与教学上创造新局面。总之,要寻找区域教育新的增值点,凸显区域教育改革的新方向、新举措、新成果。这是对区域教育发展的一次重新检验。

令人高兴的是,黄浦区在综合改革的实践中交出了一份漂亮的答卷。从中我们可以看到,黄浦区教育综合改革的几个鲜明的特征:

第一,注重教育思想领导,突出价值引领。教育思想的现代化是提升教育现代治理能力的重要前提。对区域教育的领导首先是教育思想领导。确立区域教育发展理念,坚持育人为本、五育融合、全面发展,引领区域教育高质量发展。在总结、凝练、提升区域教育发展理念过程中,黄浦区注重结合地域历史、文化特色,继承区域教育的优良传统;注重坚守教育的本质,紧扣国内外教育发展的趋势和方向;注重以人民群众向往的美好教育为行动准则,赋予区域教育发展以特定的内涵。

第二,认真做好顶层设计,绘就远景蓝图。黄浦区一直重视凝聚全区心力,绘就未来发展的共同愿景。共同愿景是对长远战略目标所描绘的纲领性蓝图,是全区干部和教育系统心目中教育发展的理想目标和追求,也是发自内心深处的真实愿望和教育理想。通过建立共同愿景争得全社会的广泛支持,多方形成合力,凝聚人心,为共同愿景的实现而努力拼搏。

第三,坚持创新、创造,打造现代教育的区域特色。黄浦区把创新教育定位在培养中小学生的创新精神和创新能力。他们认为,创新教育是以培养创新精神和创新能力为根本目的的教学活动,是着重解决在基础教育领域如何培养中小学生的创新意识、创新思维、创新能力问题的必由之路。社会要求我们创新,创新的社会才能不断进步;时代要求我们创新,不创新就会落后,就会失去进取的动力。创新教育,不仅是对教学方法的改革或者教学内容的改变,而且是重新审视教学的根本目的,对教育的功能有更全面的认知和定位,是带有全局性、结构性的教育革新和教育发展的价值追求,是新时代背景下教育的发展方向。正因为全区各级各类学校和机构长期坚持不懈的实践和努力,创新、创造已经成为区域教育的一大特色。

第四,发挥基层首创精神,激发学校办学内生动力。黄浦区历史名校众多、传统资源丰富。全区注重鼓励广大学校凝聚师生的价值追求,培育多样化的校园文化,注重拓展社会资源,打造社会实践大课堂,以多样化的校园活动,提高育人质量。全区积极创新学校人事、职称等评价制度,注重从精神荣誉、专业发展、岗位晋升、绩效工资、关心爱护五个方面对教师进行激励。积极鼓励学校坚持依法办学,营造风清气正的氛围,推动学校健康发展,为广大教师静心专业发展、潜心立德树人创造更好条件,充分激发广大教师教书育人的主动性、积极性、创造性,全心全意为国家育才、为民族铸魂。当前已进入全面提高基础教育质量的新阶段,黄浦区的广大学校工作重心集中在提高质量上,教学改革和探索真正成了学校的主责主业,在大力推广优秀教学成果、深化课堂教学改革、创新教育教学方法、不断提高育人质量和水平方面都有布局和深耕。

　　在全国教育大会上，习近平总书记着眼我国教育事业的长远发展，对深化教育体制改革作出了重点部署，为坚决破除制约教育事业发展的体制机制障碍指明了方向和路径，对于加快推进教育现代化、建设教育强国、办好人民满意的教育具有重大意义。今天在总结"十三五"、迎接"十四五"的时刻，我们完全有理由相信黄浦作为区域教育综合改革的实验区，一定会以新的气象、新的举措，创造出更美好的教育，为发展具有中国特色、世界水平的现代教育提供区域的经验和典范。

CONTENTS | 目录

导论 理念先行、规划引领下的黄浦学前教育

"人生百年,立于幼学。"学前教育是基础教育的奠基,是学校教育和终生发展的起步阶段,高质量办好学前教育是政府的重要使命。发展学前教育事关千家万户的切身利益,是保证和改善民生的重要举措。

我国学前教育经历了从"教学"到"游戏"的保教方式的转变,从"随意"到"科学"的教育内容的转变,从"统一"到"个性"的教育目标的转变,正逐步走向现代化。黄浦的学前教育同样经历了从"扎实基础"到"走在前列"的过程,已经成为黄浦教育的一张名片。

当前,黄浦明确将"科学化、高品质"作为学前教育发展的重要目标,这是基于对儿童视角理念的理解,也是基于黄浦教育综合改革和各项发展规划的实践需要。在这一部分,我们将对"科学化、高品质"的学前教育目标进行诠释,结合各项工作规划的引领,概览黄浦学前教育发展,同时围绕最关键的课程,解读不同类型幼儿园的课程方案及其实施。

一、基于儿童视角,办"科学化、高品质"的学前教育

(一)如何理解儿童视角

在提出基于儿童视角的教育主张之前,我们先来看看何谓"儿童视角"。

儿童视角是来自现象学的一个概念,而对于"儿童视角"这一概念的研究及应用源于文学领域[1]。我国儿童视角研究主要是受社会科学领域研究范式转变的影响,当前学前教育领域关于儿童视角的研究主要包括两类,一类为儿童视角理论研

---

[1] 杨静.基于儿童视角的幼小衔接研究——以上海市为例[D].西华师范大学,2016:2—3.

究,另一类是基于儿童视角研究具体问题①。

广大教育研究者对"儿童视角"有着不同的理解。陈晓红、李召存侧重于研究方法,他们认为,"儿童视角强调在教育研究中凸显儿童的主体性地位,采用能发挥儿童优势的研究方法,使儿童参与研究项目,使儿童表达自己对其生活世界的体验、认知和理解"②。余祥认为,"儿童视角是指成人在做一些可能涉及儿童的思考、决定、行动时,能站在儿童的立场,考虑儿童的想法,从保护儿童权利的角度,尊重儿童"③。蔡惠则更加关注课程实施过程中的儿童视角,指出儿童视角是"站在儿童的立场,在教学的内容选择与教学方式的使用过程中,将儿童的需要放在首位"④。黄力认为,儿童视角是"对儿童的独特价值的认可,需要给予儿童自由表达的机会,站在儿童的立场,了解儿童的真实处境和生活体验,从儿童的角度了解儿童的看法,据此反思既有的教育观念和实践"⑤。

(二) 基于儿童视角的教育主张

尽管研究人员和一线实践者对"儿童视角"的理解和诠释各有侧重、各不相同,"儿童视角"还是日益受到关注,且在幼儿园的教育实践过程中,越来越被幼儿教师们认同并采用。基于上述分析,我们认为,无论如何定义"儿童视角",都离不开其蕴含的三个关键点:第一,认可儿童的主体地位;第二,发挥儿童的潜在优势;第三,反思成人的观念实践。

教学的过程就是研究儿童的过程,基于"儿童视角",要求我们的眼中有孩子,自觉认可儿童的主体地位。教学的过程就是儿童研究的过程,将儿童研究落实在教学过程中,成为教学实践、教学研究的第一任务。外在的教育资源和环境,必须通过幼儿主体行为,才能得到内化,体现为幼儿的发展,从思考如何教到思考如何学,从研究内容到研究幼儿,这些都是认可儿童的主体地位的必然要求。我们的学前教育应充分尊重幼儿身心发展的规律和学习特点,充分关注幼儿的经验,引导幼

---

① 史洁,王浩.我国学前教育领域"儿童视角热"的冷思考[J].江苏教育研究,2019(01A):65.
② 陈晓红,李召存.教育研究中儿童视角的发展[J].教育导刊(下半月),2015(1):15.
③ 余祥.儿童视角下的幼儿园区域活动评价环节探究[J].教育教学论坛,2014(31).
④ 蔡惠.基于儿童视角的体育教学[J].小学教学参考,2014(15):78.
⑤ 黄力.我心目中的学校——儿童视角的教育研究[M].北京:光明日报出版社,2011:17.

儿在生活和活动中主动学习。

上海的二期课改提出学前教育要"致力于为幼儿一生的发展奠定基础",这与"儿童视角"的内涵一致,要求我们充分发挥儿童的潜在优势。人的智力发展是不平衡的,潜在的擅长领域也各不相同。要了解儿童的潜在优势需要长期的观察研究,对儿童的观察和发现永远没有终点。通过观察,了解儿童,从而理解儿童特有的情感认知、行为方式、行为倾向,再充分创造激发儿童兴趣和动机、开发儿童潜在优势和能力的机会,为其长期发展提供肥沃的土壤。

基于儿童视角观察和研究儿童,最后还要在成人的视角下反思成人的观念和实践,进行行为改进。所谓"教学相长",也是在让儿童充分表达、充分发展的同时,教师与儿童一起共同发展。

儿童视角为学前教育领域注入了新的活力,也不断提醒我们,学前教育要从幼儿的兴趣和发展需要出发,要坚持把学前教育建立在科学认识儿童的基础之上。科学地认识儿童,既包括科学的态度,也包括科学的方法,对待儿童的发展和认识要有科学的态度,对待儿童的发展更要有科学的方法。因此,"科学化"成为黄浦学前教育的一个目标。

儿童视角关注儿童的发展,儿童的发展需要依靠园所的发展,幼儿园的办学品质在很大程度上影响着儿童发展的基础。教育的落脚点最终在于质量,学前教育在未来的发展进程中必须紧抓"质量"这一关键词,着力创办"高品质"的未来幼儿园,发展高品质的教育。"高品质"也成为黄浦学前教育的追求。

(三)"科学化、高品质"的学前教育

从幼儿园办园的规律和经验来看,学前教育的"科学化、高品质"离不开各要素的相互支撑,需要体现在课程、教师、环境、质量等多个方面。

1. 课程

从教育理论到教育实践的中介是课程。因此,高质量的课程是"科学化、高品质"的学前教育的重要保证。崔勇、张文龙认为,"课程应该将玩与学有机融合在一起,让幼儿学习在幼儿喜闻乐见的游戏中悄然发生;课程应该将幼儿的生活和学习融合在一起,课程的开展过程,就是幼儿生活的过程;课程应该既能够符合大部分幼儿身心发展的规律与特性,又能够让不同个性的幼儿都可以成功,将共性与个性

融为一体"①。从课程目标的制定，到课程内容的选择，再到课程内容的实施，都应该紧跟幼儿的兴趣和需要。

我们认为，"科学化、高品质"的学前教育所需要的课程，应该是基于幼儿的生活基础的，应该是满足过程性需要的，也应该是具有丰富的互动性的。基于幼儿的生活基础，要求课程内容丰富而全面，认知的、社会的、创造的等方面的内容应基于幼儿的生活经验，同时有逻辑地融合，以保证提供给幼儿平衡的经验。满足过程性需要，要求课程的设计能够创造条件，让幼儿在生活和游戏过程中的需要得到满足，并不断朝更高水平发展。具有丰富的互动性，要求课程设计和实施过程中，让每一个幼儿主动参与活动，同时，要引导幼儿参与师生互动、生生互动，让孩子在互动中学习、在互动中呈现课程的价值。

黄浦学前教育将幼儿园的课程建设作为促进内涵发展的关键，近几年的实践中主要从三个方面着手，力求体现区域每一园所的课程生长力。

第一个方面是探求区域每所幼儿园的课程特色，且在传承的基础上有发展。黄浦区有10所幼儿园被列为市、区课程领导力行动研究基地，其中3所幼儿园属于上海市第三轮提升中小学（幼儿园）课程领导力行动研究项目学校。黄浦区幼儿园的选择性课程（特色活动）主要集中在艺术、游戏、运动和语言四大方面，其他涉及的内容包括幼儿社会性、自主活动、个别化学习、生活、科学探索、思维等。

第二个方面是重视区域每所幼儿园的课程展示，且以展示彰显内涵。黄浦区教育行政和业务指导部门组织各级各类幼儿园进行"课程建设促质量，特色发展强内涵"的课程展示活动，强调各类活动的开展都必须以有益幼儿发展为核心，以幼儿为活动主体，在活动中尊重差异、接纳差异，呵护、守护童真，助推每个孩子健康快乐成长。市、区层面的课程成果分享交流，对黄浦区幼儿园课程内涵发展起到了很大的助推作用，使得区域学前教育整体办园质量得到提升。

第三个方面是要求区域每所幼儿园的课程实施有方案，且方案不断优化。课程实施方案是幼儿园的课程指南，是教师课程实施的"行动纲领"。如何不断体现方案的"与时俱进"，如何进一步提升园长的课程领导力，包括进一步强化对课程实施方案的合理性理解、对课程设计平衡性的理解，这是近年来黄浦区幼儿园课程与教学改革的一项重要工作。基于对园所课程实施方案的制定与优化研究，我们认

---

① 崔勇,张文龙.新时代高品质幼儿园的基本特征与实现路径[J].教育科学论坛,2020(4):61.

为,课程实施方案不但要自上而下,更要关注自下而上的发展,幼儿园课程实施方案需要关注这样几个要求:课程理念不断明晰,进一步提高理念与课程要素之间的关联度;课程结构与课程设置不断优化,进一步体现逻辑性和科学性;课程实施的操作要求不断丰富,进一步提高方案的实用性;课程评价内容与方法不断完善,进一步细化教师课程实施质量的评价。

上述三个方面的工作,基于问题、持续深入,有效提高了区域幼儿园课程与教学活动的规范性与科学性,推动了学前教育的"科学化、高品质"。

2. 教师

要实现"科学化、高品质"的学前教育,提高教师的专业素质是非常重要的一环。培养具有先进教育观、儿童观且能科学地设计课程、实施课程的高素质的幼儿园教师,是实现高品质学前教育不可或缺的重要部分。

黄浦学前教育一直注重区域教师队伍建设,近年来通过"强龙头""造骨干""育苗子""搭舞台"等一系列举措,不断做强"优势",拉长"短板",着力助推黄浦学前教师队伍的整体发展、阶梯发展、实力发展。

强"龙头",培育每一园所的保教"领跑者"。一所幼儿园的保教主任(大教研组长)是整个园内教师队伍中的"佼佼者",是教师专业发展中的"领跑人"。在整个区域教师队伍打造中,黄浦始终将"保教主任(大教研组长)"作为教师队伍发展的"龙头"抓在手中,区学前教研室组建"保教主任(大教研组长)研修组",以此作为提升"龙头"的专业水平、管理能力的重要途径与手段,通过定期研修活动,区域"龙头"的课程执行能力、思辨能力、互动能力、反思能力、研究能力得到了很大的提升。

造"骨干",打造区内有一定影响力的教师。为了助推青年教师成为区"骨干教师",黄浦区开展了多项区评优活动,如:黄浦区中小幼教师教学评比活动、黄浦"萌芽杯"教学比赛、黄浦"新锐教师"评选活动。评优活动促进青年教师教育教学水平稳步提高,学前教师队伍稳步发展。为了助推骨干教师成为市"优秀教师",黄浦区鼓励支持教师积极参加市评优活动,以评选促发展。在历年的"上海市中青年教师教学评选"活动中,黄浦区公办幼儿园中示范性幼儿园和非示范性幼儿园都有教师获得一等奖或二等奖,体现了黄浦学前教师梯队的培养均衡发展。

育"苗子",聚焦课堂教学改革,助推"优苗"苗壮成长。黄浦区学前教研室自2015年起组建学前学科中心组,连续两届共30位中心组成员均来自幼儿园"骨干教师""潜力教师"或"新苗教师"。这些"优苗"在学科中心组的研究平台上互帮互助、共同研讨、迅速成长。

建"舞台",营造"人人发展、共同成长"的研究氛围。在学前教师队伍的培养与发展中,黄浦注重区域教师"术有专攻"。运行了近十年的"黄浦区幼儿教师青苹果工作坊",为区骨干教师、优秀教师搭建了更为宽广的专业发展和自我发展的舞台。在"青苹果工作坊"的组织管理中,通过展示周、实践日等多种形式强化工作坊"重实践研究、重教学一线"的宗旨,鼓励每一位坊主逐渐形成和展现自身的教育功底、教育智慧、教育风格。这一平台不但打造了一支有正确的教育理念、特色专长的优秀教师队伍,而且它在青年教师培养和区域辐射方面也发挥了积极的作用。

3. 环境

《幼儿园教育指导纲要(试行)》指出,环境是重要的教育资源,应通过环境的创设和利用,有效地促进幼儿的发展。①环境创设是课程的重要内容,是重要的教育教学资源,对幼儿的学习和成长具有潜移默化的影响。从显性的角度看,环境提供了幼儿在园一日生活的硬件条件。从隐性的角度看,环境能够与幼儿互动,并在互动中影响幼儿的成长。"科学化、高品质"的学前教育,离不开具备内隐价值的高质量的环境。

我们认为,高质量的环境应该具备这样两个特征:第一,具有吸引力。环境要能够在不经意中吸引幼儿的注意,让幼儿愿意与之靠近,能够在其中感受到自由。也许这样的环境不那么整洁,不那么"好看",但它能让幼儿找到生活的气息,找到尝试的勇气,找到幻想的空间。第二,具有适宜性。高质量的幼儿园环境要适应幼儿的年龄特征、个性特征与个体差异,适合幼儿的身心发展水平,适合幼儿的兴趣和能力,适应幼儿所处的文化背景。

黄浦区地处上海市中心,幼儿园场地均比较狭小。面对这样的基础,如何为幼儿提供高质量的环境? 我们以幼儿园"空间环境创意设计"项目为切入口,指导各级各类托幼园所依据《3～6岁儿童学习与发展指南》精神,根据园所特点,因地制宜,挖掘空间,创设适宜幼儿自主学习、主动学习的各类活动环境,努力为幼儿健康快乐成长打造丰富的、多样的、优质的环境。

近年来,黄浦区幼儿园的"空间环境创意设计"项目围绕"幼儿学习方式的低结构、游戏性和情境化;幼儿与环境的互动性、体验性与多元性",触及园所的各个角

---

① 教育部.教育部关于印发《幼儿园教育指导纲要(试行)》的通知.教基〔2001〕20号.

落,涵盖了幼儿一日活动的方方面面,既推进了优美的校园环境建设,更是在不断优化课程环境的过程中实现了内在的改变,更进一步落实了"以幼儿发展为本"的儿童观,体现了"一日活动皆课程"的课程观,展现了区域幼儿园的办园特色,推动了区域幼儿园的特色发展。

4. 质量

质量,是"科学化、高品质"的学前教育不可忽视的部分,它主要体现在保教工作过程中。保教质量体现在幼儿园的一切工作中,渗透在一日活动中,落实在幼儿发展中。高质量的幼儿园保育和教育应当建立起有效的内部自我评估系统和教师专业发展的支持系统,以保持并推动质量的可持续提升。2008 年,上海市教委发布了《上海市幼儿园保教质量评价指南》,为幼儿园保教质量的内部评价和外部评价提供了参考标准和依据。

黄浦区早在 2015 年就在全市先行先试,以区级重点课题"幼儿园保教质量监控系统的构建"为抓手,着手开展保教质量评价研究。该项研究旨在将评价指标立足于对幼儿发展具有关键性与可持续性的要素,从而根据这些要素,从健康、语言、社会、科学、艺术五大领域,通过聚焦幼儿的发展,开展保教质量评价。

经过几年的实践,黄浦区保教质量评价体系已初步构建,并显现了一定成效。评价有效促进了幼儿发展,使幼儿园能更敏锐地捕捉到保教管理的经验与问题,同时也促进保教人员的专业发展。我们认为,区域保教质量评价的目的不是用于评价各园的办园质量,也并非用来区分教师的教学水平,其根本目的在于促进幼儿发展,推进各园的保教质量提升。

二、基于规划引领,促进区域学前教育健康发展

为满足适龄儿童入园需要,全面提升学前教育质量,适应社会对优质学前教育的多元需求,黄浦区全面贯彻落实《国家中长期教育改革和发展规划纲要(2010—2020)》《国务院关于当前发展学前教育的若干意见》《中共中央　国务院关于学前教育深化改革规范发展的若干意见》和《中共上海市委、上海市人民政府关于推进学前教育深化改革规范发展的实施意见》等文件精神,制定黄浦区教育改革和发展"十三五"规划和黄浦区教育综合改革方案,实施多轮黄浦区学前教育三年行动计划,基于规划引领,促进区域学前教育科学化、高品质发展。

黄浦区紧紧围绕"办人民满意的教育、办学生喜欢的学校"的主线,以基于规划引领、政府切实履职,发展保障到位、质量普遍提升为重要抓手,创设有利于学前教育健康、有序、均衡发展的良好环境,积极满足区域适龄儿童接受优质学前教育的需求,着力推进部门合作,着力优化资源布局,着力推进综合改革,着力实现科学化、高品质发展,努力保持"确保公益、促进均衡、提升内涵、激发活力"的学前教育高位发展势头,实施快乐的启蒙教育,促进儿童健康、快乐成长。

(一) 全面落实黄浦区教育改革和发展"十三五"规划,促进学前教育高品质、科学化发展

黄浦区教育改革和发展"十三五"规划的总体目标是 0～3 岁婴幼儿早期教养指导服务规范、优质、多样开展,满足全区常住人口适龄儿童三年学前教育需求,3～6 岁儿童毛入园率达到 99%。"十三五"期间,黄浦区始终坚持办高品质、普惠性的学前教育,让黄浦的每个孩子拥有良好的人生开端。

1. 完善公共服务体系

黄浦区现有公办幼儿园 29 所,在园幼儿数 9400 余人;民办托幼园所 16 所,在园幼儿数 2100 余人;公办早教指导服务中心 1 所,早教指导服务分中心 10 所。通过实施多轮"学前教育三年行动计划",黄浦区进一步强化政府协调管理职能,持续发挥学前教育联席会议的作用,积极应对"二孩"政策带来的资源需求高增长和老百姓入好园的需求高增长,优化规划布局,推进园所标准化建设,有效应对了入园高峰。符合条件的 3～6 周岁适龄幼儿入园率达 100%,99% 以上户籍 0～3 岁婴幼儿的家长和看护人员每年得到 6 次以上有质量的科学育儿指导。通过"搭平台、强合作、高覆盖、优内涵",构建 0～3 岁散居婴幼儿家庭早教指导服务体系,黄浦区 0～3 岁婴幼儿家庭得到了优质、多样的早教指导服务。

2. 重视幼儿健康研究

黄浦区成立了全市首家区域学前儿童发展监测中心——"黄浦区学前儿童发展监测中心",开发建设了区域学前儿童发展监测平台和数据中心,开展大数据分析与评估,为区域学前教育相关政策的制定提供依据,为区内各托幼园所、早教机构提升保教质量以及家庭科学育儿等提供技术支持和业务咨询指导。学前儿童发展监测中心建立了学前儿童发展的动态监测、分析、反馈、干预、改进的网络机制,

实行"一人一档"的电子健康档案,为幼儿终身健康发展服务,培育、培训专业人才,实现学前儿童教育发展的信息在家庭、园所、卫生专业机构之间的互通、互换、互享,促进区域学前教育优质均衡发展和学前儿童健康快乐成长。

3. 加强保教质量的监控,构建教育质量保障体系

黄浦区坚持以"办人民满意的学前教育,办幼儿喜欢的学前教育"为发展主线,努力建设"科学化、高品质"的学前教育。而学前教育质量监控是建设"科学化、高品质"学前教育的重要一环,为此黄浦区申请了区级课题"黄浦区幼儿园保教质量监控的实践研究",它以推动园所制度、课程、教师队伍的建设、提高全区教育质量、促进教育公平为目标,以"幼儿核心素养发展指标"为抓手,依托该指标体系探索建立区、园两级层面"保教质量评估与监控"机制,为学前教育质量的提升提供监测与评估依据,继而形成学前教育质量保障体系。

4. 实施快乐的启蒙教育

依据幼儿身心发展的规律和认知规律,区域内幼儿园坚持游戏为幼儿的基本活动,强调学习方式的低结构、游戏性和情境化,强化幼儿与环境的互动性、体验性与多元性;深化幼小衔接的研究,关注幼儿学习品质的培育。以争创"家门口的优质幼儿园"①为导向,通过学前教育高位发展共同体、示范园辐射、公民结对等机制提升优质园的辐射力与影响力,各级各类幼儿园办园质量均得到提升,区域内学前教育优质、均衡发展。

5. 创新保教人员培养机制

黄浦区按照国家《幼儿园教职工配备标准(暂行)》(教师〔2013〕1号)完善幼儿园教职工配备,补足配齐各类教职员工;强化学前教育"保教结合"的理念,区域层面探索建立保健教师准入机制,在部分幼儿园开展试点幼儿园"一班三教"模式②。为深化学前教育保教队伍专业发展,黄浦区重点打造一批在全市有知名度和影响力的名园长、名教师、学科带头人,加强骨干教师的培养力度,依托青年园长助推工程、名园长工作室、青苹果工作坊等培养平台,通过定向培训、专家带教、实践锻炼、

---

① 优质幼儿园:指根据《上海市幼儿园分等定级标准》,经教育部门办学水平评估后认定为80分以上的幼儿园。
② "一班三教"模式:针对目前幼儿园教师配置为"每班配备2名教师,1名保育员"的模式,改变为"每班配备3名教师,增加的1名教师为保健教师",从而真正实现学前教育"医教结合、科学育儿"的目标。

科研引领等途径,建设一支数量充足、专业精良的保教队伍。

（二）整体推进黄浦区教育综合改革实验,实现学前教育公共服务普惠优质发展

黄浦区高度重视发展学前教育,高质量地办好学前教育是政府的重要使命,我们以教育综合改革为契机,牢牢把握改革的"整体""综合"要求,按照"确保公益、促进均衡、提升内涵、激发活力"的发展思路,坚持继承传统与改革创新相结合;坚持优化资源布局与制度设计相结合;坚持重点突破与全面推进相结合;坚持区级项目试点与园所自主发展相结合;实施"以需求为导向,以问题为突破,以改革为动力,以项目为抓手"的推进策略,办好人民满意、幼儿喜欢的学前教育。

1. 形成部门合作机制,有效实施0~3岁科学育儿指导

黄浦区本着"让黄浦的每个孩子拥有良好的人生开端"为宗旨,确立了"搭平台、强合作、高覆盖、优内涵"的综合改革推进模式,联手妇联、卫健委等部门,在签署《黄浦区深化推进0~3岁科学育儿指导部门合作备忘录》的基础上,建立了全市首家"区域0~3岁婴幼儿科学育儿数据服务平台"并不断进行优化,建成了以学前教育机构为主、重视调动社区参与0~3岁早教工作的积极性,向社区、家庭辐射的0~3岁科学育儿指导服务体系和政府主导、多方参与的网格化、立体式的服务格局。

区早教指导服务中心依托数据平台,对区域内0~3岁婴幼儿基础数据进行动态掌握、排摸、统计与分析,积极发挥管理、指导、研究、培训的功能。早教平台主要由"收集婴幼儿基础数据管理、班级管理、家校互动、课程评价、数据统计分析"五大模块。家长通过APP即可了解本区早教资讯;也可以通过在线报名的方式,预约参加本区早教亲子活动;还可以利用APP在线学习早教课程,提高科学育儿能力。平台投入使用至今,受到各方广泛关注。目前在线注册的有6561户婴幼儿家庭,使用平台预约早教亲子活动的有2293户婴幼儿家庭,通过平台已接受早教指导的有1960户婴幼儿家庭。计生、妇联、早教中心与分中心通过平台共享信息、互通资源,多方联动,各部门工作开展得便捷、高效。婴幼儿家长与早教点之间,信息沟通及时、透明,好评不断。

2. 成立学前教育高位发展共同体,推动优质均衡发展

黄浦区坚持树立"让每个孩子都享受家门口优质学前教育"的发展理念,力求

持续提升各级各类幼儿园的办园水平，为此，此次综合改革对已坚持近 20 年的学前教育"结对带教"机制进行传承中创新，实施园所优质均衡工程。

首先，成立 4 个"学前教育高位发展共同体"——荷花池艺术教育集团、"思优"个别化教育集团、瑞一健康运动教育集团和蓬幼游戏化教育集团。此次综合改革背景下组建学前教育集团，更注重发挥示范幼儿园作为龙头园所的主观能动性，采用"一校牵头，并举发展"的运作模式，集团成员既有公办幼儿园又有民办幼儿园，围绕"文化、课程、品质"的学前教育高位发展核心，开展主题式项目研究与探讨。学前教育集团体现园所之间发展与研究的同质需求，内容上也更能紧扣重点、突出亮点，旨在让志同道合的园所围绕共同的需求、问题、挑战，共同学习、共同研究、共同发展，力求以项目为引领，在园际共研共享中碰撞出火花，形成"和而不同"的黄浦学前教育特色，并在不同领域形成"百家争鸣"的状态，力求在特色研究上实现"项目共演、理念共生、方法共享"。

其次，将公办园与民办园、优质园与争创园的一对一结对放到学前教育共同体的大框架中，以共同体为大轮，以园际结对为小轮，形成"大轮带动小轮，小轮驱动大轮"的系统化发展模式。另外，在组建方式上改变过去的行政指令决定，而是由带教方提供菜单式服务项目自主招募结对方，就项目开展结对共研，实现资源共享、优势互补、共赢发展，促进区域内幼儿园办学的协调发展，文化融合，提高每一所幼儿园的办园质量。

最后，在园所结对的同时，进一步提升精准度，实施园长个体间的带教计划，即"园长助推工程"，由区内 6 名资深园长担任导师，带教 13 名青年园长或新任园长，旨在发挥成熟型园长的示范、引领作用，使青年园长在感受不同园长管理风格的过程中，博采众长，感悟并逐步生成办学思想、教育管理、队伍建设、保教实施等思想理念与实践经验，从而取得专业发展。

通过上述举措，当前，黄浦区公办幼儿园优质园（市、区示范、一级幼儿园）比例已超过 80％。民办幼儿园中，也有 6 所成为市民办优质幼儿园。

3. 探索"医教结合"长效模式，守护幼儿健康

黄浦区学前教育率先通过建立学前教育"医教结合"组织架构（领导小组、指导小组和工作小组），签署《区教育局、区卫计委共同推进学前教育"医教结合"合作备忘录》，从机制上保障了区域学前"医教结合"的可能性与可行性。黄浦区持续推进"一园（所）一医"对接模式，由医教结合领导小组牵头，在各级各类托幼园所建立

"医生进园服务岗",组织辖区妇幼保健所与社区卫生服务中心的医师以周、月、学期、学年为单位进驻园所开展服务。黄浦区在全市率先将学前"医教结合"工作"从特殊需求儿童拓展到所有在园儿童","从3～6岁扩展到0～6岁","从园所卫生保育深化到幼儿健康促进"。

黄浦区成立了全市首家区域学前儿童发展监测中心,并启动"黄浦区在园幼儿健康监测与分析平台",旨在依靠区域内的各方力量,对接专业机构,协同各园所与儿童家庭,建立学前儿童发展(特别是健康水平)的动态监测、分析、反馈、干预、改进的机制,已为黄浦区逾万名在园幼儿建立了健康电子档案。健康监测平台的使用有助于将园所保健工作经验快速应用为区级工作模式,提高园所保健工作效率,降低协同成本,为黄浦学前教育的高位均衡发展提供有效支撑。"黄浦区在园幼儿健康监测与分析平台"与已有的健康平台不同,不是简单地将幼儿园卫生保健工作电子化,更大的突破在于:一是建立日、周、月、学期、年不同周期在园幼儿健康基础数据的动态积累、汇总、分析机制;二是有效实现了在园幼儿健康信息在园所、家庭、卫生专业机构之间的互通、互换、互享,更好地促进医学和教育全过程、全方位的结合,并在监测、分析、反馈、干预、改进等各个方面发挥作用,最终促进幼儿健康成长。与此同时,区"医教结合"领导小组、指导小组鼓励指导区内卫生专业机构与托幼机构基于监测数据开展"医教结合"行动研究,目前已完成14个"医教结合"课题,内容涉及幼儿口腔、视力、运动、常见病、膳食、肥胖干预、意外伤害防范等多个方向。

4. 实施幼儿核心指标发展评价,构建区域保教质量评价体系

黄浦区开展"区域学前教育质量监控体系的构建与实施"区级重点项目的研究,旨在凸显学前教育内涵发展的本质要求。通过历时三年的研究,黄浦区初步建立了学前教育保教质量评价体系,呈现了评价对象以幼儿为本、评价指标以可持续发展为重、评价方法以可操作多元化为宜的三大特质。项目研究团队以《幼儿园教育指导纲要》和《3～6岁儿童学习与发展指南》两大文件为依据,从幼儿发展的五大领域(健康、语言、社会、科学、艺术)出发,编制了聚焦幼儿终身发展核心要素,按照可操作性与可监测性要求确定监测点,对幼儿进行客观、自然、常态的评价。

为保障区域保教质量评价的连续性,形成区域保教质量评价的长效机制,继而了解区域保教质量水平,为有关决策提供依据,黄浦区的保教质量评估工作每年

6月实施一次,评估对象为大班幼儿。黄浦区学前教育保教质量评价采取多主体、广参与的方式,测评园所覆盖全区公办幼儿园,每所幼儿园涉及两个领域。幼儿园保教质量评价体系构建的研究遵循"工具研发—评估实施—结果分析反馈—幼儿园现行保教管理与课程实施调整"的路径,从基于幼儿发展并反观园所制度、课程、教师队伍的建设,建立保教质量评价体系。通过区域外部评价促进各园内部改进,同时,内部评估和反馈促进外部发展,协调统一,形成有效运行机制,直指区域学前教育保教质量的整体提升。

5. 创新人员培养机制,优化教师队伍

学前教育的发展需要一支量与质都能保证的专业化保教队伍。从量的角度,首先是人员配备模式的创新。在"医教结合"的背景下,从幼儿健康促进角度而言,托幼机构卫生保育工作无论是内涵还是专业化程度都大大提升,因此,黄浦区创造性地在教育综合改革方案中提出了"每班配备三名教师,在当前两名专职教师的基础上增配一名保健教师"的"一班三教"方案。为此,我们秉持"大胆设想,小心求证"的态度,在改革初期,先以荷花池幼儿园为试点园开展了小范围试点。荷花池幼儿园于2015年采用竞争上岗、择优录取的方式,分批引进了一批教师,担任班级生活保健教师。在试点过程中,幼儿园梳理并初步确立了"生活保健老师工作职责""生活保健老师考评机制""生活保健老师工作手册"等相关制度与机制。幼儿园试点结果反映,实施"一班三教",为幼儿全面和谐发展提供了更优质、安全的保育环境。而生活保健教师学前保育护理专业的背景,与学前专业教师形成了更好的专业互补,有效地实现了常态化的"医教结合",更好地提升了幼儿在园的一日活动品质。

从质的角度而言,就是人才培养模式的创新。促进学前教育保教队伍专业发展,加强梯队建设是关键,在改革中,我们创造性地实施名园长工作室、青苹果工作坊等培养手段。特别是青苹果工作坊,作为在全市已具有较高知名度与影响力的黄浦幼儿教师专业发展平台,目前已进行到第二期,在继续坚持第一期工作坊一线课堂与行动研究并重、成熟型教师锤炼与优秀"种子"教师培育并重、教学风格打磨与教育主张提炼并重、自主发展与定期展示并重四大特质的基础上,进一步设计了工作坊主持人与学员遴选制、工作坊运行长效制、导师团指导制、微信平台推广制等新的机制,确立了"强专业内涵、展个性特色、创自主团队、享教育智慧"的团队定位。

（三）实施多轮《黄浦区学前教育三年行动计划》，构筑黄浦学前教育的高地

　　为保障适龄幼儿入园需求，全面提升学前教育质量，满足社会对公平、科学、优质学前教育的期盼，按照上海市相关工作精神和要求，黄浦区已经实施了三轮学前教育三年行动计划，完成了预期目标。上一轮三年行动计划的实施在区域整体推进教育综合改革的背景下，通过完善服务体系、优化规划布局、提升保教质量、强化专业能力等举措，实现了学前教育质量稳步提升。

　　1. 系统思考、规划先行，服务导向科学发展

　　黄浦区一贯以《上海市学前教育三年行动计划》为指南，按照《黄浦区教育改革和发展规划》确定的目标要求，在通盘考虑黄浦区学前教育事业发展矛盾、机遇和挑战的基础上，制订多轮《黄浦区学前教育三年行动计划》（以下简称《行动计划》），确定黄浦区学前教育发展的指导思想、发展目标和主要措施。最近一轮《行动计划》的总体目标是要进一步强化政府职责，落实各项保障机制，完善学前教育公共服务体系；优化资源配置，形成均衡合理的布局，满足符合条件的常住人口中适龄幼儿接受三年学前教育的需求；加强队伍建设，建成一支师德高尚、结构合理、有良好专业素养的学前教育保教人员队伍；深化课程内涵发展，以科学育儿理念为指导，持续推进"医教结合"，不断优化学前教育保教质量，提高现代信息技术在促进区域学前教育现代化建设中的应用效能；培育园所课程特色专项，发展传统优势和创新项目，打造有活力、有创新、有发展的黄浦学前教育特色品牌；让人民群众获得更为满意的学前教育，更好地服务城市发展。为实现总体目标，《行动计划》还提出了五项举措：强化政府职责，完善保障监管机制；优化资源配置，形成均衡合理布局；加强队伍建设，提升保教人员素养；深化内涵发展，提高保教工作质量；培育特色专项，打造学前教育品牌。

　　2. 明确分工、齐心协力，支持学前教育发展

　　区政府坚持统一领导、发挥主导作用，建立黄浦区托幼工作联席会议制度，联席会议由分管区长牵头，教育、民政、市场监督、卫生计生、公安、消防、人社、房管、建管、财政、物价、工会、妇联等 16 个部门以及 10 个街道的分管领导组成，我区还创造性地将参与举办托育服务和民办园所的区属国有企业纳入托幼工作联席会

议。联席会议每季度定期举行例会,不定期举行专题会议,围绕托幼事业发展的重点、难点共同研究、共同谋划、共同推进,从而加强部门联动协作,形成政府统筹领导,教育主管,相关部门分工合作的工作格局,合力推进学前教育发展。

3. 多措并举、重在落实,保障学前教育经费

黄浦区财政不断加大对学前教育的投入,学前教育经费投入逐年递增,公办园生均公用经费确保落实。建立和完善学前教育成本分担机制,严格按照有关规定,规范托幼机构收费行为与财务管理,确保经费切实用于学前教育事业发展。完善学前教育资助机制,对困难家庭幼儿接受学前教育实施管理费、午餐费减免等资助措施。加大对社会力量办园扶持力度,通过资助、奖励等形式给予经费扶持,支持社会力量规范办园。

4. 统筹规划、积极筹措,优化学前资源配置

由于历史原因以及地处市中心的客观条件,黄浦区学前教育资源配置存在一定的瓶颈因素,园所数量不少,但园舍条件都相对较差,而且近年来,新建公建配套幼儿园较少。黄浦区在有关部门支持下努力实施学前教育三轮《行动计划》,结合旧区改造,通过实施“布局调整,梯度转移”的策略,采用置换、新建、缩班、减员、大修、添置设备等手段,不断改善办园条件,努力向《上海市学前教育三年行动计划》提出的目标靠拢。目前黄浦区幼儿园园舍在数量上已能基本满足户籍适龄儿童的入园需求。但随着入园高峰的到来,进一步扩充与挖掘学前教育资源又成为近几年黄浦区学前教育事业的发展重点。为此,我区进一步合理规划布局,推进标准化建设,一是合理规划全区幼儿园设点布局,严格做好公建配套幼儿园的规划建设工作,解决区域幼儿园分布不均的地域性矛盾;二是通过异地置换、教育内部挖潜腾地等方式盘活教育资源,加大改建、扩建、置换、拆并力度,特别是加大对条件薄弱幼儿园的改造力度,同时通过深化改革、布局调整、优化整合等办法推进民办园所标准化建设,提高全区幼儿园园舍达标率,从而缩小办园条件的园际差距,缓解幼儿入园的结构性矛盾。

关注关爱“最柔软的群体”,办好学前教育、实现幼有所育,是党的十九大作出的重大决策部署,是党和政府为老百姓办实事的重大民生工程。为满足适龄儿童入园需要,全面提升教育质量,适应社会对优质学前教育的多元需求,黄浦区基于规划改革,强化内涵发展,构建学前教育公共服务体系,确保了学前教育事业稳步提升。

三、基于课程方案,推动幼儿园特色发展

在区域学前教育"科学化、高品质"的目标引领下,黄浦学前教育始终重视幼儿园的课程建设,强调"夯实共同性课程实施质量,提升选择性课程的品质,注重课程内涵发展"。目前,黄浦区已经形成幼儿园"园园有特色,特色有发展"的课程建设与发展的良好势态。

以下将提供黄浦区几所幼儿园的课程建设和实施案例,以呈现幼儿园的特色课程发展和实践之路。通过这些案例,我们可以看到,课程可以给孩子有价值的教育,给教师有成就的发展,给幼儿园有内涵的品质。

(一) 荷花池幼儿园:"视界,我与孩子共可能"

荷花池幼儿园是上海市一期、二期课改基地,上海市教委三轮"提升中小学(幼儿园)课程领导力"项目学校。多年的研究和实践表明,在课程实施中需要厘清教师与幼儿的相互关系,从而达到促进教师课程领导力提升和幼儿学习品质发展的双重目标,于是,荷花池幼儿园提出了"视界,我与孩子共可能"的课程理念。

1. 研究:理念应运而生

师幼交往是学前教育实践中不可回避的问题,在幼儿园的一日生活中,师幼交往或者说师幼关系的质量是决定幼儿园教育质量的关键因素,所以,交往理论在学前教育领域日益受到关注。"视界,我与孩子共可能"的课程理念从西方哲学交往理论中汲取养分,根植于荷花池幼儿园"整合自主""渗透共融"的课程文化,凸显了课程特色与内涵。

视界在哲学中的意思是个体的情感、态度及所拥有的价值观念,在认识世界、改造世界的过程中表现出的方式方法,也即个人的先有经验,是人认识世界的先决条件。"共可能"是伽达默尔交往理论中的主要概念,其核心是"理解",理解的任务就在于交往双方各自不同的"视界"相互交融,通过"视界融合"的过程形成一种新的"视界"。这表明,交往过程中师幼双方是平等的对话关系,各自能从对方的视界看待及思考问题,在理解的视角上能够以不同于以往的视界思考。并且,对话关系代表了教师与幼儿同为主体,主体与主体之间呈现宽容、接纳与分享的状态。通过

平等的交往,形成的新视界是在双方原有视界基础上的一种新生与超越,个人的认知经验与情感态度都得到相应的提升。

"视界,我与孩子共可能"的理念让"教师转换角色"更加落地,在课程实践中做真实的倾听者,"我"的角色是与幼儿的主体意识紧密相连的,要充分相信幼儿的能力,赋予幼儿话语权,彻底摒弃教师权威。因此,"视界,我与孩子共可能"的课程理念,最能传达经历二期课改、两轮课程领导力研究之后的荷花池幼儿园在园本课程优化过程中的新思考、新观点、新理念。

2. 内化:理念渗透实践

随着"视界,我与孩子共可能"课程理念的确立,理念的变化逐步体现在课程实践中。新的课程理念决定了教师与幼儿之间是一种平等的对话关系,要相互接纳、宽容与欣赏。最鲜活的一个改变就是荷花池幼儿园小社团团名的变化。大部分社团的老团名都是以一种成人化的语言、视角来命名的,可是,这些团名幼儿喜欢吗?幼儿园从幼儿的"视界"出发,听从小团员们的心声,形成了新的团名。

表1-1 新旧团名对对碰

序号	老团名	新团名	序号	老团名	新团名
1	叮咚乐坊	乱打秀	7	浪漫花艺	七色花
2	舞林大会	一起来跳舞	8	巧手DIY	神奇回收站
3	超级童声	欢唱派对	9	小不点泥巴	小不点玩泥巴
4	中华武艺	功夫小子	10	色彩魔法	五颜六色
5	梦幻剧场	我是小演员	11	创意画坊	画画世界
6	金话筒	想说就说	12	咔嚓一拍	咔嚓拍拍拍

团名变质朴了,这恰好说明教师与幼儿的"视界"开始慢慢交融,这条对话之路、交融之路正逐渐地改变着课程实践。

3. 深化:"视界"共生长

"视界,我与孩子共可能"的课程理念得到了教师们的广泛认同,从特色课程逐渐成为引领整个园本课程的理念。第二轮课程领导力末期访谈结果表明,课程理念形成后,教师的视角更多维,提升了对幼儿学习品质的关注度。

提升教师的课程领导力的过程是丰富教师视界的过程,它以教师课程实践为联结点,架构起课程建设与推动幼儿发展的桥梁。幼儿园要积极拓展教师在教育行动中的视界,为教师创造不断反思的空间与途径,使之实践智慧最大化地得以发挥,实现由下而上的课程探索,最终提升教师的课程意识与能力,促进幼儿园课程变革。

(二) 思南路幼儿园:"思优"教育理念及实践

思南路幼儿园的课程改革伴随着上海学前教育课改走过了不断深化的历程,从了解幼儿的发展需要和学习特点到按照相应的规律实施幼儿园教育,创造性地将"幼儿发展为本"的理念准确地转化为促进幼儿身心和谐发展的有效保教实践。

1. "思优"教育理念的沿革与发展

1996 年,思南路幼儿园的课程改革历程始于对一个问题的聚焦:教师每天面对各种各样的孩子,每天面对孩子的各种行为,如何寻找对孩子行为的恰当解释?如何从孩子的言行中辨别他们的真实需要? 二十余年来,思南路幼儿园教师不断探索"应该为幼儿提供什么样的教育",通过五个连续递进的课改方案,逐渐形成了满足幼儿需要的"思优"课程体系。

第一个阶段,对儿童需要与教育的研究。聚焦"什么是儿童的需要",通过对幼儿行为观察分析,解决了"落实以幼儿发展为本"的理念转化问题,奠定了科学的实践基础。第二个阶段,满足儿童需要的活动样式创新。突出二期课改"研究幼儿的学习方式",进行幼儿园一日活动样式的创新研究,开发了园本化的、平衡四类活动的幼儿个别化、小组合作、集体的多种样式的活动系列,将教育要求转化为幼儿的活动需要,回归"幼儿园一日生活皆课程"的本源。第三个阶段,幼儿园一日活动的整合。进一步完善园本课程设置的统整性安排、四类活动的时间配比,构建了以"细化操作、序化流程、活化环境"为主要特征的"思优"活动体系。第四个阶段,幼儿个体学习经验的评价研究。聚焦"幼儿在幼儿园保教活动中到底发展了什么",进行了对幼儿园保教质量自评的探索,做实了"三档一体"的儿童学习与发展的档案研究。第五个阶段,个别化教育的整合与优化研究。进一步立足真实的活动情境和现实的教育问题,将个别化教育的理念与行动融入幼儿园一日活动各个环节,激发幼儿主动学习的潜能,让每个幼儿都能获得属于自己的活动经历与体验。

2. "思优"教育的近期实践

近三年,为了让教师更深入地理解儿童需要、在课程实践中整体满足儿童需要,围绕基于现有的条件和课程基础让幼儿获得多种活动体验,基于教育行为优化更好地支持与满足幼儿需要,基于证据改进保教活动质量,思南路幼儿园的课程与教学工作实现了三个"突破"和两个"深化":深化体悟"儿童需要"理论,突破对"个别化教育"的内涵与意义;突破惯性的活动组织与实施思路,探索从幼儿生活经验和活动需要出发的课程实施方式;突破对幼儿发展的经验性判断,推进保教质量评价研究,建立动态发展、关注幼儿需要、提升质量的课程保障机制;依托上下结合路径,深化课程实施方案;探索教师专业发展路径,深化基于自觉文化的教师团队建设。

三个"突破"和两个"深化"的实践,让思南路幼儿园对"有意义"课程的理解有了更深的感悟:不断追随幼儿的课程优化,为幼儿提供最优质的生活与学习环境,满足幼儿发展与教师发展的双重需要,不断提升课程设计实施与评价的开放度。

(三)奥林幼儿园:畅享运动,乐享健康

构建适宜幼儿发展的课程并努力落实,是实现幼儿园培养目标的重要途径。奥林幼儿园从"思"与"行"两方面推动幼儿园课程与教学的发展。从时代出发,践行新教育理念;从创新出发,深化"运动"课程的实践;从幼儿出发,培养全面发展的小公民。

1. 启动——从梳理到架构,让课程理念落地

奥林幼儿园关注课程的核心价值和动态发展轨迹,站在儿童发展的视角,厘清课程总目标、不同年龄阶段目标、学期(月、周)发展目标和具体的教学活动目标之间的时限远近、表述详略关系,为课程内容的架构奠定了基础。

第一,优化课程结构。在审视课程目标的基础上,重新分析各种活动类型和活动项目在课程系统中的价值、功能以及相互关系,在具体操作中突出了两个意识:一是全面意识,将幼儿园的办学特色及个性化发展在课程结构中体现与落实;二是科学意识,正确处理各类活动之间的关系,保证各项内容在不同年龄段的适切性,形成比较清晰的课程结构。

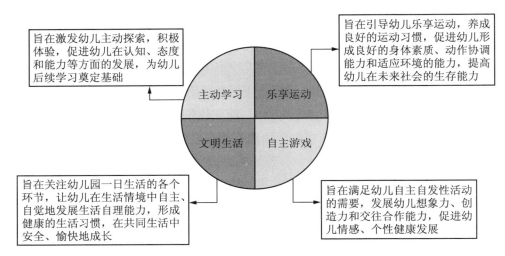

旨在激发幼儿主动探索,积极体验,促进幼儿在认知、态度和能力等方面的发展,为幼儿后续学习奠定基础

旨在引导幼儿乐享运动,养成良好的运动习惯,促进幼儿形成良好的身体素质、动作协调能力和适应环境的能力,提高幼儿在未来社会的生存能力

主动学习　乐享运动

文明生活　自主游戏

旨在关注幼儿园一日生活的各个环节,让幼儿在生活情境中自主、自觉地发展生活自理能力,形成健康的生活习惯,在共同生活中安全、愉快地成长

旨在满足幼儿自主自发性活动的需要,发展幼儿想象力、创造力和交往合作能力,促进幼儿情感、个性健康发展

图 1-1　奥林幼儿园课程结构图

第二,平衡课程配比。在课程平衡理念指引下,奥林幼儿园课程结构中的活动项目与内容保持了合理的比重,即各年龄段幼儿四类活动(生活、运动、游戏、学习)内容与时间的平衡,特色活动与共同性活动的平衡,四类活动与课程目标的平衡,以及五大领域目标的平衡,使课程内容有一个整体的规划与安排,在相对科学的原则指引下主动而富有创造性地开展工作。

第三,细化课程安排。一日活动的安排及作息做到个别与分组交替、动静交替、幼儿园大型活动与专用室活动对课程的互补、室内与室外的互补,提高幼儿的活动效率,促进幼儿的健康发展。

2. 行动——从实施到监测,让课程特色凸显

在保证幼儿园课程共同性活动实施的基础上,奥林幼儿园积极深化运动课程的实践,以"培养具有一定社会生存能力的未来小公民"为目标导向,以"玩出精彩,动出健康"为课程实施策略,以"儿童视角"进行运动课程园本特色化的实施。

幼儿园根据幼儿年龄特点和身心发展规律,按照"活动性""趣味性""挑战性""科学性""重组性"原则,创设运动环境,搭建课程稳步实施的脚手架,让孩子们从"水泥森林"中解放出来,使孩子在富有挑战的、充满野趣的自然情景中享受运动带来的快乐,促进孩子在运动能力、身体和心理素质以及适应环境等方面的发展。

同时,奥林幼儿园依据课程实施的实际情况和教育教学特点,针对课程实施过程中发现的问题开展园本教研,让园本教研成为课程有效实施的加油站。幼儿园

在课程实施中注重教师、阶段教研组、保教部三个层面不同研究内容的生成,拓展园本研究的深度,使教研内涵不断精进。注重教研组的建设,形成多角度的教研方式,构建多元合作的教研制度,落实多渠道的各类活动,使教研形式丰富多元。

（四）好小囡幼儿园:玩中解"童语",成就好"小囡"

多年来,好小囡幼儿园立足于"关注孩子生命,为孩子可持续发展奠基"的教育理念,力求培养"健康睿思好探究,善良热情好想象,乐群互信好交往,文明博雅好表达"的好小囡。好小囡幼儿园在探寻、共融、突破的过程中,通过规划梳理对课程理念的实践诠释、对"四乐"幼儿培育的实践途径、对幼儿艺术创造力的诠释,以及对基础课程与特色活动的关系解读,对幼儿园课程规划及实施进行不断的合理优化。

1. 架构与思考

好小囡幼儿园课程建设经历了三个阶段:1992 年"幼儿音乐能力发展的研究"和国家"十五"重点课题"幼儿艺术潜能开发的研究"为幼儿园课程建设奠基;2008 年"幼儿艺术休闲活动"强调在艺术活动中享受休闲生活,在休闲活动中找到艺术享受,使课程建设得到可持续发展;2015 年起又从活动时间、内容、形式上丰富了基础课程的内涵和特色活动的融合,形成了"玩中探'童语',成就好'小囡'"的课程理念。

玩中探"童语":"玩"是玩耍,让孩子充分游戏,释放天性,玩优健康,玩美语言,玩悦社会,玩转科学,玩味艺术。"童语"是幼儿天真烂漫的想法与表达,也是幼儿好奇探索与自由表现的快乐情感,更是在探索、发现、感知、体验、交往中的多样语言。

成就好"小囡":"好小囡",是幼儿园的名称,也是对幼儿发展目标的解读。以"好"为基,力图培养"健康睿思好探究,善良热情好想象,乐群互信好交往,文明博雅好表达"的好"小囡"。

2. 实施与成效

在课程发展的过程中,幼儿园课程管理发生了从传承到创新再到整体融合的变迁,兼顾基础课程与特色活动的融合。

在基础课程方面做到三个"精炼"。第一,精炼基础课程架构。好小囡幼儿园在长期积累课程顶层开发与基层落实的基础上,从各个领域完善"好小囡幼儿园集体教学活动资源库"，完成"好小囡幼儿园课程内容设置表"的主题卷宗，涵盖每个主题的优质集体教学、个别化学习、生活游戏运动活动等优质资源，优化教师课程实践效果。第二，精炼基础课程内涵。幼儿园通过理"主题活动方案"、研"个别化学习活动设计"、融"艺乐特色表现方式"，用智慧助推幼儿园课程领导力，引领教师关注幼儿需要，研究一日活动皆课程的内涵发展。第三，精炼基础课程内容。保教主任引领各教研组长一同解读主题目标和幼儿关键经验，确保达成课程目标和保证课程质量。各教研组长与组内教师一同解读课程目标和幼儿关键经验，预设该学期所要开展的主题。教师根据本班幼儿的具体情况实施课程内容。

在特色活动方面做到四个"精雕"。精雕小囡艺乐馆，在游戏中唤起幼儿的艺术兴趣；精雕小囡艺乐角，以艺术领域以及个别化活动为切入点，让幼儿发现艺术中的快乐；精雕小囡艺乐汇，激发幼儿的艺术潜能；精雕小囡艺乐互动平台，打破空间和时间的局限，让幼儿在幼儿园每个角落与艺术互动。

（五）中华路幼儿园：强基础，研特色，办好园

中华路幼儿园是一所有 60 多年历史的二级幼儿园，幼儿园以创建家门口的优质幼儿园为目标，落实"以幼儿发展为本"的教育理念，提升园长课程领导力和教师课程执行力，推进幼儿园课程建设。

1. 立足学校发展，建构园本课程

中华优秀传统文化是最深厚的文化软实力。中华路幼儿园结合时代背景和园所特点，将"大爱中华，有我当家"作为办园理念，强调了每一个幼儿和教师在中华民族这一"大家庭"和中华路幼儿园这一"小家庭"中共生共荣，当家作主。在"大爱中华，有我当家"办园理念的指导下，幼儿园逐步创建以"礼"为核心的幼儿园文化，将弘扬优秀民族传统文化与社会主义核心价值观相结合，将传统礼仪与现代文明相融合，推动幼儿和教师共同成长。

根据《上海市学前教育课程指南》的精神，以及"大爱中华，有我当家"的办园理念，中华路幼儿园的课程理念定位为"游戏乐童，民俗育人"，期望为幼儿提供能够从游戏中寻乐（课程载体）、从中华民俗文化中受教（课程内容）的三年课程。首先，"游戏乐童，民俗育人"的课程理念立足于游戏，围绕"双主体式"的游戏理念，强化幼儿在游戏中的主体地位，让教师在与幼儿共同游戏的过程中，学会放手、学会尊

重、学会观察、学会理解、学会欣赏、学会推进。把游戏还给幼儿,反映了以"礼"为核心的园所文化对课程实施的要求。其次,中华路幼儿园立足中国传统文化的传承和弘扬,通过民间体育游戏、民间童谣游戏、民间益智游戏、民间美工游戏等民俗内容,培养幼儿在健康、语言、科学、艺术等领域的发展。同时以课题引领园本课程的开发,形成了幼儿园的民间游戏特色活动内容,基础课程和特色活动相融合,初步构建了中华路幼儿园课程方案。

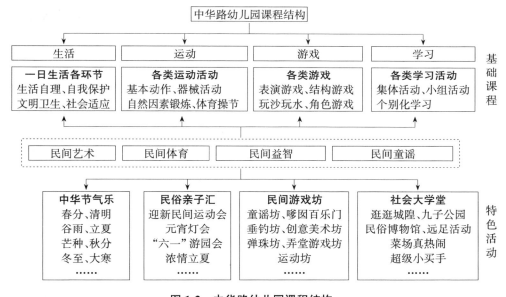

图 1-2 中华路幼儿园课程结构

2. 立足师幼发展,关注课程的内涵

(1)让环境"说话",幼儿自由自主

幼儿园利用现有条件,整修或新建了囡囡游戏坊、囡囡书吧、囡囡玩沙玩水空间、创意走廊、民间游戏走廊等,拓宽了幼儿的游戏空间,丰富了幼儿游戏的内容。幼儿与环境自由互动,在玩中学习、玩中成长。每一处的环境创设都蕴含着幼儿园课程的理念和价值取向,也蕴含着教师对课程的理解、专业精神和教学智慧。

(2)"双主体式"的理念,凸显师幼主体

把课程还给幼儿和教师,让幼儿和教师成为课程构建和实施的主人,是园本课程存在的意义所在。教师处于教学过程的主体地位,幼儿处于学习过程的主体地位,改变长期以教师为主体的课程活动设计,推动教师和幼儿之间主体的互换,互动更为有效。

(3)基础和特色相融合,彰显课程价值

幼儿园的课程以基础课程为基本内容,作为一所二级幼儿园,中华路幼儿园一直以来从夯实基础出发,综合考虑幼儿园的条件和基础,充分满足幼儿的发展需求,在传承与发展中逐步推进办园特色的形成。

(上海市黄浦区教育局　学前教育科)

第一编

科学化、高品质的幼儿园课程实施

　　黄浦区在全面推进教育改革和发展"十三五"规划、学前教育三年行动计划中，认真贯彻落实党的十九大精神，不断深化区域幼儿园综合改革，积极"争创家门口的优质幼儿园"，促进黄浦区学前教育在高位、优质、均衡发展中实现多样化、特色化。黄浦区克服幼儿园场地条件困难，在硬件还不够硬的条件下，更加注重向课程实施要质量，"软件必须硬上加硬"。通过"问题教研""实证研究""主题教研"等多种形式的区本教研、园本教研，对幼儿园课程实施进行深度研究，不断提升幼儿园四类活动质量。深入学习与贯彻落实《3～6岁儿童学习与发展指南》，坚持幼儿园课程与教学杜绝"小学化、学科化"，重视"核心素养"培育，强调游戏为基本活动形式。本编从"童趣"游戏、"野趣"运动、"情趣"生活、"乐趣"学习以及助力未来发展的"长程衔接"五个章节全面呈现黄浦区各级各类幼儿园在课程实施与研究中所进行的积极探索和取得的各项成果。

第一章　追求自由的"童趣"游戏

第一节　乐玩趣演，绽放童真

瞿溪路幼儿园（以下简称瞿幼）多年来致力于幼儿语言教育研究，在此基础上开发"故事表演活动"课程，打造教育特色。十多年来，瞿幼秉承"乐玩趣演，让每一个孩子拥有美好的开始"的理念，不断探索与研究，在实践中汇总经验，追求高质量的课程实施，融入幼儿的一日生活。课程中的"玩故事"，以装扮游戏的形式，为幼儿提供一个充分"玩"的平台，"游戏"又兼具"表演性"，既有以"故事"为依据的特点，又满足了幼儿"自娱自乐"的需求。孩子们自主、自发、自由地沉浸其中，通过"玩故事"表现和迁移故事情节，拓展经验，获得主动发展。

一、坚定理念，相信幼儿"会"玩

故事真的可以"玩"出来吗？3～6岁是幼儿语言发展的敏感期，这一时期的幼儿喜欢听故事、讲故事以及阅读故事；喜欢模仿自己喜欢的人或动物的言行举止。根据幼儿的年龄特点，瞿幼按照"听讲故事—畅玩故事—学演故事—故事展演"的实施流程，将"故事表演活动"作为课程内容融入幼儿的一日生活中，通过各种形式，让幼儿在表演中体验成功，收获自信。瞿幼尊重幼儿兴趣与爱好，尊重幼儿个性与特点，着眼于幼儿经验的拓展和提升，满足幼儿多种选择，通过环境创设与材料提供，使幼儿乐于表演、富有想象、主动发展。

作为故事表演活动在自主游戏中的实践，"玩故事"由"玩"入手，激发幼儿的表演兴趣，在整个课程的实施过程中起到一个非常重要的作用，其理念从三个"全"可以略窥一二：

全包容——尊重每一位幼儿,用欣赏的眼光解读幼儿的故事。

全打开——场景、道具、装扮少预设,教师放手退后,观察幼儿玩故事。

全更新——鼓励幼儿大胆想象和创编,玩出不同于原著的故事。

十多年的园本课程开发和实践,为孩子创设多元、开放的故事环境,让他们置身于故事情境中,充分感受故事中角色的语言、神态、动作的艺术美,激发其表演兴趣,开发其语言潜能。将课程实施落实到每个孩子身上,推动每位幼儿的发展。

二、智慧支持,发现幼儿"能"玩

（一）故事的"有"和"无"

——尊重幼儿的意愿和兴趣是"玩故事"游戏开展的前提

何谓幼儿"有"故事?听过、看过、了解过,经验的存在就是"有"。从一个故事开始,打开一片游戏的天地。在瞿幼,孩子们通过"每日一听"所了解到的经典故事就是一个共同建基的经验。故事作为玩的"动力",也成了孩子们畅想和创造的源泉。正如角色游戏有各式各样的主题,"故事"就是以一个素材点或背景的身份存在着。孩子们的"玩"有共同的任务、共同的目的,因此同伴之间的交往变得更有意义,同时也更有对象感。

除了以共同经验为基础,这里的"有"还可细分为:

1. 人人"有"故事

活动中针对同一个故事,可以创设多个场景同时供幼儿游戏,这时幼儿就不需要等待,可以自由地沉浸其中。例如:故事《没有牙齿的大老虎》就有以下两个场景:

场景1,小猴、小兔正在"森林之家"制作各种美味糖果。老虎的家中,小狐狸拿着一颗大糖果去"骗"老虎品尝。

场景2,牛大夫在诊所内为小动物们普及牙齿保健小常识,跟着小喇叭播放的音乐,带领小动物齐齐做"刷牙操"。

幼儿之间有独立游戏,亦有互动交融,根据自己的需要玩出不同的精彩。在多场景的平行游戏中,幼儿通过与环境、材料以及同伴的互动,在原有故事的基础上,结合彼此的生活经验生成更多、更丰富的故事内容。

2. 装扮"有"个性

对同一个故事角色,幼儿通过自主选择材料,创意组合,塑造出造型各异的形象。

　　例如在狮子的装扮上(图 2-1),有些幼儿使用纸箱装扮狮子强壮的身体,有些幼儿借助披风、无纺布等材料凸显狮子的威风凛凛。自由、个性化的装扮,使故事的角色形象更立体,提升了幼儿的角色意识,有效促进幼儿角色行为的产生。

图 2-1　装扮狮子

3. 角色"有"表现

　　除了个性化的装扮,在角色特征的表现上,幼儿通过认同和理解,呈现出不同的表达表现。

　　在故事《孙悟空三打白骨精》中,孩子们这样表现"白骨精":拥有婀娜身姿,见到唐僧就害羞的"白骨精";手拿圆扇、走路摇摆的"白骨精";身着水袖服装、边转圈边兴奋地说自己是"千年女妖"的"白骨精";听到小兵回报,振臂高呼要吃唐僧肉的"白骨精"等。

　　一个角色有多样性的表现,孩子对角色的认同也是一种同理心的构建。在"玩故事"游戏中,孩子对角色的理解不再单一,通过"玩"让孩子体验和挖掘更多的角色特征。

　　不仅如此,在瞿幼的"玩故事"游戏中,从来没有"小角色"之说。因为,每一个角色都可以有"大表现"。

　　在《白雪公主》的故事里,"魔镜"就是一个典型的例子。孩子们非常喜欢扮演"魔镜",且通过自己的想象赋予魔镜不同的性格与生命。有说话一字一顿、仿若机器人一般的魔镜;有面对皇后提问时捶胸顿足的魔镜;还有激动地跪地呼号的魔镜……小小的一面镜子,却化为孩子对人物多样性的表达和表现。角色永远无大小,孩子人人是主角。

人人"有"故事,装扮"有"个性,角色"有"表现,这些"有"皆是结果的体现,而这份结果恰恰来自教师的"无"。这里的"无"不是单纯地指没有,而是因为教师"无"故事范本,所以教师必须接纳孩子的故事;因为教师"无"情节,所以教师要去欣赏幼儿独一无二的创作;因为教师"无"既定框架,所以教师不会以"像"或"不像"来评价孩子的游戏结果,而是将评价转化为积极的鼓励。

正是这样的"无中生有",让我们的孩子在"玩故事"游戏中更有兴趣,更有可能,更有精彩。

（二）故事的"玩"和"乐"

——关注幼儿主体是"玩故事"游戏开展的关键

在瞿幼,我们崇尚故事是可以"玩"出来的,"让故事玩起来",赋予了它游戏性的特质,在"玩故事"游戏的开展过程中,孩子自由、自主、自娱、自乐。具体表现为:

1. 场景自己搭

小舞台内提供了可移动、可自由组合的各种场景和材料。孩子们把蓝色无纺布当"小河",桌布当成"野餐垫"。一群忙碌的"小动物们"将城堡、小房子搬过来搬过去,放上两把小椅子,这就是小猪家的门。又如,创设"房子"场景,有的孩子用牛奶盒做栅栏,有的孩子用方包做围墙……经过多次的协商、合作、调整,幼儿集体的智慧充分得到发挥。

在孩子的故事里,需要什么搭什么。大家有商有量,合作搭建,有时就是一次"乾坤大挪移"。游戏中空间可大可小、可多可少,具有多种可变性。游戏中教师们少了预设,多了欣赏,尽可能地鼓励幼儿利用周围环境、利用现有材料进行替代,减少"玩故事"游戏中环境布局的刻板印象,给予幼儿更多与环境、材料的互动机会。

2. 道具自己做

在道具的提供上,教师打破了预设和提供高结构材料的方法,尝试让幼儿根据玩故事的主题来确定需要哪些道具,思考可以采用什么物品进行替代,让幼儿参与到道具的设计与准备工作中来。

材料区里,大量的低结构材料搭配孩子的创意变成各种个性化的自制道具,为幼儿的"玩"服务,为游戏提供有力支持。变变变,呼啦圈和绳子变成"小土坑"。"看俺老孙的金箍棒!"利用纸棍和彩带进行 DIY。孩子们从材料区找来纸棍和绳子,绕一绕、贴一贴,"小猫钓鱼"的鱼竿就出现了。还需要小鱼怎么办?孩子们又四处搜寻,从建构区取来了小鱼插塑积木,散放在蓝色泡沫垫上,变出了一个"小鱼塘"。

在孩子的故事里,想玩什么做什么。教师们大胆放手,充分信任,满足孩子内在需要,发挥孩子创造的潜能。

3. 装扮自己来

进入装扮区,有各式各样色彩鲜艳、款式可爱的服装。这些有的是教师提供,有的来源于亲子制作。装扮材料或摆放或悬挂,供幼儿自由选择、拿取。

"我想做大灰狼。""我喜欢这条裙子,我来做白雪公主!"孩子们根据自己选择的角色,穿好装扮,戴好头饰,照照镜子:"哇,好神气呀!"还想让自己的装扮变得更加特别一点?孩子们拿出"装扮百宝箱",剪下即时贴贴在脸上,孙悟空变得愈发精神;用彩笔给老虎画个"王"字,老虎瞬间变得凶猛!

在孩子的故事里,喜欢怎么扮就怎么扮。自由选择、自由创造组合,各种装扮及装饰材料的使用让每个孩子都能成为玩故事中最闪亮的那颗星。

孩子们自己搭场景、自己做道具、自己来装扮,真正"乐"在其中。

(三) 故事的"真"和"变"

——鼓励创造性是"玩故事"游戏开展的核心

在瞿幼的"玩故事"游戏中,孩子的想法是真实的、大胆的,创意变化又是无限的。通过与同伴的互动,结合各自的生活经验及兴趣热点,衍生出丰富的情节内容。以故事《绿野仙踪》里打败女巫的情节为例,孩子们编出了不同的剧本。

图 2-2   图 2-3

狮子爬到树上,用大石头扔女巫(图 2-2);机器人喝下变大药水,瞬间变成巨人对付女巫(图 2-3);大家一起挖个陷阱,让女巫掉进去(图 2-4);悄悄拿走女巫的魔法扫帚让她失去魔力（图 2-5）。

图 2-4　　　　　　　　　　　　　　　图 2-5

　　新的情节、对话、内容，游戏中孩子们的各种创新与教师的游戏理念及指导策略有着很大的关系。原故事中的对话并不是由教师机械地灌输给幼儿，而是先和幼儿共同欣赏故事，再通过观察幼儿玩故事的过程，采集幼儿的"智慧之光"并将其转化。这样的故事语言是真正来自孩子们的，这样的游戏形式使得故事中台词的生成变得更加开放和多元，而在模仿、互动和创造的过程中，剧本的台词也变得更加丰富。

　　同样的故事素材，因为孩子的"真"和"变"，所以让故事玩出了不同的情节和发展。一个故事，情节千变万化，语言更新交叠，而且随着时代的变迁，可能会经常变，真实中又孕育无限创意。作为教师，既要保护孩子的"真"，又要推动孩子的"变"。

三、观察评价，推动幼儿"创"玩

　　为了更好地推进"玩故事"游戏，瞿幼建立、健全了一系列评价指标来观察幼儿的行为、指导教师的操作、验证条件的提供。指标包括：条件提供、教师的观察与支持及幼儿发展，通过自评、他评的方式来了解"玩故事"游戏开展的情况。这样的一种评价机制，客观地反映了幼儿的发展、教师的专业成长，以及幼儿园特色活动的实施是否有效。

　　关于指标的解读和应用有这样一个案例。小舞台中，孩子们正在玩《小兔过生日》的故事。"小猫"抱来大盒子，"小兔"往餐桌上摆好吃的，"小狗"则四处寻找各种材料，孩子们就这样取了材料做吃的，吃完再去找材料，堆了满满一桌，乐此不疲地摆弄、搭建、组合,玩着做蛋糕、吃蛋糕的游戏,玩故事俨然变成了一个自主游戏的小餐厅。

看到这一幕,以往青年教师则会选择介入,对孩子做指导,告诉孩子们:你们不要拿这些材料,你们要说故事呀……但是,这一次,青年教师只是悄悄地拿走了一部分材料,减少了由于材料过多带来的干扰,让幼儿有更多的可能与同伴进行互动,增加他们对话的机会。果然,没有了过多的蛋糕制作材料,孩子们又找到了新的玩点:互相送生日祝福。"小兔小兔,祝你生日快乐,希望你一直这么开心!""小猫,请你吃我做的蛋糕,上面有香甜的草莓,可好吃了!"新的情节、对话就产生了……

新的对话的产生、情节的出现,源自青年教师理念与行为的变化,究其根本,是得益于对指标的理解和应用。因为指标中有一条:"教师能根据玩故事、演故事开展的情况,适当调整道具及装扮材料,及时处理意外情况。"

小小的一个举动拓展了幼儿对于故事的创作空间。教师的理念与行为发生了改变,学会放手、退后,充分地尊重幼儿,以幼儿为主体,不断去理解课程、找寻规律、获得方法。与此同时,幼儿也得到了发展,大胆、自信地表达,喜欢表演、乐意表演,享受与舞台的亲密接触。

四、教科研结合,助力幼儿"玩"出精彩

从最初对课程有些茫然到开始逐渐理解课程的要义,把"幼儿发展的自主权和自由空间"真正内化于心。尊重幼儿的主动选择,满足幼儿的快乐体验,增进幼儿的有益经验,这是瞿幼在开展"玩故事"游戏中一直秉承的教育理念和不断践行的教育思考。

历时十多年,瞿幼逐渐形成了具有园本特色的"故事表演活动"课程。从区级重点课题"交融性语言教育活动的实践研究"入手,经历了市级课题子课题"幼儿喜欢的故事表演课程的实践研究"、区级重点课题"开发性戏剧与幼儿语言潜能开发的研究"和区级课题"自主走班式表演推进幼儿园故事表演课程的优化研究",我们将科研和教研有效结合,针对三项课题中的研究内容开展系列专题研讨,有"故事表演环境创设的研究""故事表演内容的选择和确立""故事表演中幼儿行为解读和教师有效策略的研讨"等。《上海托幼》杂志曾对我园进行跟踪采访,以专题报道的形式记录瞿幼园本课程开发和实践的片段经历,实地感受玩故事、演故事的乐趣。

一个小小的"玩故事"游戏,孩子们自己装扮、自己搭建场景、自己制作道具、游戏玩耍、协作互助,还逐渐"玩"出了一个像模像样的剧本,在快乐体验的同时发展语言、思维、创造性、情感及合作等能力。"乐玩趣演,绽放童真",这正是瞿幼"玩故事"游戏的价值和意义所在。

小游戏,大舞台。瞿幼的"玩故事"是游戏,但又不仅仅是游戏,它是孩子们表现的大舞台、创造的大舞台、发展的大舞台。孩子的心有多大,舞台就有多宽广!

(上海市黄浦区瞿溪路幼儿园 袁红英)

第二节 沙水游戏 2.0,轻轻松松玩中学
——基于核心素养的沙水游戏活动开发与实施

"一水一乐园,一沙一世界",沙和水是天然的玩具,是大自然赐予孩子的最好礼物。连接小水沟的沙水区,孩子用木块、梯子、木板拼搭出各种房子、小路⋯⋯那么如何利用游戏时间、游戏空间、游戏材料,让孩子在尽情玩耍的同时还有更多受益呢?

一、基于核心素养发现问题

(一)基于指南解读核心素养

《幼儿园教育指导纲要(试行)》中指出:幼儿园的任务是为幼儿终身学习和可持续发展奠基。游戏是幼儿特有的学习和生活方式,是幼儿的基本活动。沙水游戏活动是幼儿最喜欢的户外游戏活动。我们围绕着幼儿核心素养,在理念的支撑下,给了幼儿充分的游戏机会,将"真"游戏融入沙水游戏活动中。

基于核心素养的沙水游戏活动开发,我们知道"就开发目的而言,它旨在满足幼儿的独特性和差异性需求"。直接来看,沙水游戏活动的开发旨在弥补其他领域和其他游戏课程难以全面满足学生身心发展和探究创新的个性化需求之缺憾,所以立足一日活动,以具体幼儿的独特性和差异性需求出发,以幼儿为本,这是对沙水游戏活动开发的直观感知,从根本上来说,沙水游戏活动开发的目的还是育人,而"从本质上来说,关注幼儿的核心素养,就是关注'教育要培养什么样的人'这一

最根本的教育问题"。

《指南》指出,幼儿的身心健康是其他领域学习与发展的基础,这是从另一个角度指出幼儿在健康领域学习与发展的重要价值。培养幼儿健康、完善的人格是素质教育提出的核心要求。包含两层含义:一是身体健康,二是心理健康。身体健康是幼儿身心健全的基础,心理健康是幼儿身心健全的关键。一个健康的幼儿,既是一个身体健全的幼儿,也是一个愉快、主动、大胆、充满自信、乐于交往、不怕困难的幼儿。

《指南》中还特别指出:"幼儿科学学习的核心是激发探究兴趣,体验探索过程,发展初步的探究能力。"在此,"探究"的过程,实际上包含着寻求"创新"的过程;"探究的能力",实际上就离不开"创新的能力"。幼儿期是一个人成长过程中的启蒙期,也是成长过程中的关键期。这个阶段发展的状况将直接影响着一个人的未来。《指南》中所提到的"观察""提问""联想""猜想""验证"等"探究的方法",实际上都是"创新的方法"。

沙水游戏活动作为幼儿的户外游戏活动,能有针对性地培养幼儿的核心素养,凸显出核心素养的价值所在。沙水游戏活动兼具建构游戏、语言类游戏、象征游戏等游戏的功能,有助于提升"身心健康—生命意识、动作体能、自理能力"和"实践创新—探究素养、问题意识"等多方面核心素养。

(二)展开调查,发现问题

针对沙水游戏活动的开展,我们对教师展开了调查,结果发现,沙水游戏活动实施会存在以下问题:

1. 游戏空间与环境:沙水池的空间密度是否影响了幼儿游戏的推进?

2. 游戏材料投放:材料是否真的为孩子们所欢迎?是否真正起到了游戏的功效?材料如何有序投放?

3. 教师观察指导评价:教师不会观察幼儿的沙水游戏活动,不熟悉关键经验、规定较多、干涉较多,限制了幼儿的自主探索与自我表达。

基于对活动实施中的缺失与难点问题的梳理,同时为了让核心素养落地,我园期望探索形成符合幼儿核心素养教育理念的沙水游戏活动,让儿童站到最中央,以核心素养为统领,设定园本的目标;以核心素养为主旨,架构园本的教育路径;以核心素养为体系,推进园本的实施。

我们思考:怎样以整合的理念设计沙水池?怎样拓展沙水池的功能,让孩子们玩得更快乐更有意义？怎样使沙水游戏除了满足幼儿户外运动需求之外，同时兼具建构游戏、语言类游戏、象征游戏等游戏的功能，又有助于提升幼儿感受与表达、社会交往、探究与创新、健康与生活等四个维度的核心素养？

二、三维度突破，改进沙水游戏活动

在多次的尝试后，我们从活动环境、活动材料、教师视角三个维度寻求沙水课程设计的突破。

（一）活动环境的突破

愉悦、自主的游戏环境，能最大限度地激发幼儿的自主性和创造性。我们在沙水游戏中转变观念，以给幼儿营造平等、友善、认可的心理氛围为出发点，保证幼儿在游戏中享有充分的自主权。

1. 营造"允许"的环境

即允许幼儿在游戏中自行选择游戏同伴、自由选择游戏材料、自发生成游戏活动内容，并鼓励幼儿根据游戏的发展，积极主动地与同伴交流、互动。教师在游戏中给予幼儿充分的肯定和支持，满足幼儿内心的游戏愿望。

2. 营造"赞许"的环境

即在游戏中赞许幼儿的每一次探索、每一个进步、每一个创意，鼓励他们在游戏中探索有益经验，自发生成更为丰富的游戏情节等。如在"挖战壕"的游戏中，开始的时候幼儿挖的"战壕"总是会坍塌，但是他们通过自己的探索发现了"沙子太干太松不容易聚合"是坍塌的原因。在不断的尝试过程中，他们积累了工具选择和使用方法、手的动作控制、隧道的长度和深度等因素都与坍塌存在一定关系的有益经验。在成功挖出"战壕"的经验基础上，幼儿又自发地筑起了"长城"，玩起了"打仗"的游戏。正是因为教师在游戏中为幼儿创设了宽松的游戏环境，才使幼儿在游戏中一直处于主导地位，保持浓厚的游戏兴趣，促进他们自发生成游戏活动内容和游戏情节，丰富了他们的想象力和创造力。

（二）活动材料的突破

1. 变关注提供高结构材料为更关注高低结构结合的材料

以往的游戏中，我们给幼儿提供了大量的工具性材料（专门为沙水游戏而制作的玩具，外面随处可以买到，这些玩具大多颜色鲜艳，操作简便，以铲子、模子、沙漏、水桶为主），形象逼真，吸引着幼儿投入到游戏中来。这种材料的优势在于可以将幼儿迅速带入情境，但是任何事物都有两面性，工具性材料的具体形象导致其玩法单一，不利于培养幼儿的想象力和创造性。与工具性材料相比，低结构材料一般没有具体形象特征，也没有规定的玩法，幼儿可根据自己的兴趣爱好和自由想象来操作，同一种材料可以用到多种游戏中。低结构材料的选择上我们也需要考虑，形式相同的材料需要有不同变化，保证孩子有操作材料的同时，也有变化材料的体验。如：积木在幼儿手中可以一会儿变成房子，一会儿变成长城，一会儿又变成大桥。

研究中，我们根据幼儿的实际需求、材料的不同特点，发挥了不同结构材料各自的优势。根据幼儿小、中、大三个年龄阶段不同的游戏兴趣、游戏能力及水平，科学地、有针对性地提供各种不同材质、不同功能的沙水游戏材料（见表2-1）。保证孩子有操作材料的同时，也有变化材料的体验。

2. 变操作摆弄为隐形材料的开发与设计

大班孩子在沙水游戏活动中比小中班孩子有更多的同伴互助合作，他们能够把生活中的各类经验迁移到游戏中去。在游戏中教师通过任务卡、提供的材料与创设的环境等隐形材料来激发孩子的游戏兴趣。比如，在"我们的城市"主题活动中，教师提供了绘有上海市很多建筑的任务卡，孩子们一个个戴上建筑帽来扮演工人合作建构东方明珠、长江隧桥等；在"我是中国人"主题中，教师把中国地图的牌子放在了沙池外，还投放了各省市的插旗，孩子们一起拍拍捏捏探索地图方位，完成了中国地图；在"动物大世界"主题中，孩子们制作各种动物，探索水的多少能让沙子容易捏出动物造型等。通过环境、任务卡等，孩子们很快地融入了游戏中，游戏的兴趣更高，不知不觉中探索意识逐渐萌发。

3. 变固定式材料摆放为尊重幼儿不同选择的需要

设计之初，我们将材料箱放在离沙池有点距离的墙边，游戏中，孩子们往往在材料箱与沙池之间跑来跑去，弄得满地是沙。而且，幼儿在游戏中跑来跑去影响游戏的连续性和质量。因而，我们重新调整了材料箱的摆放位置，将材料箱平整地沿沙池边缘摆放，并且将材料进行分类。

在游戏过程中，幼儿也可以根据自己的需要进行调整，自由选取自己想要的材料。我们将瓶瓶罐罐摆放在玩水区旁边，这些瓶子有相同大小的、有不同粗细的，由幼儿随意选择，自由组合，不断地尝试。要收集好这些数量种类繁多的瓶瓶罐

表 2-1　沙水游戏材料投放

材质	材料名称(样例)		
木质	原生态木板(大)	原生态木板(小)	木管
	原木积木	木质厨房炊具	篓沥
塑料	各种挖沙玩具	玩具推车	各种其他玩具
	小脸盆	小桶	小洒水壶
	饮料瓶(自制)		
其他	贝壳等		

罐,大号收纳箱是非常好的帮手,拿取完全无障碍,一切都变得非常简单,收纳箱置于地面,也为幼儿拿取材料省去了很多麻烦,灵活、巧妙的摆放为幼儿提供了多样选择的机会。

材料,或是集中分类摆放,或是根据游戏需要分散放置,不管哪种形式,都要满足幼儿的游戏需要,支持幼儿进行游戏,并随着幼儿游戏进展及时调整,而这一切体现了教师以幼儿发展为本,对幼儿的尊重。

（三）教师视角的突破

作为教师,怎样才能让幼儿们在沙水游戏中获得更多成功的喜悦呢? 是看到幼儿们遇到困难就马上帮助,还是告诉幼儿们该如何游戏,抑或是放手让幼儿自己游戏,适时地引导?

1. 适时介入引导幼儿观察,和幼儿一起发现问题,支持幼儿的探索

《上海市学前教育课程指南》指出,在幼儿的游戏活动中,教师以不干扰和打断幼儿的游戏为前提,可作为玩伴参与到某一幼儿、某一主题的游戏中去,或在一旁与幼儿开展平行游戏,也可作为游戏旁观者给予建议、欣赏和鼓励,以保证幼儿的安全和游戏的顺利开展。合理的介入与指导是顺应游戏的润滑剂,教师需要在实践中灵活运用和适度把握。

2. 以"最多的观察、最大的耐心、最少的干预"参与沙水游戏

在游戏中,教师要做的就是支持、鼓励幼儿按自己喜欢的方式去玩沙玩水,玩什么、怎样玩由幼儿们自己决定,使他们学会处理与同伴交往中出现的问题,让幼儿们在没有外力的情况下能轻松愉快地尝试探索玩耍。

教师的作用就是千方百计让幼儿玩得高兴。当然在游戏中,教师并非完全放任,而要做到心中有数。教师要注意幼儿和谁玩、在哪玩、玩什么、玩得如何等,并对幼儿活动特点进行观察了解,开展相应的引导。

三、沙水游戏活动的实施成效

我们对沙水游戏活动实施的阶段性数据进行了收集与分析,课程实施效果如下。

（一）提升幼儿的核心素养

1. 幼儿在沙水游戏中表现出极高的自主性

幼儿在沙水游戏中都呈现出极高的自主性,根据观察数据发现,几乎每一次"沙水游戏"中,98％的幼儿都全程投入游戏。尽管幼儿表现出的游戏水平各有差异,甚至有些幼儿常常处于无意义的嬉戏玩沙的状态,但几乎所有的幼儿都主动投入玩沙游戏,并体验到玩耍的快乐。

2. 幼儿在沙水游戏中表现出较好的社会性

随着幼儿年龄增长,主题的改变,中班及大班幼儿表现出更多时间的平行游戏及合作游戏,到了大班,在沙水游戏中,幼儿大部分时间都在进行合作型游戏,这也就意味着幼儿"社会交往"在沙水游戏中不断提升(见图2-6)。

根据教师观察,幼儿在沙水游戏中,会更多地出现"我们一起来……"等主动提出邀请的社会性语言。

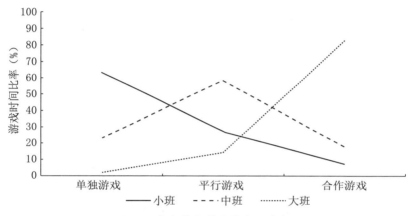

图 2-6 各年龄段幼儿游戏互动水平

3. 幼儿在沙水游戏中表现出积极的探究性

根据教师评估数据,几乎所有幼儿都能够在沙水游戏中,主动探究各种玩具或工具的玩法或用法,并能够在此过程中获取游戏及探究的乐趣。如下图所示(见图2-7)。

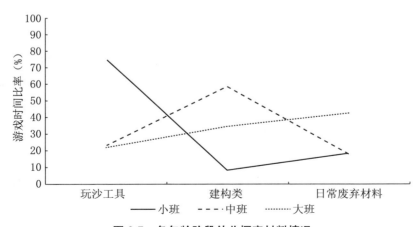

图 2-7 各年龄阶段幼儿探究材料情况

小班幼儿较多地使用挖掘类玩具(如:铲子等)以及容器类工具(桶、盆)等,而中班和大班幼儿已经更多地表现出对其他工具的创意性使用。

4. 幼儿在沙水游戏中更乐于表达

根据教师评估数据,幼儿在沙水游戏中非常乐于表达,包括向他人介绍自己所建构的作品,以及在合作游戏中投入情境,进行象征性游戏。

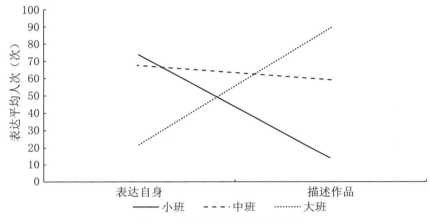

图 2-8　各年龄段幼儿表达情况

如上图显示(图 2-8),幼儿随着年龄的增长,每次游戏的平均表达人次呈现出明显的增长。值得注意的是,小班幼儿尽管表达的人次并不少,但基本集中于对自身情绪与想法的表达,而中班与大班的幼儿则更集中于描述作品以及与游戏内容相关的沟通与交流。

(二)提升教师课程开发能力

我们尝试着放低姿态,以虔诚之心体悟和发现幼儿的语言,从而捕捉到很多美丽的故事。这些故事让我们感动、惊讶,我们就像发现了一个从未被发现的宝藏——幼儿自主探索、自主学习的无限潜力和大胆表达、用于创造的百种语言。在这个过程中,教师们注重观察、倾听,适时指导与推进,结果也让他们感到非常兴奋,没想到,一旦放开幼儿的手脚,奇迹便无处不在。

教师的主要身份包括:材料投放者、游戏介入者及游戏评价者,每一种身份都有其主要职能(见表 2-2)。

表 2-2　教师在沙水游戏中的职能

教师身份	主要职能	游戏前	游戏时	游戏后
材料投放者	游戏前,根据游戏需要投放材料	✓		
游戏介入者	游戏过程中,根据活动内容引导幼儿游戏、探究及思考 游戏过程中,幼儿出现问题时(如:争吵),给予帮助		✓	
游戏评价者	游戏过程中,进行观察,并及时给予帮助和引导 游戏过程中,根据评估表对幼儿游戏情况进行评价 游戏后,根据评价,收集、整理、总结数据		✓	✓

每次"沙水游戏"时,每班两位教师都会在连续的 30 分钟时间内,对幼儿进行观察及评估,主要评估内容包括:主动游戏时间,游戏水平(练习、建构、象征),社会性水平(独自、平行、合作),探究工具(主动探究、功能使用、建构使用、创新使用),语言表达(积极沟通、描述作品)等五个板块。

（三）丰富优化了园本课程

本研究丰富了我园沙水游戏课程。在原有的 1.0 版基础上,我园基于幼儿核心经验对相关内容进行增加和调整,让沙水游戏课程更加有深度,也使我园的沙水游戏课程趋于优化完善,实现了 2.0 版的突破(见表 2-3)。

表 2-3　沙水游戏课程突破前后对比表

突破方向	1.0 版	2.0 版
环境材料	封闭的环境	开放的环境
	适宜成人管理材料的环境	适宜幼儿管理材料的环境
	单一的材料	多元的材料
	高结构的材料	高低结构材料
	购买的材料	生活中的材料
活动内容	缺乏系统性	任务驱动、活动内容式
	缺乏评价	通过幼儿在沙水游戏中的表现评判幼儿各方面的成长以及发展现状
教师视角	控制过于频繁	观察、倾听、共同参与

由此可见,基于"幼儿核心素养"构建"沙水游戏活动"是幼儿童年的欢乐、自由和权利的保障,并适合幼儿身心发展的需要,符合幼儿的年龄特征,为幼儿所喜爱,对于提升幼儿"自主性""社会性""探究性"以及"表达能力"等核心素养有积极作用。

(上海市黄浦区奥林幼儿园   张　颖、郑　琦)

第三节　在结构游戏中滋润成长

结构游戏是幼儿的一种创造性活动,也称建构游戏,是幼儿利用各种不同的结构玩具或结构材料,通过与结构活动有关的各种动作构造物体形象,反映现实活动的一种游戏。它也是紫霞幼儿园坚持了十余年的特色,在多年研究中我们觉得结构游戏能促进幼儿多方面的发展。首先,结构游戏与想象力、创造力的发展相一致。其次,结构游戏有助于发展幼儿的空间知觉能力和空间概念的知识,同时对幼儿观察力、分析综合能力的发展也有相当大的辅助作用。再次,由于结构游戏的基本活动方式是手脚并用的构造活动,使幼儿在大脑的调节控制下,动作逐渐协调,将大大提高幼儿的动手操作能力。最后,结构游戏对审美能力的发展也有不可低估的作用,结构游戏是一种造型活动,具有造型艺术的一般特点。此外,经常玩结构游戏还有助于培养幼儿热爱自然、热爱生活的积极人生态度,以及养成认真、耐心、细致、有毅力等非智力因素。

当今科技飞速发展,影响和改变着人们的生活方式、思维方式、生存方式,也开启了全新的"数字化生存"空间。核心素养越来越受到世界各国的重视,并被纳入教育改革与课程的改革核心。在学前教育阶段,我们应该帮助幼儿形成适应个人终身发展和社会发展需要的必备品格和解决问题的素养与关键能力。结构游戏能够让幼儿在与材料的互动过程中主动地、个性化地学习与探究,不断地学会学习,培养实践创新和科学精神。

新的课程改革也提到幼儿学习方式的转变,注重形成幼儿积极主动的学习态度,使其获得知识与技能,学会学习和形成正确价值观。结构游戏可以使幼儿通过操作获得直接经验,在过程中让幼儿不断体验成功、快乐与自信。黄浦区紫霞幼儿园(以下简称紫幼)的教师在实践中践行着陈鹤琴"玩中学"的思想,秉承着"让孩子在游戏中学习,在游戏中发展"的教育理念。

一、读懂幼儿，让形式和材料成为创造力的基石

在结构游戏中，心理旋转能力在观察、想象和创造性上体现得尤为突出。心理旋转亦称"心象旋转"，是指人在头脑中将自己或某个视觉刺激物的映象作平面或立体转动的心理运作过程。它以信息的内部表征的产生为前提，但涉及比表象更为复杂的认知过程（Richardson，1969），是衡量空间智能的重要标尺之一。当某人提起你熟悉的朋友的名字时，即使这位朋友不在眼前，你的脑海中也会浮现出他（她）的形象。这种形象在心理学上称为心理表象。以心理表象为基础，会产生一种奇异的现象，这就是有趣的心理旋转。

结构游戏就是以观察、想象、创造性的思维为基础的一种游戏方式。作为一种结构和空间的教育手段，幼儿利用各种结构材料进行构造活动，具有广阔的想象空间和可创造因素，对幼儿的心理旋转能力有着积极的作用。在结构游戏中，幼儿除了利用各种材料进行建造、接插、排列、组合、镶嵌等模拟周围事物的形象，还可以学会看平面图纸，能把平面结构变为立体结构，形成结构评议技能。

幼儿时期正是发展想象力和创造力的重要阶段，幼儿的创造强调了自身发展的个体价值，反映出强烈的自我表现的欲望。因此，应该把握住幼儿的这一关键期，实施有效的策略，引导和培养其兴趣和灵感。既然结构材料是丰富多元的，结构游戏是千变万化的，那么孩子在结构游戏中的表现和反馈也有着无限的可能性。回归游戏的本质，关注孩子的真正需求和行为发展才是最为重要的。依托区级课题，紫幼教师们围绕"孩子是否喜欢结构游戏、哪些孩子喜欢结构游戏、孩子喜欢哪些结构游戏、为什么喜欢结构游戏"等问题再度展开学情调研，从中寻找实践研究的依据，重新审视结构游戏。教师们发现：

在材料上：中班的孩子较多青睐王子、乐高两种结构材料，大班中喜欢乐高与工程智慧片的孩子最多。

在主题上：中班的孩子喜欢的前三种主题依次是建筑、交通工具、花，大班的孩子喜欢的前三种主题依次是交通工具、建筑、植物。

在形式上：选择性活动、区域性活动是中大班幼儿喜欢的两种活动形式。

在客观上：孩子在材料偏好上有差异，而教师对于每一种材料并不全部精通，因此不能同时指导不同幼儿操作不同材料。

随即，紫幼开展了"拼搭技能大练兵"，让每位教师与结构材料亲密互动，教师们逐渐认识了材料的特性，并能梳理、归纳操作材料的重难点并展开研究。教师们入了门，对材料的把控和活动设计更得心应手，也就更能适时地对孩子进行指导。于是，中大班每周一次的"走班制"活动便应运而生——幼儿园在5个场所提供5种不同的材料，教师们根据各自擅长的材料进行指导，孩子自主选择喜欢的材料，走进不同的活动室去充分地想象与创造。这一活动样式试图在教师专项研究某一种材料的基础上，满足幼儿的个性化需求，培养其稳定而持久的建构兴趣和建构能力。

与此同时，紫幼不仅以"提升幼儿建构技能"为目的，还将结构游戏与主题相融合，让孩子用结构材料表现主题经验，在主题背景下推进结构游戏的实施，并结合一日活动中的各个环节，采取多元的介入形式，提供拼板积木、工程智慧片、魔龙的传说、乐高积木、清水积木等近20种结构游戏材料。但面对这么多材料，如何根据年龄段选择分配、确定数量呢？

首先，从幼儿年龄特点和构造特点出发，选择匹配的材料。我们从小班幼儿进行结构操作中观察到，他们的小肌肉发展弱，对于精细动作的掌握有困难，并且小班幼儿的直观形象性强，因此我们在提供材料时，多以简单、易成型并且块面大的为主。

其次，材料本身的特点出发，选择匹配的材料。如弯管积木中的弯管，小班幼儿很容易就联想到大象的鼻子，于是构建小动物就成为他们的热点；彩积的材料本身就暗示着某些积木可以做门、做窗，也成为小班的材料来源；拼板积木具有丰富的色彩和灵活多样的图案变化，适宜满足中班幼儿的想象力（穿插介绍拼板积木）；而工程智慧片空间要求相对较高，满足了大班幼儿乐于探究的特点（穿插介绍工程智慧片）。

在结构材料的分配上，我们也从过去的各班平均分配，幼儿人手一份，转变为因年龄制宜、因班制宜、因阶段制宜。

针对我园活动区比较小，及各年龄幼儿的发展特点，我们因地制宜选择材料类型、数量、活动场地等，为幼儿创设更宽松的活动空间。由于结构材料的成本比较高，我们采用了材料置换、交叉使用、公共区共享使用的方法，使材料发挥其最大的使用效益，一般一学期或一阶段交换一次。

提供适时适宜的辅助材料，是实现幼儿创造与想象的有效保证。如受接插结构的影响,局部细节的创造需辅助材料替代,才能保障幼儿的创造与想象。

结构室空间比较大,材料的配置以大、中型积木为主,其他结构材料为辅,它是集全园材料为一体的结构活动室,在这里能给予幼儿更大的表达表现时空,满足幼儿持续探究的愿望,为班级内、班与班之间欣赏交流提供更大的平台。

每一个小的建构组件通过幼儿们的想象力产生了千变万化的造型,幼儿们根据自己的意愿和想象大胆探索和表达。结构游戏作为创新教育的主要载体,保护了幼儿的好奇心,激发了幼儿的想象力。只有合理利用好以上这些材料要素,为幼儿创设良好的教育环境,才能让幼儿情不自禁地走近结构游戏,走近创新性活动。

二、拓展经验,让理解和鼓励成为创造力的支持

幼儿的创造性思维与其生活经验和认知水平分不开,所以教师在游戏中可以为幼儿提供各种观察的机会,例如:幼儿外出参观,发现生活中不同造型的建筑物、动物、植物等。并且通过讲述,帮助幼儿回忆、积累和梳理各种经验,为幼儿的创作打好物质的基础。在情绪上,教师也要为幼儿提供宽松、愉悦的环境,让其多与教师和同伴交流,相互学习借鉴,鼓励和激发幼儿的创作欲望。

同时,家长们的理解和鼓励也不可或缺。例如:在组织幼儿开展"公园"建构游戏活动之前,教师要求家长带幼儿去家附近的公园,让幼儿知道绿化带、亭子、长廊、小桥、公厕等名称,并让幼儿观赏这些物体的造型特点,色彩搭配特点,组合形式等。在建构游戏开始时,教师会鼓励小朋友们将自己看到、知道的关于公园的信息,说出来和大家一起交流。幼儿在这种启发引导下,搭建出来的公园都很有创意,搭建出来的亭子有单层的、双层的,有四角的、六角的,亭子的色彩搭配更是各具特色,这些亭子没有一座是相同的,充分体现了幼儿在建构游戏中创作的独到之处。可以说孩子之前所积累的经验激发了想象,从而在建构游戏中发挥了他们强大的创造力。

教师在引导幼儿开展结构游戏的同时,也鼓励幼儿的家长能走进幼儿结构的世界,为我们的创新性教育加油助力。每个幼儿的家庭中或多或少都有一些结构材料,设置了建构小区域,孩子在家也可以和爸爸妈妈共同构建,或者让家长成为孩子的观众。下面的一个真实的小片段充分体现了家长的参与对孩子开展建构游戏的促进作用。

豪豪进入紫霞幼儿园一段时间后,爸爸发现他在家饶有兴趣地摆弄着各种结构材料,豪豪对爸爸说:"你也来搭一个吧。"

面对孩子的挑战,爸爸倒是很淡定:搭积木有什么难的? 他拿起了积木"工程智慧片",便尝试着用连接片接起一块块积木,想要搭出一栋房子,但在接触闭合时由于用力不当,长方体的"半成品"突然散架了。豪豪爸爸努力了几次依然失败,感到失望且意外:"没想到这个积木还是蛮难搭的……"在多次观摩孩子的结构活动、欣赏孩子的结构作品,与孩子近距离沟通之后,豪豪爸爸了解了,原来结构游戏不只是简单的积木拼搭,积木除了"乐高",还有"工程智慧片""清水积木""雪花片""拼板";原来,结构材料可以推动孩子空间思维、语言表达、人际交往等多种能力的发展;原来,孩子每天在幼儿园玩着这么有趣的游戏,还能搭出超越成人的精彩作品……

幼儿园的结构游戏给豪豪爸爸带来了很大的震撼,他随之对幼儿园的特色教育活动萌生了浓厚的兴趣。在短短一个学期内,豪豪爸爸陆续参与了5次家长活动:有的是观摩基础结构活动,感受孩子的操作和老师的指导,有的是在融合性结构活动中体会结构游戏与不同领域教学活动的结合,有的是通过亲子操作观察孩子的学习兴趣、习惯和方法,有的是使用观察评价工具评出"小能手"。

结构游戏让爸爸妈妈们不仅转变了观念,明白了结构游戏到底玩些什么;了解了孩子在活动中的学习、探索和操作的过程;感受了孩子在结构游戏中各方面的发展,以及创造性构建活动所带来的成功和自信。同时,他们也愿意花更多的时间在家庭中用学到的方法去引导孩子创造建构,激发更多的创新思维火花。儿童的创新性发展不是独立的,而是在许多条件下,在与家长、教师和同伴的互动过程中达成的。

三、适时指导,让兴趣和技能成为创造力的土壤

作为陈鹤琴教育思想研究实验基地,紫幼秉承"玩中学"教育理念,结构游戏无疑是一个很好的载体,有利于孩子多元智能的发展,尤其与培养幼儿的创新思维特征息息相关:

(一)善于合作,幼儿与同伴交往更为紧密

结构游戏材料低结构的特点,更易促进幼儿发生群体互动及由操作材料而发

生的互动主题的类型也是多种多样。而结构游戏具有共同参与、轮流交替、重复与非实义性行为等特征,本身就是一个合作的过程。其中,能否运用协商、分工、计划、轮流等社会性交往技能,是游戏效果能否达成的关键。

(二)意志坚定,幼儿做事的专注度越来越强

幼儿的年龄特点决定着 4~6 岁幼儿做某件事的持续时间一般为 15~30 分钟左右,结构游戏是幼儿在无压力的环境中进行着一种自主游戏与学习的活动,因此幼儿兴趣浓,持续时间逐步加强。他们往往以完成自定的作品为目标,随着思维与创造能力的提高,对作品的精细、逼真与复杂程度的要求也越来越高,坚持性越来越强,不仅如此,幼儿在其他操作活动中也表现出了静下心来学习的良好习惯。

(三)注重实践,幼儿对现实生活的感知力逐渐加强

结构游戏是孩子对现实生活的记忆与再现,发展了幼儿的再造想象力,而再造想象力则是创造力的基础,经验越丰富,再造想象力也越丰富。例如,进入大班后期,通常幼儿的结构活动就会进入“主题—游乐场”的创作构建阶段,因此,我们会带领幼儿去锦江乐园玩电动玩具、去外滩参观,孩子们的创作热情日益高涨。此时,他们在原有立体构建的基础上已初步总结出自己构建立体作品的一些方法,他们利用不同的立体图形组合变化出一些游乐设施的简单造型,诸如碰碰车、游览小火车等。

我们就是这样通过丰富的主题背景活动,结合孩子的生活体验创设情境、提出问题,用结构游戏为载体,拓展孩子的思维,以游戏为介入将主题推向深处,扩大孩子的感性认知。

(四)敢于创造,幼儿的想象与创造能力逐渐涌现

结构游戏的材料丰富多元、外形千变万化,孩子们搭一搭、插一插,一个个有趣的造型就在这有意或无意的拼搭中产生了,这激发起了孩子们浓厚的兴趣和强烈的创造欲望。当孩子们对材料的运用愈发熟练后,建构不再局限于对简单物体的模仿,而是基于自己的生活经验,从建构的色彩、结构、布局上加以组合和变化,构成了全新的作品,这都是孩子创造性的表现。

孩子们的这些变化令我们欣喜,同时我们还意识到民主、和谐的活动氛围可以有效地激发孩子积极主动参与创新学习。教师对孩子适时的鼓励、巧妙的提问、信任和支持,都是为孩子创设宽松、自由的空间,而他们在这个环境下每一个细小的发现和“自作主张”都会带给我们意想不到的惊喜。

在我园,结构游戏已经成为幼儿最喜爱的自主活动之一,幼儿在结构游戏中不仅能娱乐,而且还能学习,更是通过游戏进行想象与创造。与此同时,我们认识到幼儿期是创造力最丰富的时期,要抓住关键期,发挥幼儿的创造力潜力。在每一日的运动中、生活中、游戏中、学习中时时都有结构游戏带来的创新思维火花,我们在轻松的教育氛围中相互碰撞,做到有意创造、有度引导、有机渗透,就能点燃幼儿智慧的火把。

(上海市黄浦区紫霞幼儿园   宋文漪)

第二章　小场地中的"野趣"运动

第一节　"螺蛳壳"里玩出的大运动
——黄浦区幼儿园小场地运动的实践与思考

区域活动是户外体育锻炼的一种非常适宜的活动形式,它可以更加充分地利用场地,让幼儿在各个体育区域中自主自愿地进行体育锻炼,也比较适合黄浦小场地的幼儿园在体育活动时的组织与管理。于是我们作了如下尝试:

一、调整作息时间,错时利用场地

黄浦的幼儿园场地都是小巧型的。户外场地面积有限的园所,多个班级同时进行体育锻炼必然会显得十分拥挤,幼儿活动受限。面对有限的户外活动场地和更加有限的生均面积,我们采用了错时锻炼的方法,合理安排上下午的场地:如上午分3~4段时间安排大中小年龄段进行锻炼,每段时间40~45分钟(有的幼儿园安排小班上午两个时间段,时间总额40~45分钟,这样避免小班孩子过度劳累)。下午再安排3个时间段分批锻炼。这样错时使用场地,幼儿户外活动时的生均面积就增加了一倍,保证了每个幼儿有充分锻炼的场地和活动内容的多样化。

二、打破班级界限,同龄共享区域

小场地上进行体育区域活动时,若以班级为单位设置区域,幼儿的活动范围及可参与的运动项目都十分有限。同龄段的孩子运动能力、需求都在同一个区间内,教师在设置体育锻炼的项目、难度时都是以年龄段目标为依据设定的。这样,在总面积不变的情况下,可供幼儿选择的区域、器材及幼儿的活动范围在无形中又增加了一倍。当然,当有传染病需隔离时,教师们也会根据安全的需要适时调整区域的安排,以健康安全为首要保障。

图 2-9　同龄共享体育锻炼区域

三、结合场地特点合理划分区域

（一）场地规整——以基本动作划分区域

有的幼儿园场地虽小,但是形状规整,针对这样的场地,较适合以基本动作类型来划分区域。我们主要依据基本动作类型将区域划分为"跑跳区""钻爬区""投掷区""平衡区""全身区"等多个区域,每一区域内围绕一动作类型提供多种形式的活动,区域设立标记牌提示幼儿该区域主要活动内容及必练项目供幼儿自主选择。

（二）场地零散——设置综合性区域

有的园场地小而零散,这样的场地更适合设置综合性的区域,减少幼儿在场地轮换中耗费时间。有的幼儿园运动场地由两块平台组成,两块平台大小悬殊,中间隔着一个楼梯间,场地分散且单位面积小。幼儿有一定的自主选择需求,但又缺乏有目的有计划的合理选择运动项目的能力。教师们就设置了多个综合性的区域，每一区域内容包含身体各部位的运动发展项目，有重点锻炼上肢的项目，也有重点锻炼下肢及全身运动的项目。这样幼儿在一个区域内活动就可以达到锻炼身体各部位的目的。

（三）场地相对稍大——设置情境式区域

有的小场地经过错时安排后，同一时段内活动的班级数减少了，场地变得较为充裕，这时就可以充分考虑幼儿的年龄特点及活动趣味性进行情境性的区域设置。有的幼儿园在这种情况下就将情境的创设融入综合性区域中，为每一个体育区域都创设一个有趣的游戏情境，让幼儿以角色身份带着任务意识在游戏中进行综合性的运动锻炼。

四、巧用各种资源拓展运动空间

为了更加充分地利用现有场地，让幼儿的体育锻炼更加丰富有趣，我区幼儿园不断整合利用各种场地资源，开发一切可利用空间，提供适宜器材把一个个小角落都变身为幼儿的运动场。如墙面：提供"打败灰太狼""给青蛙喂食""篮筐"等器材。大树：几棵并排的大树下拉上绳子，悬吊高低错落的"小果子"、小铃铛供幼儿进行"摘果子"的纵跳触物类游戏。过道：地上画上多种组合形式小格子，幼儿路过时就可以单双脚变换形式跳一跳，将运动融入幼儿的日常生活。楼梯：楼梯上贴上手印、

图 2-10　拓展运动空间

脚印,幼儿戴上纱布手套就可以进行手脚爬的游戏,简单又有趣。运动器械:我们在运动器械上放置小红旗、藏好小"宝贝",幼儿可结合运动器械进行"摘旗""寻宝"等游戏,将运动与游戏更好地结合。

五、落实必要规则保障运动有序

(一)行走线路规则

小场地幼儿园区域活动的面积是有限的,一个区域中有多个活动项目,器材摆放与幼儿的活动都需要较大的空间,如果孩子们在区域中运动时无序地跑动,会占用过多的运动空间,造成互相干扰,甚至发生安全事故。因此我们制订了"顺时针"的线路规则,避免幼儿遗漏某些项目,让幼儿的活动更加充分有序。

适当的标记能起到良好的提示作用,可以提示线路的起始、行进的方向等。

1. 平面标记

我们通常将直向或转向箭头、脚印等标记粘贴在泡沫垫或小积木上,摆放在起始或转弯的位置提示幼儿,还会在场地上拉分界线,通过颜色或粗细来划分区域及分割区域内的运动项目。

2. 立体标记

使用一些立体的、可以任意放置的标记,如红绿灯标志,可以放置在小班的"汽车嘀嘀"的情境区域中作为交通信号灯使用,也可以放置在其他区域中作为提醒幼儿控制速度的标志,用起来醒目、便捷。

(二)人数控制规则

每个区域内的项目不同、材料不同,需要的场地和能够容纳的幼儿人数也不同,有的项目或新增材料会非常吸引幼儿,但一下子涌入过多的人数会影响区域内幼儿的活动,由此产生了人数调控的规则。

(三)区域轮换规则

幼儿身体各部位有着均衡发展的需求,若幼儿长时间在某一区域运动,会造成局部运动负荷过大,甚至形成运动伤害。若幼儿频繁更换区域,又会减弱锻炼效果并影响活动秩序。为此,我们制定了相应的区域轮换规则,要求幼儿在音乐或哨音提示下更换区域。

六、小场地区域活动材料投放策略

（一）材料投放突出活动内容的游戏化

根据幼儿的年龄特点，以及动作、场地、玩具材料的特点，将活动内容游戏化，增加情节、角色，使之更有趣味性。

图 2-11　有趣的体育活动

（二）材料投放体现组织形式的多样化

在设计组织形式时突出生动有趣、形式多样的体育活动，吸引幼儿主动参加。例如，在组织形式上有集体活动、自选活动、自由结伴、单独活动等。在丰富多彩的活动中既锻炼了幼儿的胆量，磨炼了幼儿的意志，增强了幼儿的体质，又培养了幼儿活泼、开朗的性格，极大地调动了幼儿参与体育活动的兴趣。

（三）材料组合注重挑战的层次性

《幼儿园教育指导纲要》指出，教育活动内容要既适合幼儿的现有水平，又有一定的挑战性。提供多样化的活动材料，也要考虑到幼儿年龄差异和个体差异，使幼儿在自己的最近发展区得到提高。如不同的材料，同一个目标。如"钻爬"，提供的材料有适合小年龄幼儿的"山洞"、毛毛虫钻洞、板凳等；在难度差异中，提供三条不同难度的道路，让幼儿玩"穿越封锁线"，一条是平衡木、一条是轮胎、一条是梯子路等。这些材料的提供既要兼顾群体需要，符合幼儿的发展需求，让每个幼儿获得成功,又要有一定的挑战性,不断激发幼儿的活动兴趣。

（四）废旧材料考虑一物多玩的创造性

《幼儿园工作规程》指出:"幼儿园应因地制宜、就地取材,自制教具、玩具。"幼儿园设立废旧材料收集站,发动教职工利用废旧物品制作各种户外活动器械,向家长收集生活中的各类废旧材料,如可乐瓶、衣架、轮胎、布条、纸板、报纸等,引领家长与孩子进行亲子制作,同时大大弥补了幼儿户外活动材料的不足。

图 2-12　废旧材料变成户外活动材料

七、小场地运动中教师的指导策略

（一）融入韵律操元素巧妙锻炼

我们把原先早操的元素融入户外活动中,活动开始前,我们播放充满动感、节奏鲜明的音乐,教师们带动所有幼儿进行热身练习。这种热身训练是没有队列队形要求的,幼儿们可以找到空地自由舒展身体。另外,考虑到我们的户外活动分成运动区和游戏区,幼儿们在玩的过程中需要有交换,既能平衡幼儿的运动量,又相对做到了动静交替。

（二）巧用环境引导幼儿自主活动

由于是户外混班活动,活动的同伴和教师有可能都是幼儿不熟悉的,为保证幼儿们能够自由而有序地活动,既能够自主活动,又建立良好的规则意识,保障活动有序进行,我们在每个活动区设置了形象标识和活动规则。这些活动规则都是在幼儿们活动之后跟他们共同商定，并由幼儿自己绘制的，如一些安全小提示等。

在户外区域活动中我们打破了班级的界限，教师面对的是全年级的幼儿，而不再是本班的幼儿，不同幼儿个性是不同的，有活泼外向的，有胆小内敛的。面对不同的幼儿，教师给予不同的支持，胆小的幼儿面对一个新的、想去玩的区域犹豫不决时，场地教师要创设好心理环境，从情感上让孩子体验到接纳与安全，并愿意去尝试新的玩法。

（三）敢于放手鼓励幼儿玩出新花样

游戏的主体是幼儿，游戏的权利也在幼儿，我们要保证幼儿在活动中有充分的自由度。在户外活动中，幼儿要玩什么玩具，和谁一起玩，怎么玩，玩多长时间，都让幼儿自己去选择，自己去做主。活动中，教师们逐步地敢于放手，敢于站在幼儿的后面，放手让他们尽情去玩，不规定今天一定要玩什么，对幼儿所有的想法、玩法都给予充分的肯定。

所以，活动中我们应注意观察幼儿喜欢什么，选择投放材料应以幼儿为主，并允许幼儿以适合自己的方式、速度去学习、探索，只有这样，才能让每个幼儿都体验到成功。

黄浦区绝大部分幼儿园都是较小的运动场地。我们提倡立足园本实际，从全局管理、区域规划、空间拓展、规则制订、材料合理的投放以及户外活动形式的创新等多方面入手设置体育区域，通过不断地反思与调整，科学利用小场地，让幼儿在有限的场地中进行充分的运动，从而达到体验运动乐趣，增强幼儿的体质的目的，多元化促进户外体育活动的特色发展，我们力争要在"小场地"中创出黄浦幼儿园运动的一片"大世界"。

（上海市黄浦区教育学院　王莉娟）

第二节　精心打造，畅玩室内运动

奥林幼儿园是一所以"运动"作为课程特色，秉持"以体育德、以体启智、以体健美"办学理念的运动特色幼儿园。

幼儿园在研究室内自主性运动活动的过程中，对"室内运动有效性"的问题做了深入探索，保障了幼儿在特殊天气（雾霾、雨天、暑天、冷天）下的运动需求。

一、科学、安全的环境创设——有效性的保障

室内自主性运动看似结构松散,但细究每个环节设计无不透露出严谨、科学的态度。既要遵从儿童的年龄特点,又要遵循运动本身的特定规律,我们的室内运动自主性必须在科学、安全的前提之下,以科学的态度保障幼儿安全运动。

(一)遵循幼儿生长发育规律的安全运动环境设计

1. 立体空间创设的整体思考

充分开发室内立体空间资源,能使室内运动设置成为全方位立体交叉的区域,更能吸引幼儿积极参与内容丰富的运动。它包括全园的活动室、走廊、多功能厅、专用活动室等。对于这些形状、面积、地面材料不同的场地,科学合理的规划就能起到事半功倍的效果,对顶层设计提出了较高的要求。我们的思考如下:

(1)总部二楼健身廊——联合空间的互补设计

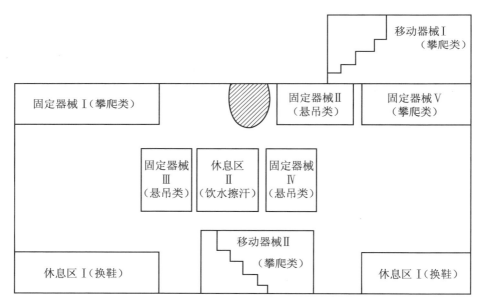

图 2-13 总部二楼健身廊

总部健身廊分为二楼和三楼,二楼为固定器械区、三楼为移动器械区。固定器械区包括攀爬区、悬吊区。攀爬区区域较大,一般都选择在墙面固定器械。根据攀爬区器械的设置控制区域人数。例如:攀爬绳可容纳 2~3 人,攀爬网需要 7 人合

作进行运动。悬吊区区域一般都选择在天花板固定器械。由于占用面积较小,悬吊区地面要贴有黄黑相间的警示带,运动人数为1~2人。三楼移动器械区多以民间运动小型运动器械为主,如跳绳、踢毽子、扯铃、橡皮筋等,运动人数由材料数量决定,同一材料的投放数大概在4~5份。

（2）分部健身房——独立空间的整体设计

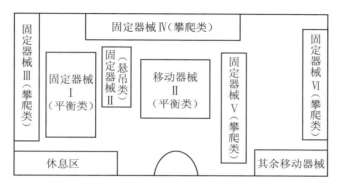

图 2-14　分部健身房

分部健身房分为固定器械区和移动器械区。固定器械区包括攀爬区、悬吊区、平衡区。攀爬区选择固定器械于四周墙面,根据攀爬区器械的设置控制区域人数,每个墙面可容纳4~5人,洞洞墙内可容纳6人左右。悬吊区区域一般都选择固定器械于天花板,运动人数为1~2人。平衡区区域选择固定器械放置于地板上,大多为组合式器械拼成平衡道路等,统一道路的起点和终点,每次道路上运动人数为3~4人。移动器械区多以小型运动器械为主,如软棍、布垫、滚球等,运动人数由材料数量决定,同一材料的投放数大概在4~5份。

2. 多元材料组合的巧妙利用

幼儿园室内运动环境对幼儿的身心发展起着重要作用。室内运动的灵活性、适切性、多变性、安全性,对教师、幼儿、环境又提出了更高的要求。如何投放适宜的运动材料呢? 还要注意以下几方面:

（1）关注运动材料的多元运用,满足幼儿不同动作发展的需求

室内场地远远小于室外的运动场地。因此,精准提供运动材料,让材料作用发挥最大化,不仅能激发幼儿参与的兴趣,还能帮助不同运动发展水平的幼儿在其最近发展区内得到相应的提高。如:自制的纸球可以有多种玩法,投掷、抛接、拍、踢、

曲棍球等;轻便的泡沫棒在孩子们的手中有百变玩法,甩、跳、击剑、合作等;生活中环保的材料如:通风管,用来钻、抛、跳等。

一物多玩有利于运动中的个别化指导,激发幼儿对材料的兴趣,提高器械使用率,有助于有效激发幼儿的探索意识,促进幼儿勇于创新,积极思考。

（2）关注运动器材轻便并易于搬动

挖掘资源(走廊、墙壁、吊顶、楼梯),遵循就近原则。室内运动提供的器材易轻便、易搬动是合理开展室内区域体育运动的条件之一。师生互助培养幼儿自我服务能力。

（3）根据幼儿的年龄特点和个体差异投放材料

不同年龄段幼儿的兴趣和需要不同,因此活动材料的品种与数量也要有所区别,力求能有效激发各个年龄段幼儿参与活动的兴趣,使他们从中获得满足与成功的喜悦。

表 2-4　健身廊

	区域名称	设备、材料名称与示例	主要功能
健身廊	固定型器械区（Ⅰ攀爬类）	攀岩墙	● 攀、拉:锻炼幼儿上、下肢大肌肉力量 ● 年龄段:中、大班
	移动器械区（民间游戏类）	绳子 毽子 扯铃 橡皮筋 铁圈	● 绳子、毽子:锻炼幼儿手、脚、眼协调配合 ● 扯铃:锻炼幼儿上肢协调性以及反应灵敏度 ● 铁圈:锻炼幼儿上肢对方向和平衡的控制力 ● 年龄段:中、大班

续表

	区域名称	设备、材料名称与示例	主要功能
健身廊	固定型器械区（III攀爬类）	洞洞墙	● 爬、钻：锻炼幼儿上、下肢大肌肉力量 ● 年龄段：小、中班
	固定型器械区（V攀爬类）	攀爬网	● 攀、拉：锻炼幼儿上、下肢大肌肉力量 ● 年龄段：小、中班 ● 长：2.5米，宽：3米
	其余移动器械	软棍踩踩垫沙包	● 跳跃：锻炼幼儿的走、跳协调性并且提高幼儿的触摸觉 ● 年龄段：小、中班

幼儿的兴趣、个体发展水平不同，即便是同一年龄段的幼儿也会有明显的个体差异。教师应遵循幼儿动作发展由易到难、由简单到复杂的原则提供不同的材料，满足不同发展层次幼儿的需要，为不同发展水平和运动能力的幼儿提供选择不同难度活动的机会，使每个幼儿在原有水平上都能有所提高。

3. 科学数据测算的严谨呈现

在进行自主性室内运动环境创设时，我园构建了可探索、能自主、有趣味、有挑战、可参与的安全运动环境。我们思考更多的是：如何因地制宜进行空间布局？如何运用科学的数据指导我们实践？我们进行数据收集、分析统筹、设计实施。

我园的走廊、健身房相对空旷，走廊成狭长形，经过研究讨论、专业的墙体测评，结合各年龄阶段幼儿的身心特征，在"最近发展区"基础上增加一定的难度，以进一步"激发幼儿的运动兴趣、引起新的认知冲突，提高孩子战胜困难的自信和承受力"为设计指导思想，创设可供中、大班幼儿使用的攀、爬、悬吊、荡等单一或组合功能的运动器械。

在独立空间内，利用墙面、横梁等创设攀、爬、钻、平衡等功能的固定器械及布垫、软棍、沙包等移动器械。同时,相应器械周边的地上和墙上安装不同厚度的防护垫,防止幼儿跌落及撞击而造成伤害,保障幼儿运动安全。为了保证幼儿运动的科学性,我们借鉴国外的数据引进德国的器材,做自己的设计。

在安装运动器械时,根据4~6岁幼儿手臂力量和耐力的限值,室内运动健身廊安装的悬吊架、挂梯、垂绳等悬挂高度设定在1.95米,连续悬吊长度设为1.9米以内;其中不同粗细的爬绳间隔,悬吊架、挂梯、垂绳交错安置,让幼儿能够有各种选择的机会。

悬空的荡球离地高度控制在0.8~1.0米之间,同时为了确保幼儿在悬荡过程中不被墙面和地面撞伤,我们在地上铺设厚度不等(10厘米、20厘米、30厘米)的防护垫,在墙上也安上了3厘米可拆卸自由拼搭的墙垫。有科学依据的长度和高度设置,既引发了幼儿自主性运动时自我挑战的兴趣,也保障了他们运动中的安全。

我们以科学严谨的态度对运动环境进行创设,减少了运动中可能会给幼儿带来的隐性伤害。精心打造的室内运动环境,使我们幼儿园的幼儿能够在雨天和雾霾天也能运动个畅快!

二、多维、均衡的运动能力发展——有效性的推助

开展幼儿运动要遵从幼儿运动能力发展的特点,合理安排适宜的活动内容和适度的运动量,按照循序渐进、动静交替的原则,有效地帮助幼儿发展各种动作,科学促进其身体机能和运动能力的提高。为充分发挥室内自主性运动对户外自主性运动的互补,必须考虑幼儿运动能力发展的均衡性,主要表现在以下几方面:

(一)身体的平衡——上肢与下肢的锻炼

【案例1】蒲公英球

活动目标:对准目标投掷,提高目测力和手臂力量。

环境创设:场地:选择楼道的场地。

材料提供:泡沫架、蒲公英球若干。

观察与指导:

1. 指导幼儿思考与控制手的力度与掷球的远近距离关系。

2. 观察幼儿能否面对楼道站立,手眼协调地将蒲公英球抛远抛准。

保健要点:

1. 活动前检查楼梯边沿是否有破损和滑落,以免影响幼儿上下楼梯踩到并滑倒。

2. 引导幼儿上下楼梯捡拾蒲公英球时不奔跑、不冲撞,看清每一层台阶。

图 2-15 抛掷蒲公英球

(二)动作的平衡——跑跳、平衡、钻爬、投掷、球类活动和车类活动

【案例 2】顶沙包

活动目标:运用各种方法将沙包运到目的地,发展身体的平衡能力。

环境创设:场地:教室外走廊,椅子交错排放整齐。

　　　　　材料提供:提供大大小小的不同沙袋。

观察与指导:

1. 观察幼儿能否在负重的情况下保持身体的平衡。

2. 幼儿能否按指定的行进方向活动。顶沙包走完全程后,从地面返回至起点。

3. 幼儿根据自身情况,选择沙袋,可以用顶在头上,也可绑在手上等方式进行游戏。

保健要点:

1. 椅子间隔距离建议在 20 厘米左右,以防难度过大而导致幼儿踩空摔倒。

2. 沙袋重量建议在 100～200 克之间,可供不同运动水平的幼儿选择。

【案例 3】小小神投手

活动目标:练习对准目标进行投掷,提高目测力和手臂力量。

环境创设:场地:挂有 1～5 数字牌的投掷网、1.5～2 米高低不一的球架。

　　　　　材料提供:大小不一的流星球若干、站台 3 个。

观察与指导：

1. 观察幼儿投掷的姿势是否正确，是否能投准目标。

2. 指导幼儿用正确的动作进行投掷。

保健要点：

1. 充分做好热身活动，避免在投掷中用力过猛导致肩部关节、韧带受伤。

2. 提醒幼儿全手掌抓投掷物进行投掷，避免误伤到同伴。

3. 有人在进行投掷时，避免到投掷网后面捡拾流星球。

图 2-16 小小神投手

（三）运动发展要求的平衡——运动中的安全性、挑战性、丰富性、趣味性、运动品质的培养等

【案例 4】翻山越岭

活动目标：勇于克服困难，提高幼儿的身体平衡能力，培养幼儿勇敢的精神。

环境创设：场地：充分利用室内走廊，将桌椅摆放成障碍（山坡、树林）。

材料准备：彩绘塑料桶 10 个、垫子 1 块。

观察与指导：

1. 观察幼儿能否从斜坡往上爬行。

2. 指导幼儿在爬行时要保持一定距离，不探头张望，确保活动安全。

保健要点：

1. 活动前检查大桶盖是否拧紧，以免幼儿在走过大桶时由于盖子松动发生意外。

2. 搭建场景的桌子用绳子固定，以防桌子摇晃移位造成幼儿摔倒的危险。

三、适时、用心的观察指导——有效性的达成

自主性室内运动中,要求幼儿利用环境和运动材料,主动地进行运动体验,身体动作尝试、探究和发现运动联系,从而获得运动技能发展。实际上,即使幼儿在运动中发现了问题,也不能及时判断,做出正确的调整。这时,教师对幼儿运动过程的观察就尤为重要了。引导幼儿发现问题,同时提供给幼儿科学指导,让孩子主动参与到活动中来,才能促进幼儿运动能力的发展。

健身廊的滑布需要合作才能玩得尽兴,因为是扇形的圆弧,所以玩的时候需要撑布的孩子把布撑成规整的扇形,滑布上的孩子才能顺畅地滑到底而不翻出布外。活动中,教师发现孩子滑到布的底端时常常会斜到布的边缘,仔细观察分析,原来幼儿撑布时没有撑足拉直,此外方向也有偏差。教研讨论解决问题的办法——在地上贴上与圆弧对应的方位点,这样幼儿就有了参照,随机过来参与的幼儿合作时就更步调一致了。

教师们用敏锐的目光进行观察、用专业的支持传递智慧,适时用心的观察指导,让孩子进一步,让自主性室内活动更有效。

【案例 5】滑滑乐

活动目标:

1. 尝试抓住绳子爬到布网的顶端后滑下,提高手臂力量。

2. 感受共同游戏的快乐。

环境创设:场地:走道内宽阔的场地。

材料提供:垫子若干、滑滑乐器械。

观察与指导:

1. 1 名幼儿抓绳向上爬,6 名幼儿拉滑布上的相应手环。

2. 幼儿爬至中间时指导拉滑布的幼儿轻轻拉起来,站在相应点上用力往后拉。

3. 当幼儿爬至顶端后转身,放掉绳子顺势滑下时,拉布幼儿将布轻轻放下。

保健要点:

1. 攀爬幼儿拉紧麻绳从滑布中央向上攀爬,避免从滑布两边掉落。

2. 教师及时补位,保证布的受力面均衡。

3. 提醒幼儿不要走到滑布的下面,以防滑布上的幼儿突然下滑时造成冲撞。

图 2-17　滑滑乐

四、多样化的评价支持——有效性的延展

（一）自我规划式的自我评价:幼儿运动护照

每个幼儿都是独立特别的个体,在室内自主性运动的过程中,我们更要不断地关注每个幼儿个体,进而才能有效了解每个幼儿的运动状态。运动活动实践性较强,不仅仅是学习运动技能的过程,更是幼儿智慧、个性培养与发展的过程。

"今天玩了哪些? 哪些是想玩的地方,但是没有玩的? 下次要去哪里玩?"幼儿运动护照的运用不仅帮助教师去关注每个幼儿,全面掌握班级幼儿在整个运动场地上的总体情况,更是让幼儿学会了自我规划和评价,增强了幼儿的自主性,优化了室内自主运动的开展。

（二）共同参与式的互动评价:区域评估汇总

更新教育评价理念,撇弃传统的单一评价方式,鼓励师幼共同参与数据收集,进行互动评价和自我评估,进而对自我更新认知。借助运动中的"七彩手环",活动结束后师幼共同评价。

通过不同项目手环的计数,幼儿对自我运动尝试与实践的范围有所认知,教师对各个运动区幼儿活动的情况有所掌握。通过"看见了……我最开心的事……小遗憾……"等互动话题的讨论分享,幼儿对下一次"运动护照"的规划有了明确方向,在运动实践中更有目的了。

图 2-18 七彩手环

图 2-19 师幼共同评价

教师在分享中获得信息,迅速客观地做出分析判断,全局把握情况后激励幼儿大胆尝试各项目的全面运动。最后,由教师将此次师幼共同评价的情况、问题、策略汇总成文案方便教研参考与比对,推动了室内自主性运动的有效性发展。

(三)望闻问切式的诊断评价:运动保健评估

保育员在自主性室内活动中设有固定的站立位置,在一定的活动范围空间里,对每个路过的幼儿进行观察,随时注意情况,根据气温、运动负荷大小、出汗情况及时提醒幼儿进行自我主动保育;通过"三色护腕",对戴着红护腕的肥胖儿、蓝护腕的服药儿、绿护腕的体弱儿进行随时观察并给予提醒帮助。望闻问切式的诊断评价在室内运动中为运动保健评估带来了方便。

（四）故事撰写式的案例评价：观察、记录、描述

我们不仅进行活动的数据收集与分析，而且开展故事撰写式的案例评价，观察、记录、描述提供更细致更丰富的评价内容。教师通过对情绪、运动量、区域内活动的参与度表现等方面的描述，记录了自己伴随行为而产生的思想、情感及灵感。真切的回顾像"照镜子"一样，再现自己的教育行为，用客观的评价、严格审视、反复分析，提高教师的专业敏感度和专业能力。

虽然室内运动的开展会受到空间等诸多因素的局限，但是通过精心的打造，这并不会成为我们坚持开展室内运动的困扰。科学合理地定制室内运动器具、巧妙组合及时调整现有材料、把握幼儿年龄特点，有乐有趣，相信这样高品质的室内运动会让我们的幼儿畅玩运动更有效！

（上海市黄浦区奥林幼儿园　张　颖　沈文茜）

第三节　趣玩乒乓，"乒"随心动
——基于核心素养的小场地乒乓游戏特色

乒乓运动在中国已经走过了百年的发展历程，从 20 世纪初少人问津的一项运动发展到如今举国瞩目的"国球"，顽强拼搏的国球精神正激励着一代又一代的中国人，乒乓球运动也成为我国一项极为普及的运动项目，深受大众的喜爱。

一、小小银球乒乓响，快乐育人促成长

乒乓运动是一项集力量、速度、柔韧、灵敏和耐力素质为一体的球类运动，开展乒乓活动一方面能增强幼儿的身体素质和心肺器官的功能，另一方面也能弥补幼儿园体育锻炼中幼儿动作协调性的不足，从而进一步促进幼儿身心和谐发展。乒乓球由于对场地和器材的要求不高，简单且具有较高娱乐性与教育价值，可以有效地满足幼儿的教育要求。基于此，从 1999 年开始，黄浦区松雪街幼儿园就着手实施幼儿乒乓活动。近年来随着研究的不断深入，我园坚持以幼儿发展为本，以乒乓为载体，以"快乐乒乓"的理念为指导思想，努力将幼儿园的乒乓活动建立在促进幼儿全面和谐发展的基础上，并初步形成一套体现本园特色的，以兴趣为基点，以游

戏为主要形式,符合 3～6 岁儿童年龄特点及身心发展规律的、与幼儿园现有条件相匹配的乒乓特色活动。

随着时代的变化,在当今新课程理念的引领下,我园的教师也在不断地转变教学理念,开始全面重视对幼儿体育核心素养的培养。

体育核心素养的培养需要从幼儿阶段抓起,这一认识已逐渐被广大幼教和体育领域的专家和学者广泛认同。体育核心素养包括运动能力、健康行为和体育品德,这三个方面彼此内在关联,相互影响。运动能力是形成健康行为和体育品德的基础,健康行为是发展运动能力和体育品德的核心,体育品德是提高运动能力和改进健康行为的保证。体育核心素养在幼儿健康领域实施过程中得以提升与发展,并在幼儿运动过程中整体发挥作用。

根据《3～6 岁幼儿学习与发展指南》的健康要求,如何结合幼儿园阶段核心素养,巧用乒乓、趣玩乒乓,开发基于体育核心素养的乒乓游戏呢? 我们对快乐教育内涵进行再思考,确定"呵护童心童趣,让快乐与孩子相伴;注重师幼融洽,让快乐与孩子相依;遵循教育规律,让快乐与孩子相随"的发展定位。

二、趣玩乒乓多思考,"乒"随心动再认识

日本著名的小提琴教育家铃木叶先生建议说:父母嫌孩子动作慢、反应慢,其实慢的是他们的脑,而不是他们的手,每天打 30～40 分钟乒乓球,就可以解决问题。提高孩子的协调性和敏捷性,以及其脑、眼、手的配合能力,做到"眼到、脑到、手到",乒乓运动无疑是最佳的运动方式。

众所周知,乒乓运动是一项竞技运动,包括持球、掂球、壁打、发球、对打等各种动作,有些对幼儿来说是枯燥、机械的练习,很难长时间吸引到幼儿,因此趣玩就显得尤为重要。我们从"趣"上多思考,真正将乒乓融入运动游戏中,将"打乒乓"转变为"玩乒乓",挖掘乒乓元素中"趣"的因素,力求体现童趣、情趣和乐趣,在活动中鼓励幼儿积极尝试、体验动作、积累经验、创造玩法,使教师外在的要求变为幼儿自身的需求,变"被动体育"为"快乐体育",让"趣"玩乒乓成为乒乓游戏的根本。"趣"可以体现在环境创设的"情境性",亦可体现在玩法的有趣性上。

作为运动来说,我园以往开展的乒乓活动的密度和强度还不够凸显。因此,我们还要从运动的本质来思考,凸显"动",从而真正做到让"乒"随身动,"乓"为心动。

三、小小银球花样多,快乐游戏显素养

教师尝试将乒乓元素设计成一个个"玩乒乓"活动,让幼儿在"玩"中认识、熟悉和了解我们的"国球";将"玩乒乓"理念植入体育运动,在淡化乒乓技能的基础上,对快乐乒乓重新定义,打开幼儿园乒乓特色工作的新思路,赋予乒乓运动更宽泛的活动内涵。在核心素养的推进下,我园加大乒乓游戏课程的建设,推动幼儿全面发展,希望为其他幼儿园开展小场地乒乓运动借鉴参考。

（一）巧用乒乓,凸显运动能力

运动能力是体能、技战术能力和心理能力等在身体活动中的综合表现,是人类身体活动的基础。幼儿园阶段,幼儿运动能力发展的重点是发展体能,提高心理能力和基本运动能力。

黄浦区幼儿园大都面临着体育活动场地有限的困境,怎样科学利用小场地,让幼儿尽情地运动是我们不断探索的课题。乒乓运动室内、室外都能进行,不受季节、天气、场地的约束,这对于我们小场地幼儿园开展体锻活动特别有利。我们在实践中发现融入乒乓元素是小场地幼儿园开展户外体育锻炼的一种非常适宜的活动形式。经过时间、空间、规则等方面的综合设置、多维利用,幼儿园小场地也能发挥出运动大效能。

图 2-20　小球向前冲

乒乓游戏一:小球向前冲(如图 2-20)。

游戏材料:垫子若干、自制管道、乒乓球一桶

游戏玩法:将管道铺设在地面上,用垫子铺在旁边固定,幼儿将乒乓球放在起点管道处,用嘴吹动球,手和脚在垫子上,身体悬空向前爬到终点。

游戏建议:为增加野趣,也可以设在一定小坡度的位置,增加乒乓球滚动的速度,加强幼儿快速悬空爬的强度与灵活性,从而达到运动的目的。

管道光滑,幼儿吹球,乒乓球滚得越快,幼儿就会跟随乒乓球滚动的速度,快速向前爬,不仅增加了运动中游戏情境性,让幼儿在快速爬动中动作技能得到发展,更激发幼儿手脚着地悬空爬的兴趣。

乒乓游戏二：快跑接球

游戏材料：自制发射器（如图 2-21）、接球筒、乒乓球

游戏玩法：通过发射器发射乒乓球（或由幼儿用力向远处投掷），两名幼儿从起点开始快速奔跑，看谁能先追到乒乓球，击球进桶。

动作与能力：快跑，反应能力

游戏建议：不同年龄段的幼儿可以使用不同的方法发射球，以达到幼儿运动最大效能。也适合在狭长的场地开展。

图 2-21　自制乒乓球发射器

快速跑是锻炼幼儿腿部力量和耐力的基本动作技能。通过运用乒乓小而轻、会滚动的特点，将它作为运动辅助物，引发幼儿对快速跑的兴趣。让幼儿在游戏中忽略了奔跑的疲劳，使幼儿在不知不觉中提高了运动能力。

将乒乓运动与其他幼儿运动动作技能相融合，不仅弥补了乒乓运动的强度不够、动作练习单一枯燥的短板，又能作为运动辅助材料，丰富运动内容，提高幼儿的运动兴趣。为此，我们根据幼儿的年龄特点、相应的年龄段乒乓分层目标和运动能力设计多种整合的乒乓游戏，如小班乒乓游戏：乌龟运粮（爬），传花粉、钓鱼（持球、平衡走），猴子摘桃（跳）；中班：红绿对抗赛（跑），下雨了（攀爬、悬吊）；大班：传送带（手眼协调、快速跑），揪尾巴（追逐跑）等，让幼儿在喜欢乒乓运动的同时，更进一步发展幼儿的运动能力。

（二）以趣为本，改善健康行为

图 2-22　保护鸟蛋乒乓游戏

健康行为是增进身心健康和积极适应外部环境的综合表现，是改善健康状况并逐渐形成良好生活方式的关键。幼儿健康行为养成的重点是情绪调控和适应能力。

如何通过趣玩乒乓来改善幼儿的健康行为呢？我们来看看下面两个游戏：

乒乓游戏三：大班——保护鸟蛋（如图 2-22）

游戏材料：自制大树两棵、乒乓板、乒乓球

游戏玩法：幼儿掂球将鸟蛋（乒乓球）送入

大树,然后快跑回来把乒乓板给另一名幼儿,幼儿拿好乒乓板快速跑向大树,并用乒乓板接住快要从树上滚下来的鸟蛋,送回起点。

动作与能力:两人合作接力跑

游戏建议:

根据年龄段的特点,提供不同工具,以满足不同能力层次的幼儿参与活动;根据场地的大小和幼儿年龄段运动要求,改变跑动的距离;小班可以改变游戏玩法,平衡走送鸟蛋回家。

该游戏通过设置有趣的游戏情境,激发幼儿保护欲的过程中,必然会有少数幼儿接不到球,没能保护好鸟蛋,而出现情绪上的波动,影响心情。此时,可以让幼儿协商游戏规则,两人合作接力跑,协商哪个适合先跑,哪个后跑。任务完成需要两个人的共同配合,更需要聪明的协作、合理的安排。游戏亦可以根据自己的能力和喜好选择不同的材料和运动方法运、救鸟蛋。

在游戏中,幼儿不断地积极尝试、体验合作,在成功与失败中积累经验,通过游戏培养幼儿积极向上的良好心态,提高幼儿情绪调控能力,积极适应外部环境,同一任务共同完成,以改善幼儿的健康行为。

当今时代,各种电子产品铺天盖地,幼儿的视力问题已成为家长和教师都关注的问题。幼儿园开展的乒乓运动对改善睫状肌的收缩和舒张能力有积极的促进作用,是一种对视力非常有效的锻炼手段。幼儿通过打乒乓这项运动,促进眼球组织的血液供应和代谢,提高眼神经机能,消除或减轻眼睛疲劳。

因此我园根据不同幼儿的年龄特点,创设幼儿最近发展区的富有童趣、情趣和乐趣的乒乓环境,设计多元化的乒乓游戏形式让幼儿在趣玩乒乓中身心得以健康发展。

图 2-23　消灭害虫乒乓游戏

乒乓游戏四:大班——消灭害虫(如图 2-23)

游戏玩法:幼儿根据自己的能力将图片固定或贴在同伴身上,通过发球的方式打移动的害虫,或用壁打的方式打固定在背景板上的害虫。

动作与能力:发球、手眼协调

游戏建议:

小中班可以将乒乓球上固定一根绳子,让幼儿打吊球消灭害虫;设置有情境性的场景,将害虫固定悬挂在一定高度的吊球上,让幼儿跳打消灭害虫。

乒乓活动中的"壁打"和"对打"尤其是视力提高的最佳运动方式。在打乒乓时,幼儿要对球的忽近忽远、忽左忽右做出准确的判断,眼球在不断运转中得到了运动和调节,促使幼儿集中注意力,从而达到锻炼的效果,改善幼儿视力健康状况,并逐渐形成良好的生活方式。很多乒乓游戏在抗疫宅家的日子里被家长们再次创意改编,家长们纷纷与孩子宅家玩起了乒乓游戏。

(三)重乒乓精神,提升体育品德

体育品德包括体育精神、体育道德和体育品格三个方面,体育精神包括自尊自信、意志顽强、超越自我、勇于进取;体育道德包括遵守规则、诚信自律、公平正义等;体育品格包括文明礼貌、相互尊重、社会责任感、正确的胜负观等。幼儿体育品德培养的重点是勇于进取、遵守规则。

乒乓是我国的国球,很多乒乓健将为祖国赢得了荣誉,乒乓精神是我们引以为豪的运动精神,更凸显了所有的体育品德。我们将乒乓游戏融入活动中,正好解决因一对一竞技容易产生的消极情绪和不自信,从而进一步发扬乒乓精神,提升体育品德。

乒乓游戏五:接龙对打

游戏玩法:一组幼儿和教师分别站在乒乓桌的两端开始对打。教师发球,幼儿轮流接球,并将乒乓球捡起放回框内重新回到队伍中,继续接球。统计在规定时间内累积接到球的数量。

游戏建议:

可以2～3组同时开始,以小组为单位。

这种团队游戏材料环境简单却趣味性强,对幼儿来说虽规则性强却无任何压力,反而兴趣高涨。整个活动中幼儿的注意力集中,既要注意及时补位接到球,又要快速捡球,不仅提高幼儿的反应灵敏度,又能培养团队精神和自我约束力。因为在游戏过程中即使没能接到球,幼儿根本没有时间产生面对输赢的压力和沮丧的情绪,相反他们要快速做出一系列反应,如:捡球时不影响同伴接球,快速回到队伍中迎接下次的接球等,完美地贴合体育品德中各要素的培养。

另外,我园还开展"有趣的乒乓球""乒乓明星""乒乓大擂台""国球,中国人的骄傲"和"我运动、我快乐"为主题的快乐乒乓活动,以及乒乓故事活动和乒乓艺术制作等,多元化的游戏内容和形式体现快乐乒乓的精彩。如:在"我是中国人"的主题下,教师创设快乐旅行情境式的运动环境,幼儿扮演导游带着乒乓球宝宝(持、垫球)游览北京万里长城、上海城隍庙、西安兵马俑,当幼儿勇敢地攀登征服西藏的珠峰时,插上五星红旗的那一刹那,个个都欢呼雀跃。

趣玩乒乓运动将爱国主义和乒乓精神从小就植入幼儿的内心精神世界,满足了幼儿内心的情感体验,培养了幼儿良好的心理品质,在乒乓游戏中快乐运动、快乐学习、快乐成长。

四、小小银球成特色,乐趣发展见特长

幼儿们爱上乒乓活动,"玩乒乓"成为他们信手拈来的游戏,并塑造其坚韧的性格、顽强意志,以及充满自信的生活态度。小小银球展示出了崭新魅力,旋转出无限快乐。乒乓游戏课程成为幼儿喜欢的特色活动。

(一)以快乐乒乓促进乒乓校园文化

幼儿园乒乓特色课程正逐渐成为我们的一种乒乓校园文化,成为幼儿园的一大精神财富,也将会是我园一项特有的深厚的教育资源。健美活泼的乒乓操、新颖精致的乒乓制作、丰富多彩的乒乓游戏、独具一格的乒乓学习活动等,有助于师生真正做到将乒乓精神内化为健康的心理品质,外化为良好的行为习惯和运动能力,为师生提供更为广阔的平台,在促进教师成长和幼儿发展的同时,也促进了幼儿园的内涵发展,提升了办园质量。

在新课程理念的引领下,聚焦核心素养,我们将继续推陈出新,对乒乓游戏的内涵与外延再深入研究;深化乒乓游戏的实施,完整呈现乒乓课程的特色,从而进一步推进快乐教育现代化。

(二)以快乐乒乓助推家庭亲子关系

随着"快乐乒乓"理念的不断深入,教师设计的乒乓亲子游戏更多从趣味性、整合性、参与性出发,让每个幼儿都能参与乒乓运动,让每个家长都有亲子同乐体验。每年五月"快乐乒乓节"是全园的重大活动,为期一周形式多样的

图 2-24　乒乓亲子游戏

乒乓运动带给全园幼儿及其家长丰富的体验(如图2-24)。乒乓游戏让幼儿在玩耍过程中习得基本的乒乓技能,提高了灵敏性、协调性等;让幼儿在竞赛中增强了团队合作能力,培养了集体荣誉感、不服输的精神。

乒乓游戏对幼儿的身心、健康的一系列好处,引发了家长的大力推崇,因此我们将据此总结提炼出一套有针对性、操作性强的乒乓特色家庭指导手册。

乒乓运动与游戏,让更多的幼儿身体得到锻炼,体质得到增强,尽情享受快乐,度过美好的童年时光,这将成为他们一生的财富,获益终身。

(上海市黄浦区松雪街幼儿园　常　菁)

第三章　温馨舒适的"情趣"生活

第一节　幼儿园生活活动"真问题"的实践研究

一、背景和意义

学前教育是终身学习的开端,学前阶段是人一生身心发展最快、可塑性最强的阶段,对人的身心健康、习惯养成、品德培养、创新能力和创造力的形成具有不可替代的重要影响。而生活活动是学前教育阶段最为重要的活动之一,也是落实《上海市学前教育课程指南》健康领域中学习与发展目标的重要核心。

黄浦区作为上海市的中心城区之一,黄浦的学前教育一贯以开展"生活精品教育"为理念先导,提出"一日活动皆生活",由区域辐射至各幼儿园,重视生活课程、关注生活教育品质,促进幼儿终身发展。

生活活动项目研究组于 2012 年 9 月黄浦和卢湾两区合并之时成立,为了提高区域幼儿园对生活课程实施的重视及提升生活教育的品质,我们开展了对幼儿园生活活动"真问题"的研究,即让生活教育回归本源,使之成为幼儿自我学习、自我获取经验的过程。研究组的成员们从幼儿身心发展的特点出发,立足于"生活活动"课程,通过学习交流与研讨,寻找区域内共存的问题症结,并研讨解决的有效措施与方法,从而为幼儿创设更加优质的生活环境,提高教师在工作中的执行力、研究力,提升区域幼儿园生活课程实施的质量。

二、思考与认识

《上海市学前教育课程指南》将"生活活动"作为专门的课程领域提出,大大强化了生活活动本身的教育功能,同时将保教两类人员的教育合力提到一定的高度,引发了幼儿园落实保教结合原则的探索与尝试。生活活动是幼儿一日生活的重要环节,幼儿的学习生活是以直接经验为基础,在游戏和日常生活中进行的,也是《指南》精神的重要体现。

各幼儿园均开始关注环境在满足幼儿需求中的作用,并通过一些基础生活环境的支持促进幼儿各种生活能力的发展。同时,教师能注重生活课程的教育性与参与性,在不断反思、不断实践的过程中引发课程意识,在课程构建与实施的过程中帮助幼儿走进生活、认识生活、热爱生活。教师在提升生活课程的关注度和执行力的同时,需要更加重视幼儿园"生活课程"内容的全面性、时代性和发展性,重视对"生态课程""生命课程"内容的补充。

我们重思考、重研究、重科学,关注生活内容,捕捉生活中的问题——聚焦"真问题"、剖析"真问题"、解决"真问题",有针对性地设计各类活动帮助幼儿解决其在日常生活活动中出现的共性"真问题",使生活活动变得更加"有用"和"有效"。在此基础上,我们也对生活教育的本质有了新的思考与认识。

（一）对教育目的的重新思考

幼儿教育的目的是促进幼儿身心全面和谐的发展,其现实和综合的表现就是幼儿愉快、健康地生活。从这个意义上说,让幼儿愉快、健康地生活是幼儿教育的重要目的。因此,我们的生活课程就是要关注儿童幸福,努力提高孩子的生活质量。

我们坚持以幼儿发展为本的教育理念,积极倡导通过提供安全舒适、温馨自主的高品质的生活环境促进幼儿健康发展,分别对幼儿园的盥洗室和餐厅环境的创设进行了重点研究。如荷花池幼儿园的主题厕所,色彩饱满、材料丰富、教育功能在荷幼的厕所文化里得到了多元和谐。让幼儿在温馨和谐的环境中养成文明如厕、讲究卫生和保护环境的良好习惯。

幼儿园的主题餐厅,通过富有艺术内涵的装饰,为幼儿创设了良好的就餐环境。许多幼儿园都定期开展自助点心和自助餐活动,例如星光幼儿园在餐厅创设了孩子们进餐情况"我们最棒"的评价板,幼儿们经过商量决定评价内容（进餐中不挑食、文明礼仪、餐后自我管理、摆放毛巾等）,人人可以参与评选,选出本周进餐最棒的一个班级,促进孩子们文明进餐习惯的养成,同时让孩子参与自我评价。

（二）对课程实施途径的重新思考

幼儿园的课程选择幼儿的生活作为教育的内容,而且通过幼儿的生活来进行教育,生活既是教育的内容,又是教育的途径。尤其是与人类生活紧密相关的学习领域,更不能缺少生活的参与。例如,社会态度和社会情感的培养应渗透到一日生活的各个环节之中,"幼儿与成人、同伴之间的共同生活、交往、探索、游戏等,是其社会学习的重要途径"。从这个意义上说,一日生活的每一个环节都具有教育价值,都应从幼儿发展的现实出发,加以充分地组织和利用。

近年来,越来越多的幼儿园开始实施"三教"模式,即不设保育员,由所配备的三名教师共同承担本班的保育和教育工作。这种模式便于教师将日常生活中发现的问题"生成"为教育活动内容,有针对性地开展相关领域教育活动。如荷花池幼儿园开展"一班三教"模式的实践研究,给班级配备一名生活教师,协助班主任一起开展生活教育,明确各自的工作职责,提高了相互配合、合作的质量,这也是对课程新途径的探索。

（三）对教师角色的重新思考

在以幼儿生活为基点的幼儿园课程实施中,生活项目研究组的教师明显感到教师的角色面临着新的定位,教师的教育技能面临着新的挑战,教师在组织幼儿活动中时时被幼儿的潜能所感动,也时时面临着来自幼儿的新挑战,有时甚至会感到束手无策。生活化的课程具有开放性、低结构的特征,要求教师与幼儿之间建立一种新型的师幼关系。在这种关系中,教师身上所承载的文化、经验,不是对幼儿居高临下的"倾泻",而是平等的对话,不是灌输,而是与幼儿分享。这时教师就是一个倾听者、观察者,分析与回应幼儿的疑问与需求,随时准备给予幼儿必要的帮助。教师也可能是一个引导者、支持者,启发幼儿进行有意义的探索活动。教师还可以是一个合作者、研究者、学习者和欣赏者。就以南京东路幼儿园的节日活动"巧手做元宵"为例,该活动是幼儿园特色园本课程"生活体验馆"节日系列其中的一个活动。活动前,幼儿通过视频初步了解了"面粉变面团"的方法,之后在尝试中进一步积累经验,从开始的失败到教师组织讨论后的再次尝试,再到分享经验后实践的成功,幼儿在自我探索、同伴互学中不断地收获多种经验,让枯燥的生活技能学习变成了有趣的"玩中学",在实践中积累、在体验中感知。

三、实践与探索

（一）立足区域教研,加强实践研究

生活活动项目研究组的教师们围绕区域教研的主题,在行动研究中不断提高认识、优化行为、提升能力；借助区域生活课程研究组平台，立足问题，积极主动地思考和参与，时刻挖掘生活中处处蕴藏着的教育契机，敢于尝试、分享经验成果和收获；不断学习、内化国内外先进理论和实例，通过影像资料直观感受不同国家、地域文化背景下的幼儿园生活教育。

图 2-25 生活活动环境

教师们不仅对幼儿园生活集体教学的设计与实施，自然角、餐厅和厕所文化的环境创设，幼儿参与生活创意室的创建与使用，个别化生活活动的设计与调整等方面进行了专题研究，而且细化到幼儿一日生活中生活环境的创设、个别化生活活动的指导、午睡的观察与护理、餐前餐后活动的设计与实施、自由活动的创新与自主等，同时还根据不同幼儿园的活动特点，变化"两点一餐"的传统模式，开发插入式点心和主题式幼儿自助餐，因地制宜，不断发展。

近几年来，我们开展过诸如"创设适宜的环境、氛围开展生活活动""幼儿园一日活动生活环境的创设""个别学习活动中创设适宜的生活活动环境和氛围""幼儿生命意识养成教育的活动探索研究"等专题研讨，还在实践教材、落实《指南》、实施科学保教活动的基础上开展"幼儿园午餐、午睡、离园活动等生活环境营造与关键要素"的设计，进一步深化对生活课程的内涵、价值、实施途径等理解。

（二）注重专业引领，梳理研究成效

为了让生活教育更加回归本源，使之成为幼儿真正的自我学习、自我获取经验的过程，也提高区域幼儿园对生活课程实施的重视，提升生活教育的品质，我们通过多种方式提高教师在工作中的执行力、研究力，提升区内幼儿园生活课程实施的质量，并梳理了一些行之有效的方法和策略。

1. 基于问题，拓展生活"新视角"

针对实践中的困惑，大家仔细研读和比照《指南》中的相关指标，结合生活活动活教材，从国际视野出发，解析各类教育的理念和方法，反思运用到实践中，最终达成共识——生活教育的本质应该是简简单单，同时也是反反复复，需要不断坚持，螺旋式提升。

回归真实生活、尊重幼儿的个性发展,尊重幼儿的兴趣爱好、价值取向、思维方式成为我们研究的主题。在研究的过程中,我们不断地问自己:对孩子来说到底重要的应该是什么? 教师们对生活课程的内涵、价值、实施途径等理解得如何? 生活活动素材点的挖掘、生活环境的优化、生活空间的拓展、生活品质的提升,以及在生活课程落实过程中的困惑和难处将如何解决? 这些问题的呈现为生活课程的研究提供了方向。

图 2-26　午睡的物化环境

2. 关注细节,聚焦生活"真问题"

生活教育作为一种综合性的活动,它包含着诸多领域丰富的教育内容,与一日活动相互渗透,紧密结合。正如教育家陶行知说过:"到处是生活,即到处是教育;生活教育与生俱来,与生同去",可见,生活教育的重要性。尤其是对 3～6 岁的孩子而言,他们的生活经验可以说是一张白纸,在幼儿园教育中,如何关注幼儿的生活教育,并将之渗透到各个领域中,这是我们生活研究组一直在探索和实践的。

每所幼儿园的生活课程都有其不同的特色和亮点,生活项目研究组成员率先在自己的幼儿园开展了"创设园本特色"的生活活动。比如思南路幼儿园围绕"卧室环境"展开"有效午睡的思考和研究"项目,从问题研究出发,对来自生活问题的环境内容,"具有可操作性地"来增强午睡环境创设的互动性。又如我们以交流展示的方式对各园自然角环境创设进行相互观摩,并延伸至与自主游戏的关联,赋予自然角更深层次的意义,挖掘自然角的教育价值。

(三)园所个性发展,彰显特色亮点

1. 改变生活教育模式,引领生活"有品质"

在区域引领下,各幼儿园将生活教育化为课题研究,以课题为引领,不断地探索与实践,将幼儿园各自的特色做优、做亮,从而提升幼儿的生活品质。

好小囡幼儿园开展的幼儿园快乐营养餐点的实践研究,针对 3～6 岁幼儿的年龄特点和饮食现状,开发适合幼儿健康发展的各类营养餐点食谱,探索幼儿快乐进餐的"创艺"环境,研究保教结合的指导策略,建构快乐营养餐点的评价指标。"幼儿园快乐营养餐点的实践研究"是近十年唯一把文化元素纳入餐点活动并关注幼儿进餐情绪的市级科研项目,体现关注餐点营养、关注进餐情绪、关注饮食文化的"三关注",拓宽了学前教育生活类课题的内涵和价值。

2. 让课程回归生活,给予生活"真经验"

基于培养幼儿自理能力,体验自我服务的乐趣,感受成长快乐的思考,南京东路幼儿园以月为单位,预设了"帮厨日、清洁日、主题日、走班日"生活体验活动,让幼儿在自主探索中获得更多的快乐,体验更多的成功,有助于幼儿生活经验的积累。"让课程回归生活,让生活充满体验",奥林幼儿园开启了关心照顾体弱幼儿的幼儿特需服务站。而文庙路幼儿园则依托游泳活动,增强幼儿的心理素质、安全意识与自我保护能力。

四、成效与反思

(一)实践研究推广成果

我们在行动研究中不断提高认识、优化行为、提升能力,借助区域生活课程研究组的平台,立足问题,分享经验,从而切实地达到资源共享和经验互动,时刻挖掘生活中处处蕴藏着的教育契机,充分把握 3～6 岁幼儿各种习惯形成的关键时期,踏实做好一日活动中的每件生活小事,夯实影响幼儿一生的各种生活习惯,让生活教育"唤醒"孩子的独立意识与健全人格,使幼儿更好地适应未来的生活。至今为止,我们获得了一些研究成果:(1)深化了对《生活活动》教师参考用书的解读;(2)形成了完整的一日生活环节操作手册;(3)设计了不同年龄段的生活集体活动;(4)制订了《幼儿园保教活动观察"工具表"生活》;(5)完成了《幼儿园生命教育案例》;(6)汇编了《让幼儿个别化学习更有意义》;(7)编撰了《幼儿园自由活动方案集》。

(二)科研项目持续研究

黄浦区各幼儿园重视对生活活动课程的研究,将生活教育化为课题研究,以课题为引领,不断地探索与实践,近几年来取得了一系列的课题研究成果。如:好小囡幼儿园"幼儿园快乐营养餐点的实践研究"、星光幼儿园"家校合作 3～6 岁幼儿生存教育策略的研究"、南京东路幼儿园"社会教育资源在育人课程中有效开发和利用"、宁波路幼儿园"基于家园合作的大班幼儿身体隐私教育研究"等市级及以上课题 4 个、区级课题 44 个,获得市、区级奖项若干。

（三）生活活动延续思考

在实践过程中，我们注重区域领衔、园际互动，从多元角度创造"品质生活"的元素。我们综合各园所的生活特色和亮点，基于儿童视角，开展丰富多样的生活研究。

实践研究引发我们不断思考：生活课程要顺应时代发展，与时俱进地融入教育热点，需要可持续的发展，使生活活动不断促进幼儿的身心发展；要更好地利用各种教育手段与途径，家园共育，加强对幼儿"健康生活"素养的培育。因此，在后续的研究中，我们将基于核心素养，进一步探索如何借助多种途径、运用现代化的手段，区域牵头开展相应的实践研究，继续研究"真"问题，让幼儿能够在"真"生活中获得"真"发展。

生活即教育，教育即生活，教育的过程本身就是孩子美好的生活过程。教师们要树立"一日生活皆教育，时时事事皆教育"的理念，立足问题，积极主动地思考，时刻挖掘生活中处处蕴藏着的教育契机，努力将生活教育完全渗透在环境中，使幼儿在"无声"的环境中受到熏陶、感染、启迪、润泽，提高生活的品质。让生活教育"唤醒"孩子的独立意识与健全人格，使幼儿更好地适应未来的生活。

（上海市黄浦区教育学院　陈霞红）

第二节　小厕所的文化特质

——基于园本特色的幼儿园主题厕所介绍

荷花池幼儿园（以下简称荷幼）是一所以艺术教育为主要特色的幼儿园，在20世纪八九十年代，就确立了"环境有艺术风格、校园有艺术气氛、教师有艺术才能、幼儿有艺术情趣"的幼儿园艺术教育目标。随着幼儿园二期课改的不断深入，荷幼在继承中求改革、发展中求创新，拓展了艺术教育的内涵和外延，把艺术教育与促进幼儿和谐发展紧密联系在一起，把艺术教育与幼儿终身发展紧密联系在一起，整合艺术理念，凸显艺术引领，孕育荷幼文化，创建了具有独特艺术风格与文化氛围的现代优质示范园。

"环境是重要的教育资源，应通过环境的创设与利用，有效地促进幼儿的发展。"幼儿园的每一个角落、每一面墙都具有教育意义，环境是会说话的"老师"。荷幼在教育过程中倡导"关注每一个儿童的生活世界",把儿童生活与其所在的幼儿园环境建立广泛的联系,让环境和幼儿"对话",让环境向幼儿传递艺术感悟。环境已经成为荷幼课程中不容忽视的一部分内容,支持着幼儿发展,并成为荷幼园所文化的重要组成部分。

一、主题厕所巧诞生

（一）探·寻——观察探知发现幼儿需要

在幼儿园实践中,教师们发现"幼儿喜欢待在厕所里"这个现象。他们喜欢在厕所里照镜子,看水流在马桶里打转,把擦手毛巾浸透在水池里吸水,与好朋友交谈,观察阿姨的劳动等。在与孩子对话和教师研究中,我们发现产生这些现象的原因是因为厕所是一个比较宽松的地方,没有教师一直作出示意的双眼,孩子们正在利用自己的本能自由地与环境互动学习。如何抓住孩子的需要,让厕所环境成为孩子们更喜欢的生活环境,引发孩子们更多好奇与探索,成为孩子感受艺术气息的环境,并能在如厕中品味自主生活的乐趣? 我们构建"荷幼艺术厕所环境"的设想逐渐萌发。

图 2-27　荷幼艺术厕所环境

图 2-28　荷幼艺术厕所环境

（二）点·亮——艺术畅想孕育厕所文化

美丽、舒适的盥洗环境是厕所环境底层结构;简单、有效的秩序规则是厕所环境的中层结构;而厕所环境的深层结构,则是它"润物无声"的教育功能。在各种大胆的艺术设计创想相互碰撞后,厕所环境已然成为传递园所文化信息、传达园所品味、追求和价值的一个途径。幼儿在如厕过程中不仅有和谐、舒适和美的享受,还能获得艺术环境的熏陶。充满艺术气息的厕所环境形成对幼儿感染、激励、教育的作用。从幼儿身心和谐、健康发展的视角来重新审视厕所中所蕴含的教育因素,通过外部环境、心理环境、人文环境的创设,建设温馨、多元、有序、有礼的厕所文化构想孕育而生。

（三）构·筑——主题建构彰显艺术氛围

将艺术元素、主题整合教育理念有机地融入厕所环境创设中,通过分析每个年龄阶段幼儿心理、生理的发展特征,研究不同年龄阶段幼儿厕所文化的目标和内容。我们借助文本研究的方式确定了进行幼儿园厕所文化制度的建设意义,并紧紧围绕幼儿在厕所交往、探索、表达、艺术体验等多方面的需求,分别从物质、精神、

图 2-29　荷幼艺术厕所甜蜜之旅

规则三大视角着手,建立了相呼应的三大厕所环境主题篇章:"奇幻森林""甜蜜之旅""海洋世界"。以全新独特的视角看待厕所,环境审视文化价值。创设温馨、舒适、有序,充满艺术气息,曼妙童话般的如厕环境,从而把厕所打造成了幼儿的"另类"乐园。三个主题,三种不同的如厕艺术氛围,营造出三种不同的如厕文化。

二、静美创想育文化

（一）眼·色——主题画卷体验视觉审美

"奇幻森林""甜蜜之旅""海洋世界"三大主题厕所环境赋予我们用主色调来创建如厕环境的设想。颜色分明是盥洗室给大家的第一印象,温柔的粉色、饱和的蓝色、清新的绿色,视野里所呈现的是明朗的色彩,让人印象深刻。其实,色调的确定是在与幼儿不断对话中了解幼儿性别特征、喜欢的事物后,经过一次次的商榷、推翻、抉择,最终勾勒出主题色彩搭配蓝图,试图给予幼儿鲜明视觉体验,呈现恰当的艺术教育功效。

我们用不同的颜色表达幼儿放松、甜美、柔和等各种感情需要:粉色的 Hello

Kitty小火车一定可以把每一个女孩都送去梦中的粉色城堡;蓝色的海洋世界用不同饱和度的蓝色彰显幼儿喜欢幻想、探索、求知等多种个性需求;清新、充满生机的绿色满足幼儿健康、安全、和谐等多元身心发展的需要,绿色奇幻森林将童话与健康融入一体,给幼儿安全、健康、清洁的感觉。

鲜明的色彩营造出童话的世界,让荷幼的厕所别具一格,深涵文韵。颜色与幼儿的情感、需求和发展有机整合在一起,让孩子产生自然的亲近感。主色调中的近似色勾勒出的画面,厕所里的毛巾、置物桶、肥皂、厕纸盒也都是对应的色彩,让整个盥洗室和谐、统一,给孩子一种视觉美的体验。

(二)镜·花——镜中诗歌感悟艺术表达

厕所里镜面的设计巧用心思,体现艺术感。蓝色水滴状的镜子与"蓝色海洋世界"主题浑然一体。水滴镜面如大海里欢唱的音符跳跃出来,给幼儿带来更多欢乐的心情,又似乎在提醒我们,洗手的时候可要小心翼翼,别让水花四溅,淋湿了可爱的水滴音符。在"粉色甜蜜之旅"主题厕所里使用的镜子是可爱的Kitty造型,粉粉的镜子给女孩更多美的遐想。绿色奇幻森林里采用的是树木、树叶造型的镜面设计。一棵棵小树、一片片树叶镜面镶嵌其中与主题融为一体,绿树成林,生趣盎然,幼儿似乎从镜中走进另一个童话森林,让人浮想联翩。

厕所镜面如同一首首美妙的诗歌镶嵌在台盆上,荷幼的教师把美细化到每一个细节中。小小的镜面设计蕴含着我们培育幼儿一种欣赏美的能力的意图,艺术人文无处不在,感染着荷幼的孩子们,让其浸润其中,感受美好。

(三)墙·语——墙面故事诉说艺术内涵

荷幼每个楼层有三个厕所,三个厕所呈现三个不同主色调的厕所环境。相同主题的九个厕所有着不同的墙面故事内容,在教师的精心创设下,每一个楼层按照幼儿不同的年龄给予了不同的生命力。一楼厕所用大量的玩偶装点墙面与环境,表现出小班幼儿的童真与稚嫩。二楼用童话故事表现中班幼儿的童趣与幻想:蓝色"哪吒闹海"、粉色"白雪公主"、绿色"狮子王",三个故事呈现三种主题色,将男孩的冒险、女孩的幻想、大自然的奇妙画在墙面上,每天陪伴着正在成长的中班幼儿。三楼是大班幼儿的天地,不同色调中呈现出生动的知识画面,讲述师幼共同进行护绿环保、节约用水的故事。创设中,我们在每个墙面中留下故事留白区,给予幼儿创意空间,让幼儿表达自己心中的想法与向往,墙面故事在不断续编与创作中。

我们不但赋予了盥洗室以美的视觉享受,也将我们对幼儿的生活要求内化在了这些互动墙面上,让墙面会说话,让行为规则融入艺术表达,一起展现在孩子们的眼前。赋予每一个幼儿创造艺术空间,让艺术变换出无限的创造可能。

三、自主体验品生活

(一)真·享——真实体验,享受如厕欢乐

参观完新厕所后,所有的孩子共同的感受就是:"太美了!"他们在独立空间里如厕,欣赏着周围的环境,欢乐的笑容一直挂在嘴边;和同伴手拉手一同去如厕,看看故事、说说悄悄话,享受着粉色带来的甜蜜、蓝色带来的安静、绿色带来的舒适感。在美好心情的伴随下,幼儿愉快的心情自然流出,如厕的行为变得与环境一样优美。教师也在这样的环境中更愿意耐心倾听、细心呵护,这一切让我们心中不由自主萌发出幼儿的生活如此美好的感叹。

主题厕所环境打破班级如厕环境的界限,让幼儿按照自己的意愿进行男女分开如厕,既尊重了幼儿的个体需要,也实现了我们在厕所文化里蕴含的尊重隐私、尊重同伴的设想,让幼儿在自主、自觉、自由的空间里积极、主动地成为生活中的小主人,感受被尊重的快乐。

(二)善·递——善待环境,传递文明礼让

主题厕所中创设的每个细节都在帮助幼儿养成良好的行为习惯。美丽整洁的如厕环境让幼儿不再舍得随心所欲地乱扔纸张、把洗手水洒在地上,更不会随意弄坏自己喜爱的装饰品。幼儿自觉加入保护如厕环境的队伍中,不同的"如厕公约"在幼儿生活中逐渐形成,锻炼了他们合作爱护环境,谦让互助的精神。

1. 奇幻森林主题厕所公约

清新绿色,幻想童话——我像快乐的小鸟在绿色森林里歌唱:

啦啦啦,我们轻轻推开森林的大门,推开童话的大门,我们在快乐地如厕,请不要大声地打扰。

啦啦啦,我们快快地办完公务,把我们的小手洗得干干净净,一起去看看奇妙的童话,幻想我长大以后的伟大。

啦啦啦,我们整齐地整理衣裤,靓丽地展现在大家面前,因为我们要快快去探索森林的神秘。

啦啦啦,让我们快乐地像小鸟一般,和我们的同伴轻轻如厕。

2. 甜蜜之旅主题厕所公约

亲亲粉色,轻轻如厕——我像可爱的小兔在粉色甜蜜里歌唱:

啦啦啦,我们打开粉色的大门,把微笑送给每一个同伴。我们会耐心地等待,安静地开着粉色的火车甜蜜等待。

啦啦啦,我们会静静地把粉色扮美,小小的纸张躺在纸篓,微笑地和我们说谢谢。

啦啦啦,我们把每一样东西放得整齐有序,等待阿姨老师赞扬的目光。

啦啦啦,让我们和小兔一起跳跃,和我们的同伴甜蜜如厕。

3. 海洋世界主题厕所公约

神秘蓝色,探索奇妙——我像调皮的海豚在蓝色世界里歌唱:

啦啦啦,我们拿起神奇的彩笔画下我们对世界的认识,关心地球,节约环保,我们要从小开始。

啦啦啦,我们聆听美妙音乐,用畅快的欢笑原谅你的一不小心,美丽和谐就在我们的周围。

啦啦啦,我们张开能干的小手,关紧龙头,节约肥皂,科学用水,我们把环保的小方法运用在每一天,地球妈妈对我们开心笑。

啦啦啦,让我们像海豚那样聪颖,和我们的同伴环保如厕。

每一次看到阿姨为了保持整洁、优美的厕所环境而尽心打扫,幼儿们不由得感受到劳动付出的辛劳是需要好好被尊重的情感,厕所服务日在不同班级悄然出现。幼儿开始懂得感恩、懂得回报,勤劳的品质在我们厕所文化中得到传递。美的环境播撒下善良的种子,幼儿不仅在如厕中遵守规则、爱护环境,更能与同伴和睦相处,与环境和谐共生。

(三) 美·浸——感受美好,浸润艺术视界

每个幼儿在不同的主题中发现各种色彩、聆听各种厕所主题故事,用不同色彩表达美、创造美的想法渐渐走进幼儿心中。在与教师一同商量后,幼儿决定用自己的方式扮美"留白环境"。粉色 Kitty 主题厕所里,幼儿们携手一同制作大家公认的厕所文明礼仪,来告诉大家如厕时应有的文明举止;蓝色创意主题厕所里,幼儿共同制作关于环保话题的宣传,让大家共同节约用水;绿色主题厕所里,幼儿一同绘画各种树木的用途,呈现小小科普宣传栏。

厕所里的小文化悄然而生,艺术生活、生活艺术融为一体。色彩搭配、摆放松紧适宜,排列有序,幼儿在主题厕所文化环境的浸润中创造美的能力在不断提升。

幼儿园厕所文化作为一种环境教育力量,对幼儿的健康成长有着巨大的影响。它的最终目标就在于创造一种可以陶冶情操,构造幼儿健康人格的生活环境,全面提高幼儿的文化素养。

在丰满立体的建设中,我们形成经验,获得发展,荷幼的如厕文化别具一格——清新、自然、童趣、优雅、有序、自主、环保、灵动。在荷幼每一个活动天地中,处处渗透着对幼儿生活行为的引导,让幼儿亲身去感受生活,亲自探讨他们感到好奇的事物,主动参与到艺术活动中去,也为艺术表现积累了情感经验,奠定了良好的艺术表现基础,从而体现"生活大不同"的课程理念。

主题厕所环境所营造的"荷幼厕所文化"应不断扩大外延,与基础课程有机融合,完善生活教育课程体系。同时应把"荷幼厕所文化"用适当的方法推入幼儿家庭生活,让幼儿走到哪里,哪里就有激发他们潜力的资源,时刻传达出园所的追求和价值,给人以和谐、舒适和美的享受,从而让环境最大化地起到熏陶、感染、激励和教育人的作用。

(上海市黄浦区荷花池幼儿园　余　洁、戴晔璐)

第三节　快乐餐点,提升幼儿园生活活动内涵与品质

一、背景与意义

课程发展的过程是一个不断自我审视、自我完善的过程。目前,随着课程理念的更新,好小囡幼儿园(以下简称好幼)逐步形成"玩中解童语,成就好小囡"的课程理念,开发具有我园特点、适合幼儿发展的好幼课程。

课程实践中,我们寻求课程实施的难点——生活课程的优质化提升。以往我园幼儿进餐生活环节,教师和后勤人员缺乏沟通合作,幼儿发展中存在以下问题:(1)如何"吃"得有营养:当前家庭对于幼儿饮食都非常重视,每天饮食都荤素搭配,全面补充营养。可为什么幼儿们还总是生病?或者存在肥胖儿、体弱儿?这部分

是因为家长们不了解膳食的营养结构、不擅长膳食的科学搭配。(2)如何"吃"得很快乐:进餐是幼儿生活的重要环节,但在现实生活中多数幼儿有厌食、偏食、拒食的现象,近一半是由餐前情绪不良所引起的。成人在幼儿进餐过程中,大都关注的是幼儿吃了吗,都吃完了吗? 忽略了幼儿进餐时的情绪状态,以及情绪对进餐活动和营养吸收的影响。(3)如何"吃"得有文化:文化是教育的基本内核,更是育人成才的根基。当"吃得饱、吃得好"不再是问题的时候,如何使幼儿吃出品位、吃出学问,就成为不容忽视的问题。如何让幼儿养成良好的饮食礼仪、感受国内外多元的饮食文化,也是需要关注的方面。

综上所述,如何让幼儿园基础课程"生活活动"凸显对幼儿健康成长的意义?基于以上三点,我们以市级课题"幼儿园快乐营养餐点的实践研究"为抓手,将原有的后勤课题改造为覆盖好幼全体教职工——教师、保健、保育、营养员全园参与的幼儿园综改重点项目,旨在探究课程共融,着眼本园生活活动内涵的发展,不断深化优质园本课程的建设。

二、思考与认识

幼儿园快乐营养餐点,是能让幼儿自然而然产生愉快的体验且满足幼儿身心需要和发展的营养食物,具体是指适宜的环境、正确的引导使幼儿把健康的食品和愉快的饮食经验融为一体的生活活动。

我们所开展的综改重点项目的实践研究,是针对3~6岁幼儿的年龄特点和饮食现状,结合幼儿园的艺术教育特色,开发适合幼儿健康发展的各类营养餐点食谱,探索幼儿快乐进餐的"创艺"环境,研究保教结合的指导策略,建构快乐营养餐点的评价指标,形成比较完整和创新的"囡囡米其林——好幼快乐营养餐点设计",让幼儿在营养餐点中快乐进餐,健康成长。

在幼儿园快乐营养餐点活动中,我们以幼儿为主体,教师退后让位,设计引发幼儿快乐情绪的"米其林宝典",提升健康生活的内涵;创设引发幼儿愉悦情绪的"米其林餐厅",培植艺术审美的能力。同时,快乐营养餐点对促进个别幼儿身心健康的发展,尤其起到了不可忽视的影响与矫治作用。幼儿园快乐营养餐点的实践,提供了对幼儿园生活活动课程发展的新视野,开启了幼儿教育的新使命。

三、实践与探索

（一）顶层设计，更新理念，构建生活活动组织架构

针对幼儿园课程发展需要，学校课程小组审时度势，冷静分析，明确提出了"生活活动凸显有品"的理念，率领幼儿园课题组和生活组成员加快教科研整合进度，确立了我园生活课程的发展定位和培养目标：围绕幼儿园"快乐营养餐点"特色，使课题研究与培养全面发展的幼儿紧密结合，促进全园师生在"快乐餐点"的理念指引下共同成长，从而进一步凸显幼儿园"快乐营养餐点"的特色。这一研究由园长主帅，科研组长负责指导，课程小组和生活组实践，在编后勤人员全员参加。我们内涵素养和技能，夯实教科研结合，促进保教并重的优质教育。

1. 米其林餐厅——探索创艺环境

我园 DIY 项目组教师遵循"愉悦、艺术、个性"三大原则，并以孟德尔色彩心理学为研究基础，发现与验证了色彩体验之于幼儿进餐情绪的舒缓以及艺术环境与幼儿进餐品质养成之间的关系。由此创设了不同色系与风格的小园"米其林餐厅"，提升幼儿快乐进餐的感染力，并从日常的生活活动中培植了幼儿的艺术审美能力。

DOREMI 项目组教师以多元音乐元素为依托，在不同风格的餐厅中选择不同类型的音乐，通过曲风的选择、分贝的调整、节拍的调控，让营养餐点与艺术体验相结合，开启幼儿快乐生活、品质生活的启蒙。

2. 米其林宝典——品味创意菜谱

我们紧紧围绕"快乐"和"营养"这两个核心，并根据前期的幼儿访谈，科学开发不同系列且具有创新的营养餐点。"米其林宝典"从营养学的角度揭示了如何让幼儿吃得更有营养，提升了幼儿健康生活的内涵。同时，针对幼儿自助餐暴饮暴食的现象，我们研发了"小园营养定食"，九宫格的摆盘形式让幼儿吃出美味的同时吃出营养、吃出健康！

3. 米其林礼仪——追寻餐饮文化

文化是教育的基本内核，更是育人成才的根基。在好幼的餐点生活活动中，幼儿良好餐点礼仪的养成、国内外多元饮食文化的体验，是通过"米其林餐厅"环境、公约等的文化渗入、"米其林世界美食周"的文化体验，日积月累慢慢形成的。借助

"米其林"这一优质品牌、理念,从幼儿每天经历的最基本的餐点环节帮助幼儿养成良好生活习惯和文化修养,也是好幼生活课程的新使命。

（二）探索融合,拓展方式,丰富生活活动育人途径

我们关注 3～6 岁幼儿的饮食现状,研究制订适合各类幼儿的营养餐点食谱,探索指导策略,开发共育形式,创设艺术环境。该拓展方式目标指向明确,惠及本园每位幼儿,充分利用我园多位一线教师和后勤教工的专业资质,确保课程研究紧扣"快乐营养餐点"的实践,从而让每一位幼儿在营养餐点中快乐进餐、健康成长。

1. 打造师幼互动模式,形成新经验

（1）凸显幼儿主体,丰富生活活动评价机制

我们组建了米其林星级俱乐部,从两个维度建构创意餐点评价,一是心理维度的评价,凸显"快乐";二是生理维度的评价,凸显"营养"。我们每个餐厅都用不同特色的评价方式,且评价的形式也各不相同,有个体评价、结伴评价,还有小组评价。

图 2-30　我和老师有约

（2）关注情绪对生理的影响,创新生活活动互动模式

"我和老师有约"——在每个餐厅里,师生共同制作午餐预约卡,和老师、保育员、园长妈妈来个约会吧,吃出礼仪,吃出好习惯。

"移动厨房"——针对有挑食习惯的幼儿,让大厨现场烹饪,即烹饪食物的全过程进行开放式的演绎,幼儿先在视觉、嗅觉、听觉上认识这些食物制作的全过程,激起食欲,尝试品尝自己不爱吃的食物,从而挑食的行为明显改善。

"美味 101 点播台"——每天餐前,师幼通过游戏、各类分享、讲故事、唱歌等各种形式,一起营造进餐前快乐、温馨、宽松的心理环境,调动幼儿良好的生理状态,促进他们对各类营养食物的吸收。

2. 形成保教结合策略,推动保教队伍成长

我们分层组建教师、保育员和营养员的米其林课堂,推进保教队伍的专业技能和业务素养,探寻基于幼儿需求的餐点策略和机制,使得好幼生活课程更优质。

（1）教师灵动课堂

"医教结合"使餐点更科学,更有营养。例如:邀请长征医院主任医师姜磊博士

和营养科护士长来我园给老师们和家长们作幼儿健康饮食方面的专题讲座,借助"囡囡养生堂"这个平台把幼儿健康营养知识推荐给大家,指导家长和幼儿们慢慢改变不好的饮食习惯,多选择健康又有营养的食物,而且要适量饮食。

"美食达人"使课堂更自主,更具情趣。教师自发到专业烘焙教室学习饼干、巧克力等糕点的制作,并在生活课程实践中将烘焙方法带入幼儿活动中,丰富了日常生活课程的内容。

(2)保育员爱心课堂

耐心体悟,温暖童心。我们园内经常组织"保育员爱心服务"现场会,让每个保育员学习同伴优秀的工作方法,同时不断提升自己的工作热情,爱心付出。

保教合一,互动提高。各班保育员都主动积极地配合班级教师做好各主题餐厅相关的餐盘、桌布、椅套、窗帘等布置、摆放和整理工作,保证了每个幼儿都能在喜欢的餐厅内快乐主动地进餐。

(3)营养员巧手课堂

营养员作为幼儿园后勤三大员中的一员,是保教工作的直接参与者,是幼儿健康成长的重要协助者,是好幼艺术特色研究和"米其林课堂"推进的首要支持者。通过园内比拼和外出学习等途径,营养员学习掌握不同美食的制作方法和技巧,并把学习到的理念和技能,结合幼儿园的实际探索出更多的"节日特色创新餐点",创意大胆的艺术性摆盘,使美食更加诱人。

四、成效与反思

我园通过三年的项目研究实践,专题"研究快乐餐点,铸就魅力教师"获得2016年10月"关注学情,为学而教"专题征文评选二等奖;调查研究报告"幼儿园快乐营养餐点的访谈报告"获得2016年第二届"上海市中小学幼儿园应用调查研究方法优秀成果评选"三等奖;2016年10月由华东师范大学出版《幼儿园快乐营养餐点的实践研究》一书;2016年12月荣获第十二届黄浦区教育科研成果一等奖。2017年9月,我们的综改重点项目研究"幼儿园快乐营养餐点的实践研究"再一次成为黄浦区教科研优秀成果推广项目,对区内及跨区等11所幼儿园进行推广辐射。由此,我们继续静心思考,再设目标,不断完善和优化幼儿生活课程。

（一）本园辐射——文化成为餐点活动的重要元素，丰富生活课程内容

本研究顺应我国新时代发展的要求，使餐点活动富含文化元素。综改后阶段，我园已将研究重点指向了我国传统饮食文化的挖掘与渗透，让幼儿通过餐点活动感受传统饮食文化的魅力。我们尝试这样做：

1. "移动厨房"转型记：面面聚到

原先，"移动厨房"是针对有特殊饮食习惯的幼儿们，例如不爱吃蔬菜。而现在的"移动厨房"则华丽大转身，成为美食小圆的快乐源泉。例如，"快乐六一，乐享小圆"活动中，我们根据幼儿喜爱面食的饮食习惯，请幼儿园的营养师们现场制作：有印度的印度飞饼、日本的日式拉面、意大利的意式披萨、中国的小笼包、韩国的韩式年糕等。幼儿们边观赏边品尝，视觉与味觉的相互碰撞带来美食的新鲜体验。

在此次"移动厨房"转型的研究实践中，我们收获颇丰：提升了营养员的专业技能和表达解说能力；幼儿通过现场观摩，了解了各种面食的做法；幼儿亲自品尝，体验到世界各国的饮食文化。

2. 营养餐点大变身：节日定食

之前，"快乐节日食谱"是通过自助餐形式开展的。但是在以往的节日自助餐中，老师们观察发现幼儿们还是会重复挑选自己最爱吃的食物。鉴于"营养"是本成果推广应用的核心之一，我们在新一轮的研究实践中采取了"定食"这个外来的进餐形式。例如，"快乐端午情，小圆中华心"的端午节活动中，幼儿们人手一份"端午节定食"，全部吃完。我们依据传统文化——品尝粽子、追随幼儿热

图 2-31　端午节定食

点——米其林人气美食 TOP1，科学合理地设计了"端午节定食"：有代替米饭的主食——粽子，主菜有人气最旺的"恶魔蛋"，有荤素营养合理搭配的各类小菜，然后配有荠菜豆腐羹和水果。

从实践的案例中，我们好幼的定食既做到"定量"（营养均衡），又做到"定时"（传统节日），是二者相结合的"幼儿园快乐节日定食"，丰富了好幼的"米其林宝典"。

（二）本区辐射——在提炼中展"溢出效应面"，扩大区优质生活课程影响力

1. 体现"食育"理念的"快乐营养餐点"食谱

每一所幼儿园都会有自己的食谱，但是在推广研究应用中，在原"米其林宝典"的基础上又形成了一些独具特色的个性化食谱。这些食谱不仅面向不同需求的幼儿，更能够通过食谱实现"食育"的理念。例如城市花园幼儿园从冬春健脾祛痰、冬春增强抵抗力、夏秋抵抗雾霾、夏秋清热生津、过敏忌口五个角度研发的"幼儿常见上呼吸道疾病预防性食谱"，让幼儿吃得健康。

2. 体现"文化"内涵的"特色就餐环境"创意

对于就餐环境的推广研究，不同幼儿园思考最多的就是"特色体现"上，特别是一些原本没有幼儿就餐专用室的园所，如何来创意设计就餐环境。中华路幼儿园在创设餐厅环境时就将幼儿园的民俗特色融入其中。如在总部餐厅设计中，将民俗文化因素融入其中，创设了"民俗餐厅"，餐厅中具有民俗特色的装饰物品（如：蜡染布、脸谱面相、团扇、小泥人等）都是师生共同制作和打造形成。

3. 体现"能力"助推的"幼儿就餐支持"策略

通过本项目的研究，团队在实践中总结出了一些比较有共性的支持策略。根据调研，我们发现：随着幼儿生活水平的日益提高、家长餐饮视野的不断拓展，幼儿对餐点的口味、对就餐环境的视觉要求也越来越高。但是同时也显现出幼儿在就餐过程中的自我服务能力并没有获得提升。团队围绕"食趣"重点梳理有效的支持策略，让就餐支持策略与幼儿园的园本活动紧密结合。如西凌第一幼儿园定期开展快乐餐点综合性大活动——"快乐小厨房"，教师和营养员联手打造，丰富幼儿的营养认知，促进幼儿对中国餐饮文化的了解，激发幼儿动手操作的兴趣，培养幼儿良好的"食趣"。

（三）跨区辐射——突破园际推广的壁垒，拓展跨区生活课程新视野

2019年1月，我们的综改重点项目走出黄浦，与普陀区满天星幼儿园携手，开始了跨区推广应用研究。我们根据满天星幼儿园的实际需求，提供专项指导。满天星幼儿园将学习我园已有成果，突破当下保育工作的瓶颈，并结合园本阅读特色，形成"快乐营养餐点"的新探索。

（四）着眼反思——基于综合项目实施现状，反思生活课程后续发展

在实施快乐餐点活动，推进幼儿园优质生活课程的过程中，我们不断地实践反思、再实践。我们思考：如何突破成果推广应用项目园的外延范畴，实现跨区成果

推广应用的研究实践？如何发挥家长资源，运用现有的实施生活课程的方法、机制来继续展开幼儿快乐营养餐点、幼儿健康乃至幼儿生活习惯培养的实践研究？

在三年的项目研究中，通过对项目内涵的挖掘，我们都达成这样的共识：餐点是载体，让研究通过餐点本身真正提升保教品质，丰富生活课程的评价手段，最终实现"食育"目的，是综改重点项目研究的实质内涵。

（上海市黄浦区好小囡幼儿园　张　颖）

第四章　快乐主动的"乐趣"学习

第一节　创设游戏化教学情境,助推幼儿快乐主动学习

对于集体教学活动而言,如果说活动目标定位是方向,那么环节设计和教学方法就是载体。因此,有效的游戏化情境教学设计可以轻松、自然、有趣地达成目标,有助于幼儿在活动中产生积极的学习情绪,激起主动学习的态度,获得身心良好发展。

教学情境就其广义来说,是指作用于学习主体,产生一定的情感反应的客观环境。从狭义来说,则指在课堂教学环境中,作用于幼儿而引起积极学习情感反应的教学过程。它可以综合利用多种教学手段,通过外显的教学活动形式营造学习氛围,使幼儿形成良好的求知心理,参与对所学知识的探索、发现和认识过程。教学情境可以贯穿于整个教学活动,也可以是活动的开始、活动的中间或活动的结束。

根据建构主义理论,强调以幼儿为中心,以幼儿对知识的主动探索、主动发现和对所学知识意义的主动建构为主,而不是像传统教学那样,只是把知识从教师头脑中传送到幼儿的笔记本上。此外,由于事物存在复杂多样化,学习情感存在一定的特殊性,以及个人的先前经验存在独特性,每个学习者对事物意义的建构将是不同的。教学中如何创设有效的游戏情境,助推幼儿快乐主动学习?现以小班的"好喝的汤"和中班的"逛逛动物园"(由黄浦区回民幼儿园虞虹设计执教)为例,阐述教师在设计和组织集体教学活动中需要掌握和运用的教学策略。

一、活动目标凸显情境

集体教学活动的目标要明确,不仅要关注育人的核心价值,还要契合幼儿的年

龄特点。活动"好喝的汤"在小班上学期和下学期分别进行教学活动,基于幼儿的
实际确定活动目标:

表 2-5 "好喝的汤"活动目标

学　期	小班(上)	小班(下)
活动目标	1. 在做汤的情景中,尝试用简单的语言表达自己的意愿,喜欢念儿歌。 2. 喜欢喝各种各样的汤,体验大家一起"做汤""喝汤"游戏的快乐。	1. 在做汤的情景中,乐意用简短的语言说说自己做的汤。 2. 喜欢喝各种各样的汤,体验大家一起"做汤"的快乐。

之所以这样调整,是因为到了小班下学期,幼儿的语言发展不再停留在简单的
词语阶段,而是愿意用简短的语句来表达。因此,原来的设计是"我们大家一起来
做一锅汤,每个孩子选择一种喜欢的菜来做汤",旨在鼓励幼儿愿意开口说,刚开学
的小班幼儿还只能跟着教师模仿儿歌的语句。小班下学期,可以让每个幼儿"都来
做一锅汤",整个活动紧紧围绕大家一起来做汤的游戏情境开展,激发每一个幼儿
乐意在情境中说说自己做的汤,轻松表达自己的想法。活动目标明确,针对不同年
龄特点的幼儿而设定。

此外,前后两次活动目标都指向情感和语言,但是在整个活动中,其价值不仅
仅体现在语言领域,还体现在健康领域(鼓励幼儿尝试喝各种各样的汤)、科学领域
(幼儿可以认识各种菜肴名称)、艺术领域(围绕故事模仿儿歌韵律)等,创设有趣的
情境的同时更体现了活动目标的整合性及育人价值。

二、教学场景紧扣情境

根据游戏化情境激发幼儿学习兴趣和积极性的认知特点,在幼儿学习活动中,
教师根据教学活动的需要,为幼儿创设一个真实、有趣、模拟生活的学习场景,让孩
子在寓教于乐中产生学习的兴趣,积极探索,发展思维。在"逛逛动物园"活动中,
教师根据教学目标的需要为幼儿创设了模拟汽车的场景。幼儿一踏进活动室,就
看到由若干小椅子组成的三辆小汽车,有三种颜色的车头,每一个椅子后面都贴有
与车头相同颜色底板的数字。大屏幕上显示停车场的平面示意图,这样的环境直
接让幼儿产生来玩游戏的兴趣,并且知道要玩一个与汽车有关的游戏。这样的场
景创设打破了排排坐听老师讲的常规教学模式,以"景"动"情",最终引发的是幼儿

主动参与的积极性和快乐的情感体验。

在整个学习过程中,这个场景不仅仅作用于导入部分幼儿情感的激发,在每个环节的交互中(先后逛动物园三个不同地方)都能发挥积极作用。每一次逛,幼儿都会在欢快的音乐中,学着扮演小司机,开着自己的小汽车,动静交替,将游戏情境不断升华。这样不仅活跃了学习气氛,激发了幼儿参与兴趣,更体现了玩中学、乐中学的教育精髓。

三、环节设计激活情境

"好喝的汤"活动分为三个环节:有趣大汤锅、好玩立体书、快乐来做汤。环节设计都是用情境来创设并层层激活。考虑到小班下学期幼儿具备的生活经验,让幼儿从看看、讲讲故事,到聊聊自己在幼儿园喝过的汤,形成了自然过渡,符合幼儿的认知需要。最后落到"我们一起来做汤"的游戏情境中,幼儿了解了不止一种菜肴的名称,并能完整地"说说自己做的汤"。

另外,在设计时对故事中主要角色的出现顺序进行了巧妙的调整,把小鸡放到了最后,因为猫和兔子的食物相对比较简明,而小鸡喜欢吃的东西有很多(小米、小虫、菜叶等)。这与小班下学期幼儿的思维特点相吻合,能更好地培养幼儿思维的广度,在鼓励幼儿表达的同时,激发了幼儿思维的火花,对于下一情境环节的链接又起到了承上启下的作用。

游戏是幼儿最基本的活动方式。在集体教学活动中创设游戏情境是非常有效的一种教学设计策略。一个好的游戏情境可以吸引幼儿的注意力,可以使被动学习转化为主动学习,可以使幼儿对学习活动产生浓厚的兴趣,使幼儿在玩中学、乐中学。

四、教学语言渲染情境

集体教学活动中的提问,应该既关注唤醒和巩固幼儿已有的经验,又注重幼儿认知冲突的激发和推进,并关注不同发展水平的幼儿,也要体现情境性、适切性和开放性。

例如,"好喝的汤"活动中,当第一次出示立体设计的大图书时,教师这样渲染

提问:

师:瞧,我今天又带来了一本大大的书。这是什么?

师:你们在哪里见过锅?锅可以用来做什么呢?(引发幼儿回忆生活经验,分享生活中哪里见过锅。)

师:今天这个大大的锅真的要来做一锅好喝的汤,有哪些朋友会来做汤呢?(鼓励幼儿大胆猜测可能会有哪些朋友来。)

又如"逛逛动物园"活动中,在第一环节幼儿入座后检票环节,为了让幼儿都能参与到分享交流中,教师是这样设计提问的:

师:我们的车要出发啦!谁愿意来说说你是坐在第几个座位上?

师:每一辆车坐在第一个位置上的是谁?

师:＊＊＊小朋友,你坐在红色车上第几个座位上?黄色车和蓝色车上,和你坐在相同位置的是谁?

师:＊＊＊小朋友是坐在第4个座位上的,他后面的小朋友坐在第几个座位上?前面又是第几个?

层层推进的提问,以及带入感的语言渲染,激发了幼儿的认知冲突,帮助幼儿构建新的知识,从而梳理已有经验,提高语言表达能力。

在整个教学中,教师用朗朗上口的儿歌贯穿教学始终,边念边将立体动物形象出示进行情境教学。这种方法简单便利,具体直观。幼儿听着儿歌,看着教师将语言描述的东西变成了有趣的游戏情境,将简单的语言形象化,幼儿更容易听懂、感知、理解并后期模仿运用。

五、教学方法触发情境

在整个活动中,应该灵活运用故事情境法、操作法、讨论法、体验法、视频法等方法手段,这些方法是符合幼儿年龄特点的,可以让幼儿在猜猜、看看、玩玩、说说的快乐情境中收获各方面的经验。具体如下:

(一)以扮演角色的形式来参与情境

小班幼儿特别天真,他们注意力集中时间较短,只有他们日常最喜欢的"角色"出现时,才会较长地吸引他们的注意力。因此在"好喝的汤"活动中,依据小班幼儿的年龄特点,老师以角色的口吻让幼儿扮演儿歌中的小猫、小兔和小鸡来做汤,又如让孩子们变身小厨师来自己亲手做一锅好喝的汤等。以扮演角色的形式让幼儿积极主动地参与情境,带着角色身份的幼儿们在活动中更能体现出快乐学习的浓厚兴趣。

在"逛逛动物园"活动中,设定幼儿和教师都是去参加秋游的游客,乘着小汽车去逛动物园,观赏各种各样的动物。在层层推进的游戏情境中,幼儿仿佛就真成了游览的客人,没有感觉到学习的枯燥,而是在扮演、观赏、思考中感知序数,了解序数,并尝试着去运用序数。

所以,在活动中教师要为幼儿创设轻松活泼的游戏气氛,使其在扮演角色的过程中激发兴趣,幼儿才能持久主动地投入教学活动中,增强集体教学活动的有效"互动",让幼儿在玩中学、学中玩。

(二)用多媒体课件来演绎情境

在日常教学中,多媒体辅助教学具有不拘一格的特点。它可以和多种教学手段融为一体,在直观教学、启发式教学、情境教学和视听强化中激发幼儿学习兴趣,启发幼儿主动思维,从而达到教学目标。

在中班"逛逛动物园"活动中,多媒体运用自始至终,从开始停车场示意图的展示,让幼儿学着看图找位置,并看图验证发现问题;在逛动物园中,通过快速播放电影式操作结合喊停游戏形式,让幼儿发挥短时记忆作用,发现动物出现的序列位置。这种多媒体呈现模式,给予中班幼儿无限的感知和发现的快乐。

而小班"好喝的汤"的第三环节选选、做做"好喝的汤",就采用了"视频法",即运用多媒体动态呈现幼儿在家庭中、幼儿园中曾经喝过的汤。对小班幼儿来说,单单用谈话法不符合其年龄特点,幼儿不一定能说得出来。小班幼儿以直觉行动思维为主,所以当各种熟悉的汤的图片从大屏幕中一个个跳出来时,幼儿一下子兴奋了,积极性自然高涨,生活经验的再现激发了他们表达的欲望。视频法的适时切入在整个教学情境设计中也更为自然、有效。

(三)用直观实物来呈现情境

漂亮的小汤锅、各种仿真的做汤食材摆放在真实的小货架上,幼儿既可以动手去摸,又可以自主选择这些物品。当教师介绍这些物品时,幼儿们的注意力一下子被吸引过来了,因为他们迫不及待地想自己也来尝试做一锅好喝的汤。用仿真食材摆弄、放盘、做汤互动的过程再一次把幼儿带入有趣的游戏情境,激起了他们主动表达的积极性,现场有的幼儿说:"我做了番茄土豆汤",有的幼儿说:"我做了大虾蘑菇汤",还有的幼儿一下子说出："我做了青菜胡萝卜鸡蛋汤"……孩子们在快乐"做汤"的情境中非常乐意用简短的、连贯的语言来主动表达。

中班集体活动"逛逛动物园"最后环节,幼儿根据自己的意愿选择准备再次参观的目的地时,教师让幼儿自己团队合作制造汽车、编排座位号,再一次让幼儿感知座位序号的作用,运用座位卡和椅子进行游戏,寻找两者之间的关系,从而在编排中将感知和发现的序数概念运用其中,体现了感知数、发现数,并将其运用于生活中的教学价值,使幼儿在情景交融中愉快主动地探索和学习。

综上所述,游戏化情境创设对幼儿园教育教学活动起到了支持性效应。有效的教学情境有利于培养和激发幼儿的兴趣和动机,有利于幼儿建立"表象"。教学情境是教学的突破口,创设课堂教学情境可以使幼儿在不自觉中达到认知活动与情感活动的"渗透"与"融合",使他们的情感和兴趣始终处于最佳状态,全身心地投入活动之中,从而保证教学活动的有效性。因此,我们应根据幼儿的年龄特点和学习特点、学习内容,灵活多变地创设适宜幼儿学习的丰富情境。教学游戏化不是给幼儿以"糖衣炮弹",而更应该像盐在饮食中的重要作用一样,游戏融入学习之中,让幼儿在不断接受挑战中获得主动学习的体验,从而得到最大的发展,真正助推幼儿快乐主动学习。

(上海市黄浦区回民幼儿园　吴　轶)

第二节 观察、发现、分析,助推幼儿个别化学习

自 20 世纪 80 年代中期至今,上海市学前教育课程改革前后共历经三个阶段的发展。回顾改革的发展轨迹,我们不难发现,现代课程改革正着力体现"人"的发展,即课程凸显"以幼儿发展为本"的理念。为了满足每一名幼儿的发展需要,探索适合幼儿的学习方式是幼教人需要不断破解的难题。以往,围绕着"教师为主"的教育教学将多数幼儿纳入"按共同目标,学统一内容,用相同速度,达唯一评价标准"轨道中,幼儿的学习状态与其学习特点相矛盾。在上海二期课改的背景下,思南路幼儿园长期深入研究幼儿的学习行为与学习方式,探索和创建基于幼儿立场的个别化学习活动,使幼儿的学习活动更适合不同个体的发展需要和"最近发展区",真正意义上实现幼儿的自主建构与自主发展。

一、背景与意义

（一）幼儿在园活动状态与其学习特点相矛盾：幼儿的学习趋于程式化、成人化

自上海二期课改以来，学前教育工作者对幼儿主体地位的认识不断深化。传统的幼儿园学习活动仅以集体教学形式展开，幼儿的学习过程表现出程式化、成人化。如何聚焦解决"幼儿在园活动状态与其学习特点相矛盾"问题，真正尊重个体差异，探索幼儿学习方式与发展途径的多元化，成为改革的重中之重。

（二）教育理念与教育实践相脱节：从观念确立到行动落实需要中介

"幼儿究竟喜欢什么样的学习？""怎样让孩子像孩子那样学习、成长？"等已成为学前教育工作者关注的问题，但从落实到行动都出现巨大落差。如何在课程实施中将"尊重幼儿"的理念与"丰富幼儿学习组织形式"的实践有机结合，如何"基于幼儿立场"推动教师看见幼儿的学习、直面个体差异，是教育改革的必然要求。

（三）培养目标与现实相脱离：活动方式的变革是满足社会需求的必要手段

面对社会的转型发展，对未来人才的培养要求更具挑战，我们希望幼儿能够充分彰显自己的个性，在成长过程中不断发挥潜能，成为主动的学习者、有思想的创造者。因此学前教育阶段的学习方式、发展途径的多元化探索是改革的重中之重。丰富学习样式、探索个别化学习活动是满足社会发展多样化需求的必要手段。

二、思考与认识

（一）概念界定

个别化学习是指教师根据教育目标和幼儿发展水平，有目的地创设活动环境，投放活动材料，通过区域学习等方式，让幼儿按照自己的意愿和能力，以操作摆弄为主的方式进行自我构建，其活动目标和活动时空更开放、活动过程更自主。

（二）研究过程与方法

思南路幼儿园对个别化学习活动的研究始于 1999 年，经历了四个阶段，基于

问题,注重行动,强化过程,开展层层推进的行动,取得了良好的研究成效。

第一阶段:价值确立,发现幼儿学习的多样性。研究初期,思南路幼儿园首先进行了幼儿园活动样式创新研究,尝试改变幼儿学习活动开展方式和教师的教学方式。研究让教师发现幼儿个体探索、合作学习的可能,形成了许多有价值的案例,进而探索架构相关理论,形成了具有可操作性的行动方略。

第二阶段:方式转变,探索个别化学习活动设计与实施方式。思南路幼儿园率先在一日生活中确保幼儿每天拥有个别化学习的机会与条件,并探索个别化学习材料设计与实施的序列性、系统性。让教师看到了幼儿的独特性,为确保个别化学习活动具有稳定性、合理性积累经验,改变了幼儿的学习方式和教师的教学方式。

第三阶段:有效落实,研发个别化学习活动的质量保障工具。我园教师基于幼儿立场,积累了支持幼儿个别化学习的大量经验,开发系列性的个别化学习玩具、教具。我们将相关操作经验进行梳理,编制了园本化的《个别化学习活动设计操作指引》,为教师材料设计提供参考和质量保障。

第四阶段:统整优化,提升教师基于观察的整体设计与实施能力。进一步聚焦园本实施中的难点问题,围绕幼儿个体学习行为,统整优化形成《个别化学习活动设计与实施指引》,凝练个别化学习活动"五步式"实践路径,在提升教师观察、解读幼儿学习行为专业能力的同时,推动个别化学习与各类课程有机整合优化,体现了让课程真正适合每个幼儿发展的追求。

三、实践与探索

(一)引领教师转变观念,形成"思优"教育价值观体系

经历了个别化学习活动的四个阶段研究,我园教师逐渐认识到每个幼儿的发展水平、能力倾向、学习方式和原有经验等方面存在着个体差异。个别化学习活动的展开,也让教师的角色发生了转变,教师不仅是活动设计者,更是幼儿学习的支持者与观察者。教师传统的教育价值观得到了挑战,静静地发生着变革,体现在三个转变:

儿童观革新:从要求幼儿"按共同目标,学统一内容,用相同速度,达唯一评价标准"转变为接纳每个幼儿的独特性、学习方式、能力的差异性;

教育观再造:教育的起点从"教师意愿"转变为"儿童需要",我们对幼儿学习的

评价从"学会"转变为"会学",从仅仅注重知识技能的达成转变为关注幼儿的学习品质;

课程观重建:幼儿学习方式从统一式转变为个别化,课程从教师预设为主转变为预设与生成结合。教师对活动设计的出发点从教材、大纲转变为幼儿的兴趣、需要和已有经验。

在持续实践中,我们也逐步建立了以幼儿需要理论为基础的"思优"教育价值观体系,包括:"思优"教育观——教育,从辨别孩子的需要开始;"思优"儿童观——儿童的需要是合理的,儿童的需要是要发展的;"思优"课程观——满足儿童发展需要,科学有序实施教育;"思优"质量观——儿童需要高满足。

个别化学习活动的创新实施,是我园对上海二期课改"以幼儿发展为本"的核心理念的园本化落实,我们开始真正架构与落实以学习者为主体的课程,逐步实现课程的整合、师生共建与教育个别化的要求,构建具有启蒙性、整合性、开放性为特征的课程体系。

(二)创新"满足每一名幼儿需要"的课程样式

思南路幼儿园率先在一日生活中固定"个别化学习活动"课程样式,以区域学习方式开展活动,确保幼儿每天拥有个别化学习的机会与条件,使幼儿的学习活动更适合每个不同个体的发展需要和"最近发展区",真正意义上实现儿童的个体建构与自主发展。与幼儿园传统的集体教学活动不同,"个别化学习活动"具有几个显著特征:

第一,活动目标半封闭。相对于集体教学活动而言,个别化学习活动的目标更为宽泛、长远,也更隐性。教师根据幼儿操作、探索的水平以及生成的兴趣和需要及时地、不断地予以调整,以使各种活动材料的投放能更好地定位在幼儿的"最近发展区"上。

第二,空间与时间半开放。在空间上,让幼儿在一定区域和范围内进行自由选择。在时间上,允许每个幼儿按自己的发展速率进行活动。同样的操作内容,有的幼儿一次、两次就能完成,有的则需要一周、一个月方才成功,最终要达到阶段的、学期的目标,以及每个幼儿不同的发展目标。

第三,活动过程自主。幼儿可以自主地选择活动内容、活动方式和活动伙伴,并按自己的速度进行自主学习。这样,改变了传统集体教学时幼儿在同一时间,以同样的方式与速度,学习同样内容的模式,给学习活动赋予了鲜活的生命力。

经历多年研究，我园目前已经形成个别化学习、集体教学、小组合作学习幼儿园学习活动的三种样式，并形成"不断研究幼儿、不断追随幼儿"的课程实施特色。

（三）系统研发具有园本特色的个别化学习材料

在多年实践中，我园教师始终保持着对个别化学习材料的研发热情，持续研制与小、中、大班园本课程相匹配的个别化学习材料系列。教师能兼顾课程主题经验和领域经验，并结合上海二期课改教材的素材点进行活动材料设计。为了吸引幼儿操作和摆弄个别化学习材料，材料提供上必须考虑材料的丰富性、多样性、趣味性等，其中的关键就是满足孩子选择的需要。我们总结形成了区域材料设计的三种途径——原创材料的研制、真实物品可"玩"性的功能开发、现成玩具附加功能的研发。我园教师设计的"学步系列""怪怪玩具书"等 4 件（套）原创教玩具在首届"上海市婴幼儿教玩具创意制作大赛"中获得一等奖。

对个别化学习材料设计与实施的系统探索，带来了我园幼儿、教师与课程上的两种转变：幼儿园的学习活动从单一的集体教学转变为个别化学习与集体教学并存，教师教学方式从自上而下的教授转变为支持幼儿建构与生成。个别化学习材料的研发过程也让教师重新定义幼儿的学习方式，注重发现幼儿之间的个体差异，支持幼儿的主动探索学习，使幼儿的需要在与材料的互动中得到满足，同时也让教师更系统地思考和关注幼儿的认知发展、学习习惯，及情感、态度与各种心理品质。

（四）研发个别化学习设计与实施的支持"工具"

通过多年实践，我们总结梳理了个别化学习活动的园本化经验，陆续编制了《个别化学习活动设计操作指引》《个别化学习活动观察指引》等实践性支持工具，并统整优化为《幼儿园个别化学习活动设计与实施指引》，主要包括四方面内容：(1)深入解析幼儿园个别化学习活动对幼儿发展的意义，明确个别化学习活动的价值导向；(2)从区域划分、材料设计、材料投放三个因素为教师提供实施指南(可见表 2-6)；(3)为教师呈现活动实施的"重点和难点"；(4)通过提供"幼儿行为的观察要点"引导本园教师发现幼儿建构经验的过程，聚焦幼儿的学习品质，尊重幼儿发展的个体差异(可见表 2-7)。

《幼儿园个别化学习活动设计与实施指引》的研发与应用，为教师个别化学习活动的设计和实施减负增效、确保质量提供了进一步保障。教师普遍感到设计和

表 2-6　幼儿园个别化学习活动设计操作指引(示例)

类　别	操作性标准	价值导向
区域设置与分隔	1. 每个班级配有 10 个玩具橱柜分隔区域	教室里到处都有孩子想玩的操作材料
	2. 区域分隔呈半封闭状,区域之间要有贯连的通道,便于幼儿进出	既能减少孩子学习时相互干扰,又能使教师随时对孩子的学习行为进行观察
	……	……
材料设计	1. 每项学习材料的设计要突出材料本身的学习内容、突出幼儿作用于材料的方式	支持幼儿不同的操作方式和学习行为
	2. 每项学习材料至少要有两个维度以上的操作特征,让幼儿选择学习方式或学习程序	要充分考虑幼儿与材料的互动方式,让幼儿按照自己的方式作出选择
	……	……
材料投放	1. 学习区域材料投放总量保证每名幼儿有 3 种以上的选择	幼儿在学习时能根据自己的实际经验和需求充分选择
	2. 每个区域安排同一领域的学习内容,按幼儿的实际经验,分层递进地投放学习材料	满足幼儿在发展过程中随时表现出的新的需要
	……	……

实施个别化学习活动有了更专业的依据和支撑,也不断反思如何让幼儿的学习更有意义,既关注幼儿发展基本经验的形成,也聚焦幼儿的学习品质,尊重幼儿发展的个体差异,教师自身的专业水平也得到了质的飞跃。

(五)形成个别化学习活动"五步式"实践路径

在实践中,个别化学习活动设计与实施的难点,并不是活动材料的设计与投放,而在于教师基于儿童行为观察的活动材料的"再设计"。通过多年实践,我们总结出个别化学习活动设计与实施的操作"五步式"实践路径:"材料提供—观察识别—经验分析—个别支持—反思调整"(可见图 2-32)。遵循这五个步骤,教师不断追随幼儿的活动经历和发展过程,进行连续不断的设计与再设计。设计不仅包括具体课程实施的目标、环境、材料等创设,还包括教师自身的角色、行为、指导技术以及教育评价等。再设计是指教师源于幼儿不断发展的问题和经验进行连续的设计,并且反映教育过程,是一种与幼儿共同建构课程的过程。

表 2-7 幼儿园个别化学习活动观察指引(示例)

观察项目	观察指向	观察依据标准		
		小班	中班	大班
材料选择	1. 幼儿的需要 2. 幼儿精细动作的发展水平	1. 被直观形象出现的材料所吸引,优先选择熟悉的、符合已有生活经验的物品 2. 受同伴的影响,会模仿选择和同伴相同的活动材料 ……	1. 乐于选择新奇的操作材料,为自己的新发现感到高兴 2. 喜欢选用生活中的真实物品开发的材料 ……	1. 能够独立选择自己喜欢的活动材料 2. 对于材料操作的难易程度有估计,愿意尝试选择有挑战的活动材料 ……
专注时间	1. 幼儿兴趣倾向 2. 幼儿注意力控制	幼儿能控制肢体保持一种动作状态,即每项材料幼儿专注操作摆弄时间不低于 5 分钟(含取放的时间)	控制肢体动作时间过长就出现多余无意识的小动作,每一项活动材料操作专注保持时间在 10 分钟以上	想象、尝试与别人不一样,以连续的摆弄获得新的发现,能够连续一段时间"沉迷"于某项活动材料上面
与材料互动的频率	……	……	……	……
探索性行为	……	……	……	……

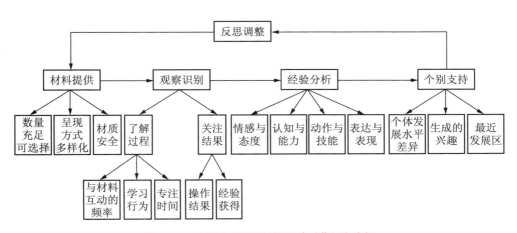

图 2-32 个别化学习活动"五步式"实施路径

目前，"五步式"实施路径已成为我园教师实践的操作蓝本，为真正培育具有"观察—识别—回应"专业能力的教师奠定基础。

四、成效与反思

近20年的个别化学习活动研究，促使我园获得整体上的长足发展，不仅革新传统的幼儿园教育活动样式，而且真正实现幼儿的主动学习与自主发展，转变教师的教育观念和实践，实现"以儿童发展为本"的理念与行动相统一。我园也由此形成了"不断研究儿童、追随儿童"的园所文化，教师队伍整体呈现"善于观察、再设计能力突出"的专业特质。

（一）研究成效

1. 使幼儿的学习活动更有品质

个别化学习立论于满足儿童需要的教育价值观，以了解幼儿为前提，基于幼儿的需要、个性特点、发展水平，使得幼儿在学习中的目的性、计划性、观察力、专注力、自信心、创造力以及动手能力等都能获得有效提高，同时，幼儿能够真正建构起属于他们自己的各类概念系统和收获有意义的成长经验，让幼儿的学习更自主、成长更快乐。

2. 使幼儿园的课程更体现平衡性和过程性

个别化学习活动的探索实践，是幼儿园课程实践的创新尝试，使幼儿的学习更全面、更均衡。同时，这类学习也能真正体现追求过程性模式的课程，让幼儿在模仿与操作、探索与发现、表达与表现的过程中，尽情地享受来自课程赋予的愉悦。

3. 使教师的教育观念和实践"革命性"转变

在传统集体教学活动中，教师往往是一个我教你学的"教育者"形象，教学的出发点是教材、大纲，而非幼儿。而在个别化学习中，空间距离的拉近，让教师开始走近、观察、研究幼儿，努力了解每个幼儿的"最近发展区"，进而有效满足个体需要、支持幼儿自主学习，实现了教师"以幼儿发展为本"的理念与行动相统一。

（二）反思与展望

未来发展，我们将继续思考如何推动个别化学习与各类课程有机整合和优化，在园本优化和常态推进的过程中，不仅让"基于幼儿立场"的思考体现在个别化学习活动中，更体现在幼儿园一日活动中，真正做到关注每一天、每个活动中的每一名幼儿。

（上海市黄浦区思南路幼儿园　毛尼娜）

第三节　基于"玩转体验"的幼儿园个别化音乐活动

蒙台梭利曾说："玩就是幼儿的工作。"对孩子来说，"玩"是一种积极、主动、愉快的感知体验。在幼儿园一日生活中，教师一直立志让幼儿"玩有所乐""玩有所得"。那么，在幼儿园个别化音乐活动中又如何让孩子"玩转"起来，获得体验呢？我们对《上海市学前教育课程指南》中描述的幼儿年龄特点进行了细致学习，并以幼儿园个别化音乐活动为实践研究的载体，针对基于幼儿年龄特点的个别化音乐活动设计开展策略研究，立足于尊重幼儿的体验，在个别化音乐活动的环境创设、学习形式、投放方式以及操作材料方面进行创新实践。

一、创设适宜的活动环境，让幼儿有处可"玩"

"玩"是幼儿个体主动与外在环境产生互动、促进自我学习的一种行为，是一种积累经验，感知体验的有效途径。创设适宜幼儿年龄特点的区域情景环境，能够推动幼儿不断建构经验，获得发展。我们发现，不同年龄段幼儿在心理上有不同需求，这决定了各年龄段开展个别化音乐活动情景环境创设时要有各自鲜明的特点。

（一）为小班幼儿打造充满信任感的个别化音乐活动环境

小班幼儿行为明显受情绪支配，对他人的情绪反应敏感性较强，在生活中常把假想当现实。这表明小班幼儿需要充满"信任感"且适合其心理的个别化音乐活动环境。这种充满"信任感"的个别化音乐活动环境具有家庭式的温馨环境，充满家庭成员之间的亲近关系。

我们曾设计过小班"小兔乖乖"主题背景下的个别化音乐活动"敲门声"，旨在让幼儿通过听辨不同速度和节奏的敲门声，与红眼睛、短尾巴、长耳朵的角色进行匹配。教师将活动的区域创设成一个小兔家的场景，其中准备了或真或假的道具，大到门窗、餐桌、电视，小到茶杯、毛巾、小兔子的镜框，这样的环境十分贴近小班幼儿的真实生活，形成宽松的心理环境。

（二）为中班幼儿打造充满探索感的个别化音乐活动环境

中班幼儿已经开始学习控制自己的情绪；规则意识萌芽，是非观念较模糊；活泼好动、积极动用感官；对事物的理解能力逐渐增强。这些都表明给中班幼儿创设一个具有探索感的个别化音乐活动环境正适合他们的发展现状。在充满探索感的个别化音乐活动环境中，中班幼儿开始睁开探究的双眼去观察、去发现，迈出探索的脚步去尝试。

中班幼儿的欣赏已经不局限于喜欢倾听各种好听的声音，而且开始萌发感知声音的高低、长短、强弱等变化的需求。针对该特点，我们在中班"周围的人"的主题下设计了"汽车修理站"的个别化音乐活动，用打击乐的方式吸引幼儿参与。活动中，中班幼儿在环境里发现了汽车组成部件和生活中的小物件，从对环境感兴趣到积极探索各种物件发出的声音，继而感知不同声音的高低、长短、变化。有的幼儿用筷子和小桶模拟演奏爵士鼓；有的幼儿敲打汽车轮毂，用一顿一顿的强音模拟演奏修汽车；还有的幼儿找到伙伴来合奏，一个人用轻快的节奏模拟"正在缓慢开车"，一个人用刮奏鼓面的方式表示踩下刹车。用汽车零部件和钢管、铁桶等组成的墙面首先在视觉上带给幼儿较大的冲击，激发了他们探索的兴趣，帮助幼儿在场景中大胆发现，大胆表达。值得一提的是，幼儿演奏生活中的乐器的经验得到了迁移，在后续班级组织的"变废为宝"的活动中，他们创造出各种亲子制作的"小乐器"。

中班个别化音乐活动：汽车修理站

观察要点：观察幼儿是否愿意尝试敲打不同的汽车部件，感受声音、力度等变化。

活动材料：轮毂、钢管、勺子、筷子、桶等生活中的物件等。

玩法：

① 幼儿用小手、鼓棒、勺子、筷子敲打汽车部件，聆听发出的声音。

② 和同伴一起跟随音乐，有节奏地敲击汽车部件等生活中的物品。

图2-33 用汽车零部件等打造的环境

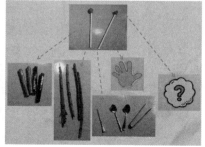

图2-34 可以替代鼓棒的材料

（三）为大班幼儿打造充满自主感的个别化音乐活动环境

大班幼儿自我评价能力逐步发展；情感稳定性和有意性增长；爱学、好问，有极强的求知欲望；初步理解周围世界中比较隐蔽的因果关系；随着抽象逻辑思维的发展，能根据周围事物的属性进行概括和分类。年龄特点表明幼儿到了大班的阶段，随着生理和心理的成熟，开始关心与生活息息相关的内容，对未来充满向往和不同的需求。大班幼儿此时已经开始有了个性的不同需求，所以在个别化音乐活动的环境创设时，更要凸显"自主感"，这里的"自主感"并不是放纵无规则，而是指能够让幼儿的自主性得到最大的发挥。

我们设计的大班"声入人心"个别化音乐活动，是一个以歌唱体验为主的活动。教师提供了两个类似抽奖的大转盘，一个转盘上标有多首幼儿喜欢的歌曲名，如《学做小学生》《荷塘月色》等。另一个转盘上则标有代表歌唱形式的提示图。当两个转盘停止转动，指针所指内容就是幼儿歌唱的指令，幼儿要根据指令邀请朋友一起来完成歌唱。如下图所示，幼儿得出的信息是：要找小伙伴一起用男女声对唱的方式来演唱歌曲《学做小学生》。转盘中的"?"符号是留白区，代表着当指针转到问号时，幼儿想怎样唱就怎样唱，想唱什么就唱什么。这样的留白为幼儿的自主表达和表现赋予了更大的空间。

图 2-35　"男女对唱"歌曲《学做小学生》

二、选择妥帖的投放方式，让幼儿有方可"玩"

当前幼儿园个别化音乐活动主要是在主题背景下开展的。比如在大班"我是中国人"的为期 4 周左右的进程中，约有 2 至 4 个个别化音乐活动开展。这么多的个别化音乐活动究竟如何投放呢？对于这个问题，我们也要考虑幼儿的年龄特点。

我们进行了"串联"和"并联"两种投放方式的尝试。"串联"是指在一段时间内将个别化学习活动内容依次投放，即在幼儿活动时完成了 A，教师再投放 B，完成了 B，教师再投放 C。"并联"指的是在同一段时间内投放多个个别化音乐活动内容，即在幼儿活动时，同时投放 A、B、C。投放方式不同，也会让幼儿自主衍生出各种各样的"玩法"。

（一）为小班幼儿设计"串联"为主的投放方式

小班幼儿易受外界影响，学习按指令行动，模仿性强，常把假象当现实。这说明对小年龄孩子来说，让个别化音乐活动一个一个依次"串联"投放，减少小班幼儿的选择性，能够帮助他们排除无关因子，让幼儿在个别化音乐活动的自主探索过程中更快更好地完成活动任务。

（二）为中班幼儿设计"串联"和"并联"共存的投放方式

中班幼儿有意行为开始发展。面对教师同时投放的多个个别化音乐活动内容，中班幼儿已经开始有了选择的能力，并对自己的选择有坚持完成的想法。当然，由于有意行为刚开始发展，这种坚持也常会变成有始无终。所以中班采用的个别化音乐活动的投放方式以"串联"和"并联"共存较为合适。

（三）为大班幼儿设计以"并联"为主的投放方式

大班幼儿有意性稳步增长，责任感也有显著发展。因此，大班的个别化音乐活动以"并联"的方式进行投放为佳。让幼儿在自由的选择中寻找适合自己的活动内容，充分调动幼儿自主性，让幼儿在个别化音乐活动中探寻属于自己的小天地。

三、优化便捷的操作材料，让幼儿有物可"玩"

"工欲善其事，必先利其器"，个别化音乐活动中的操作材料作为"利器"，在让幼儿于"玩"中获发展，于"玩"中获成长上尤为重要，它不仅是幼儿直接操作和摆弄的材料，更是教师观察、分析、解读幼儿行为的媒介。操作材料的设计优质与否直接关系到幼儿参与个别化音乐活动的质量。

（一）为小班幼儿提供"智能"式操作材料

"智能"式操作材料，指如同傻瓜相机一样，操作简单、指示清晰的操作材料。这样的材料适合小班的幼儿进行摆弄，并能快速有效地帮助小班幼儿参与活动，体验活动的快乐有趣。如:在小班的个别化音乐活动"大声歌唱和小声歌唱"中,教师提供的材料是歌曲伴奏、音乐播放器、画有大嘴卡通人物同时标有 F 记号的指示牌、画有小嘴卡通人物同时标有 P 记号的指示牌。幼儿一同游戏的时候,可以请一位幼儿用指示牌来做指挥,当歌曲唱到"大声歌唱,小狗在叫汪汪汪"等歌词时,小指挥举起代表"强"的指示牌,小伙伴用强的音量进行歌唱,反之用弱的音量进行歌唱。当然,小指挥也可以随机举起代表强或弱的指示牌,同伴随之控制和改变自己的歌唱力度和音量。在这样的活动中,使用简便的"智能"式材料,操作简单,易于理解,事半功倍。

小班个别化音乐活动:大声歌唱和小声歌唱

观察要点:幼儿是否愿意尝试控制音量的强弱变化来进行歌唱。

活动材料:大嘴唱歌的小人、小嘴唱歌的小人、强弱记号、播放器、伴奏。

玩法:

① 幼儿听着音乐伴奏歌唱歌曲。

② 幼儿随着歌词提示进行歌唱。听到"大声歌唱,小狗在叫汪汪汪"等歌词时用强的音量歌唱,听到"小声歌唱,母鸡在叫咯咯咯咯咯咯哒"等歌词的时候用弱的音量歌唱。

③ 和同伴一起,一人做指挥,用标有强弱记号的标牌指挥同伴变化强弱歌唱。

（二）为中班幼儿提供"拼图"式操作材料

"拼图"是拼在一起变成完整图画的意思。"拼图"式操作材料与之有所不同,不同在于虽然形式是拼图,但是结果却各不相同。这样的操作材料对于中班的幼儿来说既有一定的挑战性,又有一定的规则可以参考,能够让中班的幼儿通过自我尝试获得身心的满足。如:中班个别化音乐活动"小狮达达"中,教师提供歌曲伴奏、各种小乐器、彩色鬃毛（自制的带有乐器标识的易拉罐）、填色卡片等。幼儿通过为小狮子达达整理鬃毛,将带有乐器标识的易拉罐以逐个插入的方式进行排列,继而对填色卡填色,再选用对应颜色鬃毛标识的乐器为歌曲进行伴奏。活动旨在通过可以随意组合的材料激发幼儿尝试和探索乐器声效的不同。每次幼儿的排列都各有不同,最终选用的乐器和演奏的效果也各不相同,这种"次次不同"的打击乐合奏效果帮助幼儿不断积累打击乐演奏经验和听觉感受。

中班个别化音乐活动:小狮达达

观察要点:观察幼儿是否愿意尝试用各种乐器为《小狮达达》伴奏。

活动材料:达达头像、彩色鬃毛(带有乐器标识的易拉罐)、各种乐器。

玩法:

① 幼儿跟随音乐演唱歌曲。

② 幼儿尝试为小狮达达选择彩色鬃毛,拼出完整的头像。

③ 幼儿尝试选用"彩色鬃毛"上标识的打击乐器,为歌曲伴奏。

(三)为大班幼儿提供"菜单"式操作材料

"菜单"式操作材料,顾名思义,就是可供幼儿自行选择的、适合幼儿自身需要的操作材料,非常适合爱探究的大班幼儿。"菜单"式的操作材料智慧之处不在以多取胜,而是以巧取胜,以活动效益最大化取胜。例如:大班个别化音乐活动"欢迎来非洲"中,教师提供的操作材料有非洲鼓、非洲鼓演奏手位图等。

大班个别化音乐活动:欢迎来非洲

观察要点:观察幼儿是否愿意尝试用不同的手位图来探索演奏非洲鼓。

图 2-36　非洲鼓演奏的环境

活动材料:非洲鼓、演奏手位图、手位图贴纸、演奏谱空底板。

玩法:

① 幼儿跟随伴奏演唱歌曲。

② 幼儿一边歌唱一边有节奏地敲击非洲鼓。

③ 幼儿选择不同的手位图敲击非洲鼓,为歌曲伴奏。

提供的手位图贴纸可以一张一张单独粘贴在空白的演奏谱上,呈现出"菜单式"材料的优势,每位幼儿的排列方式不同,呈现的演奏谱百花齐放,演奏的现场效果多样生动,获得了"过程不重复,结果不唯一"的效果。

四、定制合理的活动形式,让幼儿有伴可"玩"

从社会性角度来看,随着幼儿的成长,其交往能力不断提高,交往方式不断丰富和拓展,决定了幼儿在个别化音乐活动中的活动方式将各有不同。设计适合不同年龄段幼儿、类似私人定制的活动形式,能使幼儿在参与个别化音乐活动时体验不一样的"玩转"过程,获得不一样的"玩转"结果,收获不一样的"玩转"体验。

第一，为小班幼儿提供"个体摆弄"为主的活动方式。小班的幼儿正处于"开始认同、接纳同伴与教师"的阶段，也就是社会性萌芽的阶段，所以在学习方式上更适合以"个体摆弄"为主的活动方式。让小班的幼儿在自己的世界中探索和摆弄、重构经验。我们曾经设计了"小乐器好朋友"的小班个别化音乐活动，就根据小班幼儿"个体摆弄"为主的活动方式的特点，引导小班幼儿关注小乐器的声音，体验敲击小乐器带来的快乐感受。

第二，为中班幼儿提供"个体摆弄"和"伙伴合作"为主的活动方式。中班的幼儿"在活动中学会交往"，正处于尝试主动交往、学习交往方法，寻找伙伴的阶段。他们经常唱唱跳跳，愿意参加歌唱、律动、舞蹈、表演等活动，通常会在活动中"独自一人乐在其中"。此外，许多中班的孩子已经开始不满足于个体行动，转而开始寻求伙伴共同参与活动了。可见，对中班的个别化音乐活动来说，"个体摆弄"和"伙伴合作"成为主要活动方式。

第三，为大班幼儿提供"伙伴合作"为主的活动方式。大班幼儿社会性发展就更快了，他们的自我评价能力有了很大提高，合作意识和规则意识逐步形成并增强，有了自己相对固定的伙伴群和朋友圈。因此，大班的个别化音乐活动主要活动方式以"伙伴合作"为主就更为适宜、合理。

基于"玩转"的个别化音乐活动，我们希望孩子的"玩转经验"最终能厚积薄发，转化成"真正的体验"。这是我们追求的目标，也是我们继续思考和探索的永恒话题。正如台北教育大学学者张世宗所说，"孩子的'玩'，在过去是一种'想要'（want），在今天和未来更应该成为一种'必要'（need）"。如何让幼儿在个别化音乐活动中"玩物尚智"，在研究的路上我们将继续前行。

（上海市黄浦区蓬莱路幼儿园　严　蕾）

第五章 助力未来发展的"长程衔接"

第一节 以儿童本位聚焦适应,实现幼小衔接长程与有效

黄浦区长期以来一直重视"幼小衔接"的研究,在落实《上海市学前教育课程指南》(试行稿)幼儿全面发展目标的基础上,我们重点围绕社会性适应和学习适应,明确幼小衔接阶段的发展目标,带领全区教师学习领会《上海市深化幼儿园幼小衔接活动指导意见》(试行稿),组建教研团队,树立正确的幼小衔接理念与思想,遵循幼儿身心发展规律,聚焦幼儿入学面临的适应性问题,科学设计和开展幼小衔接活动,杜绝单纯的知识学习和简单的技能训练,帮助幼儿逐步适应小学生活。

一、新理念引领,幼小衔接行动方案全区落地

在落实《上海市学前教育课程指南》(试行稿)中幼儿全面发展目标的基础上,幼小衔接研究组围绕幼儿的社会性适应和学习适应,明确幼小衔接阶段的发展目标;树立幼小衔接理念与思想,聚焦幼儿入学时面临的适应性问题,研磨制订黄浦区幼小衔接活动方案。同时,各幼儿园在区层面基础上,结合本园现状与特点,制订形成各自的幼小衔接活动方案并付诸实施。

(一)确立幼小衔接工作的指导思想

为幼儿后继学习和终身发展奠定良好素质基础,促进幼儿体、智、德、美各方面的协调发展;遵循幼儿身心发展规律,聚焦入学问题,合理设计安排幼小衔接工作,帮助大班幼儿逐步适应小学生活;构建适宜的幼小衔接制度,形成家园合力教育。

(二)制定幼儿发展目标

愿意并乐于上小学,向往小学生活。

独立自信地做力所能及的事情,有初步的自我保护意识。

建立初步的规则意识和任务意识,遇到问题时会想办法协商解决。

对各类学习活动感兴趣,形成良好的学习习惯;感知、理解数量关系、形状与空间关系;养成良好的倾听阅读习惯。

能主动与成人和同伴交往,清楚表达自己的不同情绪感受,并尊重与接纳不同的建议。

（三）融整合与渗透的幼小衔接内容安排

根据幼小衔接指导思想和幼儿发展目标,幼儿园在具体内容与安排中重视整合与渗透。具体包含:

一日活动渗透——在生活、运动、游戏、学习四大板块,有机融合幼小衔接的理念、实践与教育行为,一日活动各环节中,教师要从各方面加强对幼儿进行注意力（培养幼儿的有意注意）和思维敏捷性的训练,引起幼儿发自内心地对各种事物的专注和兴趣,培养幼儿内在的学习兴趣和动力,使他们顺利适应小学的学习生活。

针对性的主题活动——开展相关幼小衔接主题活动,如:"我的小书包""参观小学""我要毕业了""整理小书包"等主题活动,让幼儿初步了解小学的学习和生活,学习独立整理和保管,体会自己的成长,向往当个小学生。

家园联动与指导——通过集体性宣传和针对性的指导,帮助家长构建现代幼小衔接教育理念,请相关小学教师或人员举办幼小衔接的专题讲座,帮助家长转化更新教育观念,鼓励家长积极参与,同步衔接。

（四）强化幼小衔接工作的管理与保障

在幼小衔接工作中,幼儿园积极发挥领导者职能,加强管理和保障。教育管理者通过强化督导检查、重视教师培训、加强研究和宣传等,让所有教师了解幼小衔接阶段幼儿的心理特点,遵循幼儿的天性,创设生动活泼的教育氛围,引导幼儿在趣味性活动中去探索和发现,让每个幼儿学有信心,学有所得。同时,整合协调幼儿园、小学、社区、家长、组织管理部门等子系统之间的教育功能,促其相互合作、密切联系、共同发展,使幼小衔接教育保持持久性和连续性。

二、试点园带头,点面结合幼小衔接全面实践

2018 年,星光幼儿园作为市级幼小衔接方案试点园,率先开展了系列实践,针

对幼小衔接如何有效渗透的话题,交流幼儿园幼小衔接工作有效渗透与实施的路径,渗透在周日计划的制订中、园所及班级的环境创设中、各类活动的组织与实施中、课程质量的评估中。我们通过试点园带头,点面结合,将幼小衔接的理念与经验再推广,促进区域内各幼儿园幼小衔接工作的全面实践。

（一）一日活动各环节——渗透幼小衔接

在生活活动中,好小囡幼儿园开展"小囡米其林",培养大班幼儿良好的用餐习惯;南京东路幼儿园开展"在生活体验馆中学习生活",培养大班幼儿的生活能力。在学习活动中,中华路幼儿园通过"我是时间小主人",培养大班幼儿良好时间观念;蓬莱路幼儿园在个别化学习中开展"小小问题树",让幼儿在好奇好问中提高自主探索能力;奥林幼儿园通过读享"悦"趣的活动,培养幼儿的"前阅读"能力。在游戏活动中,城市花园幼儿园开展"花园游戏活动",关注幼儿社会适应能力的培养。在运动活动中,思南新天地幼儿园开展中大班的户外混龄运动,培养幼儿自主交往、协商与合作的能力。

（二）针对性主题活动——落实幼小衔接

西凌第一幼儿园开展"小小看新闻"主题活动,让幼儿自主选择自己感兴趣的生活见闻,用自己喜欢的方式（文字或图画）记录新闻,并在教师和同伴面前大胆、自信地分享和交流。通过收集新闻、记录新闻、介绍新闻,提高幼儿的任务意识,同时培养其良好的语言表达能力以及简单的"前书写"能力,增强幼儿在各类活动中的主动性、积极性。紫霞幼儿园开展主题活动"我想了解的小学生活",通过你看我看处处看、我问你答解疑惑、我们都是小学生等沉浸式体验,为大班幼儿做好入学心理准备。学前幼儿园开展"我的时间我做主"主题活动,通过分配计划时间、科学活动"神奇的一分钟"、个别学习"小闹钟大收获"、采访"上学时间有多长"等,培养大班幼儿时间观念。汇龙幼儿园开展"服务中心"主题活动,让幼儿在小组活动中亲身体验为他人服务的乐趣,理解成人劳动的价值,更体验自己劳动的价值,培养幼儿交往与沟通能力、理解他人的意识和规则意识等基本行为品质。

（三）家园联动与指导——推进幼小衔接

瞿溪路幼儿园家园携手共促成长,通过家园行动案例,培养幼儿任务意识。文庙路幼儿园结合游泳特色项目,家园联合开展模拟小课堂、家长助教、健康大活动等,培养幼儿的生活自理能力。星光幼儿园注重家园结合,在自我认识、情绪管理、人际沟通三方面帮助幼儿解决入学心理准备的问题。教师和家长共同营造交往的环境,通过"我的情绪脸谱""心情驿站""情绪小怪兽"等多样活动,帮助幼儿加强对情绪的理解能力、促进情绪的表达能力、提高对情绪的调节能力。同时,教师通过家长会、家园联系栏、家园联系手册、"开放日"及"家长学习班"等渠道,帮助家长了解幼儿园教育的主导思想与方法,并使家长及时掌握幼儿的情绪变化,努力营造一个平等、友爱、和谐的精神环境,促使幼儿健康、活泼成长。

（四）优化管理机制——保障幼小衔接

荷花池幼儿园开展"一班三教"管理机制的探索,聘用生活教师开展"一班三教"模式的探索,每个班级增加一名生活教师,形成"一班三教"的配班模式。针对不同年龄段班级的生活老师,提出相应的培养幼儿生活习惯的要求。小班生活老师要注重小班幼儿生活习惯的养成,中班生活老师要注重中班幼儿行为习惯的养成,大班生活老师则要注重幼儿学习习惯的养成。生活教师与正副班主任、保育员共同携手加强对不同年龄阶段幼儿的生活教育指导,能在幼儿生活习惯方面进行有针对性的培养,让幼儿在三年幼儿园生活中养成良好的生活习惯,为幼小衔接奠定基础,帮助幼儿有效过渡"幼升小"转换期。

三、从问题出发,家教指导与家长期望有效衔接

针对家长对于幼儿入学所需具备的能力要求并不清晰,希望全方位了解幼儿园与小学在各方面的差异的情况,幼儿园需要根据幼儿身心发展特点来指导家长开展符合幼儿年龄特点的幼小衔接能力培养,引导家长关注幼儿良好的习惯和行为方式,确保幼儿今后能很好地适应小学生活。

调查发现,家长过于重视"学习"方面的培养,对幼小衔接关键要素不明晰。多数家庭忽视幼儿日常习惯的培养,家长所认为的幼小衔接仅仅涉及孩子知识上的衔接,在理念上存在一定的偏差,普遍缺乏正确的教育观念和科学的建议,轻视幼儿适应能力和学习能力等学习品质的形成等。家长现存的幼儿入学焦虑状态,亟待教师给予科学有效的家庭教育指导建议。

我们带领区幼小衔接工作研究组,针对家长在"入学向往""时间观念""生活自理""沟通能力""专注能力""倾听能力""安全教育""任务意识"等八个方面面临的困惑,基于实际问题开展研究,设计了图文并茂的家庭教育指导手册:《家园结合

幼小衔接家长指导手册——"八问"与"解答"》，给予家长建议与方法，使家庭实施幼小衔接更具借鉴性、科学性、针对性。如：面对入学向往，有两个关键词，第一是"激发"，即激发幼儿上学的愿望；第二是"心态"，即面对幼小衔接，家长要保持良好的心态。

《家园结合幼小衔接家长指导手册——"八问"与"解答"》不是简单地给家长布置任务，而是具体地指导家长，转变家长对于幼小衔接的观念，帮助家长正确认识幼小衔接。同时，加强幼儿园与家长的互动，积极利用各种方式和手段宣传科学的育儿观念，合力创造有利于幼儿健康成长的教育环境。

四、从渗透入手，多途径实现有机衔接与突破

学前教研员带领专题组成员研究在一日活动中如何多途径渗透与有机衔接的方法。在具体实践中，教师们从渗透入手，从一日活动的48个渗透点出发，创设了个性化的班级环境，帮助大班幼儿从各方面适应小学的生活。从幼儿早晨进入幼儿园，就开始为迎接小学而准备："星星亮了"是为培养幼儿时间观念与团队意识而设计的教室环境，只有小组成员全部到齐不迟到，星星才能被点亮，当星星被点亮的瞬间，孩子们对于准时来园的热情也被点燃。

紧接着，孩子们会围坐在一起制订一天的计划，并在一天结束后评价自己的计划，小小的册子里是孩子们对于一日生活的规划，也是他们自我管理的开始。

图 2-37　"星享事成"

小小值日生也是帮助幼儿形成任务意识、整理能力、文明习惯等的一个途径，在离开幼儿园之前要记得把教室打扫干净，在一日生活中尽可能地帮助同伴。

同时，学前教研员带领教师深入研究幼小衔接多方式的渗透与有效衔接内容。自 2016 年开始，区教研室每学年开展关于幼小衔接的现场展示或专题讲座培训，2016 年思南路幼儿园开放幼小衔接工作现场展示，交流关于"思南路幼儿园幼小衔接课程实施的实践与思考"经验分享。2017 年小天地幼儿园（现思南新天地幼儿园）开放幼小衔接工作现场展示，交流关于"让孩子有准备地走向小学——小天地幼儿园幼小衔接课程实施汇报"经验分享。2018 年市教研室徐则民老师来我区做了"幼小衔接，有效衔接"专题讲座，让教师们明确幼小衔接的指导思想，遵循幼儿身心发展规律，聚焦幼儿入学时面临的适应性问题，科学设计和开展幼小衔接活动，帮助幼儿逐步适应小学生活。

在落实《上海市学前教育课程指南（试行稿）》过程中，全区教师在幼小衔接工作研究组引领下学习、实践。在反思与调整中，我区逐步完善了《黄浦区幼儿园幼小衔接活动方案》《大班幼儿一日活动行为习惯规范手册》《家园结合幼小衔接家长指导手册——"八问"与"解答"》等指导性方案，体现了前瞻性、规范性、全面性、操作性。同时，近几年以来，我区幼儿园在"幼小衔接"研究内容方面体现了多途径、多方式的特点：注重专题研究，注重有效实践，注重培训与学习，注重各学段教研联合，注重试点园以点带面的带头与引领等。

在进一步把握幼小衔接的目标、途径和具体内容的基础上，我区将持续研究如何将幼小衔接工作有效纳入园本课程体系，探索幼小衔接实施的措施与手段，研究多样化的幼小衔接活动与方式，将幼小衔接与幼儿园课程、幼儿园一日活动、家园指导与沟通有机渗透，真正实现有效衔接、长程衔接。

（上海市黄浦区教育学院 张 红）

第二节 从容衔接，拥抱明天，让衔接真实发生

"幼小衔接"对于幼儿教育工作者而言是一个很熟悉的主题。多年来，幼教工作者总是思考着如何让幼儿们能够顺利地进入未来的小学生活。于是，我们从习惯、经验、品格等方面入手，努力地探索着科学的幼小衔接做法。

星光幼儿园（以下简称星幼）有幸加入了上海市幼小衔接项目组，面对《上海市深化幼儿园幼小衔接活动指导意见》（试行稿），面对徐则民老师提出的"有效衔接

的六个突破",全体教师重新审视"幼小衔接"工作,深入思考:究竟为什么要衔接?需要衔接什么? 什么时候开始? 怎样衔接才有效、从容? 带着这些问题,星幼的教师们心怀梦想,全力出发。

一、立足未来,明确衔接内涵

我们明确了幼小衔接着重围绕两个方面的衔接:社会适应和学习适应。于是,我们将这两个适应进行概念细化,幼小衔接中的社会适应是指为了幼儿更好地适应小学学习、生活与环境而进行的心理及行为的调整与改变,主要包括:生活自理、文明习惯、社会交往、自我认知、情绪管理、自我保护、规则意识等各个方面。幼小衔接中的学习适应是指幼儿克服入小学学习的困难,取得较好学习效果的倾向,主要包括:学习习惯、学习能力。

面对社会适应,作为一所以"幼儿社会性发展"为特色的示范园,我们重新审视幼儿园的特色课程,在提升特色活动内容质量的同时,更加注重在各个环节中用心地渗透社会心理品质,让每一个幼儿在亲身经历中体验生活,积累适应未来生活的能力。

面对学习适应,我们团队又针对我园幼儿发展的实际情况,将学习适应进一步研讨细化(如图 2-38),我们在提升幼儿学习活动质量的同时,注重利用一日生活萌发幼儿的学习兴趣,使其养成优质的学习品质,积累一定的学习能力。

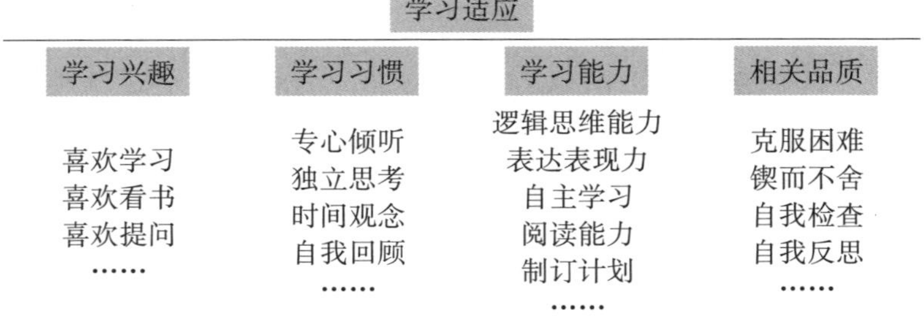

		学习适应		
学习兴趣	学习习惯	学习能力	相关品质
喜欢学习 喜欢看书 喜欢提问 ……	专心倾听 独立思考 时间观念 自我回顾 ……	逻辑思维能力 表达表现力 自主学习 阅读能力 制订计划 ……	克服困难 锲而不舍 自我检查 自我反思 ……

图 2-38　星光幼儿园"学习适应"内容

这些思考让幼小衔接从抽象到具体,从模糊到清晰,从随意到有针对性。教师们清晰地明确了衔接的内容和具体要求,保障了幼小衔接工作的有效开展。这些适应与衔接,并不仅仅是为入小学做好准备,其实它们对于幼儿一生的发展意义重大。这更坚定了我们团队用心"衔接"的决心。

二、问题引导,梳理衔接要点

适应能力的培养并非一蹴而就,正如徐则民老师所言,幼小衔接的突破之一是时间突破,幼小衔接是长程性而非一时的活动。全体教师达成共识,将幼小衔接从一年变为三年,需要通过三年的幼儿园生活逐渐地有序培养。

我们团队认真学习《上海市深化幼儿园幼小衔接活动指导意见》(试行稿)文件中所提出的幼小衔接应做好一日生活中的衔接教育,涉及 12 个环节、48 个渗透要点。那么多的衔接渗透点,我们从何做起? 如何做到每个环节的每个渗透点都不遗漏,48 个渗透点都能落实且有效? 于是,我们做的第一件事情就是理性分析,与我们原来关注的幼儿习惯、品质、能力、情感等方面进行比较,在比较中我们做了以下思考:(1)哪些是我们本来就很重视,而且做得比较好的? (2)哪些是我们原来一直在做,但是做得不够好的? (3)哪些是我们不够重视的? 对于第一个问题,我们提出在工作中继续保持,对于第二个问题,我们则讨论寻找原因,讨论改进的对策,对于第三个问题,我们进行了着重讨论,在达成共识、引起重视的同时,一起在实践中寻找比较有效的培养方式与策略。在比较分析中,我们明晰了对于我们星幼一日生活衔接的渗透要点,也明确了需要重点攻破的衔接渗透点。

在研究中我们着重思考:哪些能力、品质的培养从小班开始,哪些在中班加入,哪些在大班巩固? 经过研究,我们把文明习惯、自我保护、整理能力、节约意识、规则意识、情绪管理等七项社会性适应培养指标确立为从小班就开始着手培养,社会性适应的培养追随幼儿发展,逐年叠加。对于学习适应的衔接,我们提出围绕目标,从小班开始逐渐培养,并确立了每一个年龄段"学习适应"的重点:小班,着重学习兴趣、专心倾听、初步愿意克服困难;中班,着重培养独立思考、表达表现、学着提问;大班,着重培养时间观念、逻辑思维能力、自主学习、自我反思。我们明确了幼儿园三年对于幼小衔接的着重培养方向:幼儿园三年,关注情绪情感、习惯能力的培养,大班一年,有意识地在一日生活中渗透,大班末期两个月,通过主题活动,激励幼儿面对入学后的任务密度和难度。

这些衔接要点与序列的整理,让各年龄段的教师们清晰了解衔接的责任与使命,明确每一阶段衔接工作的重心,领悟每一年衔接工作的必要性与意义。

三、用心实践,自然渗透衔接

我们团队积极尝试,把握一日生活各个环节的契机,影响、引导、培养幼儿,寻找丰富生活经验、养成良好习惯、涵养健康品格的方法,让幼小衔接工作因为渗透而更有效。

(一)计划保障,引领衔接

我们从学期计划入手,依据幼小衔接的核心要素认真地调整了小中大各年龄段的幼儿学期培养目标,将衔接中所需要培养的"社会适应"和"学习适应"的相关要求按照年龄特点与幼儿实际需求进行了细化,补充到原来的学期培养目标中。班级计划的衔接渗透,不仅让衔接更有计划性,也保障了各年龄段衔接工作的落实。

从周计划入手,将衔接中的各个渗透要点写入每周工作计划的各个环节中。周计划的目标与幼小衔接目标紧密结合,根据幼儿发展的需求,确定每一周的培养目标,让衔接的渗透具有真正的可操作性,同时也保障了那些重点渗透点的有效落实。

(二)质量监控,保障衔接

在研究的过程中,我们最关注的是幼儿的发展情况。因此,我们将各类活动的质量评价指标与衔接指标进行了对接,在"幼儿发展"这一栏中,将幼小衔接的渗透核心要点纳入评价指标中。例如,个别化学习活动的考核中,我们在幼儿的发展评价中增加了"注意力集中不受干扰""遇到问题愿意想办法,坚持完成学习任务""读书姿势良好""抓紧时间,不拖拉""有检查的习惯"等衔接渗透的指标。其中,各年龄段幼儿评估指标各不相同,根据幼儿实际情况,让大年龄的幼儿尝试自我评价。在各类评估中,教师全面关注幼儿的发展情况、了解幼儿发展需求,让保教质量的监控有力支撑幼小衔接的渗透。实践与监控的匹配,让幼小衔接渗透的实施情况得到了考量,有助于教师及时发现各类环节中幼儿学习适应和社会适应发展的优势与不足,分析其中的问题,改进策略,从而提高幼小衔接渗透的有效性。

（三）环境融合，巧妙衔接

我们积极利用环境对于幼儿发展的价值，针对幼儿的实际需求，用心创设了幼小衔接环境，例如围绕学习适应，我们和幼儿一起创设了以下环境。

针对时间观念，我们创设了"守时小星星""星星亮了"等环境，在帮助幼儿建立时间观念的同时，引发幼儿养成学习不拖拉的习惯；提供了让幼儿自主计划的"我们的计划书"专柜，引导幼儿学着自主安排与计划某项活动，逐渐提升自我认知、自主选择与自我管理的能力。我们在各类环境中创设幼儿自我评价的环境，例如"勇敢小达人""星星放大镜""加油小星星"等。在与环境的互动中，幼儿们主动积累不怕困难、自己检查、坚持到底、勇于挑战等良好的学习品质，在环境中与同伴相互激励、学习、欣赏，提升学习的兴趣与相关的能力。我们创设了日记走廊，为每个幼儿准备一本日记本，幼儿们用他们的图符记录着每一天的快乐、故事、需要完成的任务等，日记本伴随着每一个幼儿成长，让他们学着自我回顾。我们在每一个走廊的拐角处设置了一个"星宝贝"，每一个"星宝贝"里收录着教师们将幼小衔接的核心要点编成的童谣，幼儿用点读笔听读衔接童谣，在听听读读中了解习惯、情感、能力、良好品质等方面的成长期盼……这些环境正悄悄地影响着幼儿的言行，也为幼小衔接的渗透发挥着举足轻重的作用。

（四）把握价值，蓄力衔接

在幼小衔接的研究中，"学习适应"最需要避免的是把学习适应直接看作"知识的衔接"，只有在学习活动时才注重学习的适应。

幼儿园一日活动皆课程，幼儿在每一个环节中都会进行学习。因此，我们心中牢记学习适应的核心要点，在各个板块、各个环节中自然渗透、注重培养，润物细无声地支持幼儿在各类亲身经历中获得学习适应的准备。同时，在各类学习活动（集体学习、个别化学习活动）中聚焦专心倾听、逻辑思维、表达表现、自主学习等方面展开重点引导。学习方面的适应，并不只是为了入小学，而是为其今后的学习，乃至终身的学习与发展做最重要的准备。这份衔接的意义任重而道远！

随着幼儿的成长，"学习适应"的内容、要求以及频次逐渐增加。对于大班幼儿，他们进入了幼小衔接最后一年。面对衔接期作息的调整，我们和幼儿们一起创生了一系列的"转转星——衔接小游戏"。利用各类碎片时间让幼儿们和同伴一起玩各类游戏（语言游戏、思维游戏，包括记忆、益智类，以及科学游戏等），"转转星"游戏发起人可以是教师，也可以是幼儿，游戏规则共同制定。幼儿在这些快乐的小游戏中,有针对性地提升集中思想、积极思考、善于记忆、辩证思考、逻辑思维、敢于质疑、不怕失败等方面的学习习惯、能力与品质。

四、儿童视角,快乐实现衔接

在幼小衔接的过程中,我们习惯于用我们的视角去思考与理解幼儿的想法,并设计相关活动。然而,我们设计的这些活动是否能够满足孩子们的真实需求?这些衔接的策略是否符合他们成长的需求?于是,我们围绕"毕业时刻",围绕学习适应,开启了幼儿们的衔接活动。

借助我园的幼儿代表大会,我们开启了"毕业前的心愿"征集,对呼声最高的几项活动展开尝试。为了满足大部分幼儿想要向全园伙伴诉说毕业感言的愿望,幼儿园的校园电视台每天中午开设了"离园心语"栏目,面对话筒,幼儿们自主结伴一起发言,表达自己的想法、对未来的畅想、对过去的回忆、对于弟弟妹妹的祝福。在这个过程中,幼儿体验着合作策划、逻辑思辨、大胆表达。同时,幼儿们也为幼儿园的建设留下了从他们视角出发的宝贵建议。

"FRIDAY 星享事成"活动就是其中的一项,"孩子们自己当老师"。每周五之前,大班各班幼儿商定内容,周五下午开始活动。各个活动推选或自荐产生一个小主持人,负责组织活动,其他幼儿自主选择一个内容。幼儿们纷纷拿出绝活,大显身手:打跆拳道、举办打击乐活动、做一个小实验等。负责的幼儿要精心准备,自主地计划活动内容与形式。参与的幼儿在自己喜欢的活动中投入地学习,在这个属于他们自己的课堂里,幼儿们求知欲被充分激发,倾听更专心、思维被激活。他们充分地与伙伴互动,积极地提问与思考,学着选择与评价,提升学习的能力。

从幼儿视角中,我们才知道了哪些人与事是他们想要留住的回忆,什么才能真正地满足幼儿们对三年生活想要的那份纪念方式,怎样才能自然唤起幼儿们感恩的美好情感,我们这才懂得了毕业幼儿的心愿,更明白了日后工作的方向。

五、家园合伙,合力牵手衔接

家长作为教育合伙人,在幼小衔接中起着重要的作用。本着不能输在起跑线上的想法,很多家长都会铆足了劲,"助力孩子衔接"。面对部分家长在幼小衔接中存在注重学习适应忽视社会适应，将学习适应看成"提前学习"的现状，我们在理解家长的同时，在衔接中有一项关键任务就是加强宣传——传播正确的幼小衔接价值取向，引导家长建立合理的期望。

首先，注重宣传，达成共识。教师们在家长会中将幼小衔接的要求和意义向家长宣传与解释，调整家长的想法，让家长在明确幼小衔接内涵的同时，感知家园同步衔接的重要性。尤其是对学习适应的具体内容进行解释，引导家长从幼儿长远发展的角度看待学习适应。其次，共同研究，体会衔接。为了让家长们更好地了解幼儿园开展的幼小衔接工作，了解幼小衔接的方法，我们召开"幼小衔接，我们一起行动"的家长现场专题沙龙，以幼儿园的日常生活为例，以幼儿园的衔接工作为例，以视频、案例的方式一起探讨什么是幼小衔接，交流提升幼儿学习适应力的有效做法，讨论与评价幼儿园的衔接工作，缓解家长的教育焦虑，一起憧憬幼儿的成长。再次，推介手册，给予指导。我们研发了"大小星星，牵手衔接"——幼小衔接家庭指导手册，着重围绕社会适应和学习适应的各个核心要素，向家长推荐了一些家庭教育的策略，同时也提出了一些操作实施建议，让家长明确家庭中开展幼小衔接的注意事项和操作关键。这份手册是一份实实在在的指引，也是让幼小衔接的期望实现家园同步的有力保障。

幼小衔接就是要关注幼儿园教育的每一个环节，踏实地帮助每一个幼儿过好在幼儿园的每一天。幼儿园教育不仅关注幼儿现在的发展，更要为幼儿后继的学习和一生做好准备，作为学前教育工作者，我们义不容辞，任重而道远！

（上海市黄浦区星光幼儿园　曹丛岭）

第三节　巧用"招募令"，内化自我管理，助力幼小衔接

幼小衔接向来是家长和学前教育工作者关心的问题。幼儿园与小学是两个不同的教育阶段，学习模式、学习环境均有所差异。《幼儿园教育指导纲要》指出："幼儿园应与小学相互衔接，综合利用各种教育资源，共同为幼儿的发展创造良好的条件。"在助力幼儿从幼儿园顺利过渡到小学的过程中，促进其自我管理能力的发展有着至关重要的作用。

一、幼小衔接的奠基石——自我管理能力的价值与现状

（一）大班幼儿自我管理的意义与价值

"自我管理"作为管理学名词，是指个体自己把自己组织起来，自己管理自己，自己约束自己，自己激励自己，自己管理自己的事务，最终实现自我奋斗目标的一个过程。在幼儿园阶段，"自我管理"主要包括幼儿对自身目标、行为、时间、情绪等方面内容的自我调节与安排。

大班幼儿正面临幼小衔接的人生关键阶段，"自我管理"品质的获得不仅有助于幼儿入小学后独立性、适应性、自觉性和自信心的养成，更对幼儿的终身成长和发展起着至关重要的作用。著名的哈佛大学有一条图书馆馆训："此刻打盹，你将做梦；而此刻学习，你将圆梦。"由此可见，成就梦想离不开对自己的有效管理。对于幼儿而言，良好的自我管理能力既是其来到陌生环境后的"定心丸"，更将成为其在学习之路上扬帆起航的"指明灯"。

（二）大班幼儿自我管理的现状与问题

然而，基于当下社会发展的大背景不难发现，大班幼儿整体自我管理水平不高，不少幼儿虽然语言表达能力强、逻辑思维条理清晰，但对自我情绪的调控、自我时间的管理缺乏认识，幼儿入学后的"陪读"现象也从另一个侧面印证了幼儿自我管理能力的缺失。

究其根本，导致这一现象的主要问题有二：一方面社会环境趋于功利化，尤其进入小学后，学校、社会对于幼儿的知识技能、认知水平等的要求更为显著；另一方面家庭教育注重"知识化"，家长抱有"望子成龙"的心态，对于幼儿一切学习以外的行为持"包办代替"的态度，更有甚者对幼儿的学习要求提出"只要你念好书，其他什么都不用管"的极端言论，却忽视了幼儿自我管理能力的培养对其未来发展的重要意义。

实践研究表明，影响幼儿自我管理能力的根本与后天的环境因素密不可分，尤其是家长、教师、周边社区对其的作用。思南新天地幼儿园的教师们借助"招募令"的形式，将一个个适合大班幼儿年龄特点的小任务传递给幼儿，在活动中激发幼儿自主、自律、自信的良好品质，帮助幼儿逐渐形成并内化自我管理的能力，从而更快、更好地适应小学生活。

二、"新天地"里的招募令——自我管理能力的形成与内化

（一）目标自我管理："花草种植"招募令，我当农庄小帮手

"种植课堂"是由幼儿园邀请种植专家来园为大班幼儿讲解各类植物种植知识并引导幼儿亲手种植植物的教学活动方式。每次"种植课堂"前夕，教师会发布"花草种植"招募令，和幼儿们共同探讨、商定种植的"目标"，或是"小麦"或是"香草"或是"角瑾"……围绕目标，前期先了解种植对象的生长要求、生活习性，从整土到播种再到浇水，每一步都由幼儿亲自完成。幼儿作为农庄小帮手，能够在"种植课堂"中体验到播种、照料、收获的全过程。眼见着自己播种下的小小"种子"从萌芽到生长再到开花结果，幼儿在观察植物的点滴变化中，直观地萌发了"向着目标前进"的动力。

幼儿在植物养护中为达成既定目标所做的努力和付出，离不开前期的"目标自我管理"。幼儿园在开展一些活动前，鼓励和引导幼儿自己制定目标，能够激发幼儿在活动过程中的自信心和积极性，如"跳绳达到 5 个""每天准时 9 点入睡""每周做一个小手工"等。

教师指导重点：前期，教师可以与幼儿共同制定目标，目标可以小步递进，一个大目标也可以分割为几个小目标，目标越详细，成果越惊喜。目标达成后可以给予幼儿一些小奖励，使幼儿参与活动更投入。这种方法可以迁移到其入学后制定学习目标。

（二）行为自我管理："环境打造"招募令，我做餐厅小主人

为提高幼儿对自我行为的约束和管理能力，幼儿园发布"环境打造"招募令，旨在鼓励幼儿尝试自己设计、装扮餐厅环境，做自己餐厅的主人，最终商讨并形成了"上海餐厅""云南餐厅""新疆餐厅"等具有地域特色的餐厅环境设想。

活动开展过程中，教师通过"板块式划分"，将餐厅分为门头、顶部、墙面、地面、进餐区、取餐区等不同部位，并鼓励幼儿以分组合作的形式围绕餐厅的整体环境、局部细节、进餐规则、礼仪文化等内容进行创作。最终"化零为整"，达到"人多力量大"的目的，而幼儿在此分工合作的前提下，也体会到"按计划行事"的重要意义。

图 2-39　新疆餐厅

第一步分工创作,第二步共同装扮,第三步体验成果,幼儿从创设餐厅到愉快进餐,其行为上自我管理的内容包含了两个方面,一方面是环境创设过程中的自我管理,如对人际关系的协调、对创作方法的思考等;另一方面是餐饮进食过程中的自我管理,如良好的进餐礼仪习惯,即着装规范、轻声交流、避免浪费、轻拿轻放、均衡进食等。

教师指导重点:以上两点自我管理能力的形成和内化离不开活动的"按部就班",即有理、有序地开展。在教师的引导下,幼儿们在讨论—协商—创作—体验的过程中逐步对自己提出更高的要求,从而收获行为自我管理的好方法。在其他活动中,教师也可以结合不同细节引导幼儿分步骤、分内容实现在不同场景下的自我管理。

(三)时间自我管理:"秋日舞会"招募令,我是装扮小达人

"秋日舞会"是幼儿园"美丽天地"特色课程的活动内容之一,共开设时装店、道具店、首饰店、帽子店、包包店、围巾馆、创意馆、面具馆等八大场馆,激发幼儿装扮兴趣,让幼儿围绕秋日特色进行自我装扮,成为"秋日里最靓的仔"。秋日舞会开展前夕,幼儿园依托发布招募令,邀请幼儿们根据即将开放的"活动场馆"自主制订装扮计划,幼儿们思考、预估参与每项活动所需时长,撰写计划书,为自己的活动做详尽的安排,争取在最短的时间内将自己装扮成"舞会小达人"。

这是不是很像小学生在为自己的作业做计划呢?合理安排自己的活动时间,在规定时间内完成力所能及的计划内容,其实,这正是时间管理的一种方式,也是即将入学的幼儿们必不可少的本领!

　　显而易见,这次的招募令中"计划书"唱起了主角。其实,"计划书"是大班幼儿常用的一种表达表现形式,更是助力其分解活动过程的好方法。使用"计划书"能够引导幼儿通过书面记录的方式合理、有效地对活动时间进行预设安排,让幼儿在实际参与活动时有所参考。

　　教师指导重点:在日常生活中,我们可以鼓励幼儿用图画、符号等形式为自己的时间做规划,通过不同类型的计划书帮助幼儿养成良好的时间管理习惯,如"周末活动计划书""超市购物计划书""外出郊游计划书""寒假生活计划书""每日阅读计划书"等。根据需要,计划书的具体内容可以针对不同活动预设所需的时间、活动的目标、先后的顺序、完成的方法等。

　　(四)情绪自我管理:"故事表演"招募令,我是流动小明星

　　几个小小的身影带着"流动故事小明星"的红飘带穿梭在幼儿园的各个角落。每月,这样的活动都会在思南新天地上演,幼儿园招募幼儿们来绘声绘色地讲述故事,将故事里每个角色的神态、表情、情绪在同伴面前演绎。他们不是小演员却胜似小演员,《小阿力的大学校》《大卫上学去》《狮子不怕打针》《我不愿悲伤》《害怕黑夜的席奶奶》等一个个小故事在幼儿的口中娓娓道来,他们在故事里感知他人的情绪,与他人的情绪共情,表现他人的情绪……什么是害怕?什么是喜悦?什么是兴奋?什么是紧张?来到陌生的地方感觉如何?受了委屈感觉如何?帮助别人感觉如何?赢了比赛感觉如何?……

图 2-40　小观众认真倾听故事讲述

幼儿在阅读讲述中逐步体会各种不同情绪状态在表情语气、表达表现上的差异,从而对不同的情绪有更深刻的体会与认识。诚然,在幼儿园的生活中,每个幼儿每天都会有各种各样的情绪,情绪虽然并无对错之分,然而如何正确认识自己的情绪、恰当表达自己的情绪、合理调节自己的情绪却是大班幼儿亟须掌握的本领。那么多的情绪,教师如果仅仅通过谈话活动来与幼儿进行回忆和讨论,一时半会儿之间很难帮助幼儿理解和适应。

"流动故事小明星"的招募令给了幼儿更多自我表达的机会,也带给他们一条掌握情绪认知、解决情绪问题的良策。通过故事分享,幼儿们可以探讨故事中人物的情绪,并在合作交流中共同出谋划策,找到处理情绪、表达情绪的好方法。

教师指导重点:在日常生活中,教师需要关注幼儿在不同情境中所表现出的情绪状态,帮助幼儿强化良好的情绪体验,如喜悦、感动、爱,鼓励幼儿化解不良的情绪感受,如悲伤、愤怒、沮丧,并借助表达表现、音乐欣赏、运动游戏等形式引导幼儿合理宣泄负面情绪,这将有助于幼儿了解如何面对入学后可能产生的陌生感、焦虑感等状态,从而更从容地应对。

三、自我管理能力的推进和思考

幼儿自我管理的内容广泛,形式多样,幼儿园招募令的发布无疑丰富了幼儿自我管理的途径与方法。不难发现,在招募令中,幼儿园尊重幼儿主体,关注幼儿"自我意识"的价值,强调幼儿的"主观能动性",为幼儿"自我管理"的形成和内化奠定了基础与方向。在培养幼儿自我管理能力的过程中,教师如何推进? 我们可以有以下几点思考:

(一)言传身教,潜移默化

如前文所述,幼儿自我管理能力的培养受环境影响颇深,作为教师与幼儿朝夕相处,其在日常教育教学中对活动目标、行为、时间、情绪等方面的自我管理方式在一定程度上也会对幼儿的生活节奏、活动方式带来触动,日积月累的细节终将于无声处化为有形。故而教师应当从自己做起,成为幼儿模仿、学习的榜样,在幼儿面前发挥正面的示范和引导作用。

(二)一以贯之,润物无声

事实上,对于大班幼儿而言,一日活动中的诸多环节都可融入"自我管理"的目标,教师应当结合幼儿个性特点和均衡发展的需求,有计划、有目的地为幼儿创设自我管理的契机、搭建自我管理的平台,并自始至终地坚持,让自我管理教育成为幼儿在园生活的重要部分。

（三）携手家庭,齐心协力

除却幼儿园的生活,家庭教育更是对幼儿的成长发挥着举足轻重的作用。然而,目前有不少家庭对于幼儿自我管理能力的培养过于疏忽,将识字、计算、拼音、外语等学科知识类的教育当作家庭教育的全部,此时教师对家长的指导和推动作用就显得尤为重要,只有家庭和园所目标一致,共同努力,才能真正意义上提高幼儿的自我管理能力,有效解决幼小衔接阶段幼儿可能遇到的疑难和困扰。从心理学角度而言,自我管理需克服自身本我的冲动和欲望,以超我的心态面对生活。运用恰当的方式帮助幼儿萌发自我管理的意愿、掌握自我管理的方法、积累自我管理的经验是教师在幼小衔接阶段尤须关注和思考的内容。

（上海市黄浦区思南新天地幼儿园　谢　舫、杜培君）

第四节　幼儿园餐点中的"成长接力"

《上海市幼儿园幼小衔接活动指导意见》指出:"幼儿园幼小衔接活动旨在帮助学前儿童实现从幼儿园到小学两个不同阶段教育的平稳渡过,让幼儿建立自信心,能健康、快乐地适应小学阶段的学习生活,保持身心的和谐发展。""接力"有"一个接着一个"的意思,"成长接力"是为每个幼儿都在自己所处的最近发展区,提供力所能及的发展目标和发展"任务"。

幼儿园的"二点一餐"是幼儿健康营养获取的重要阵地,《指南》中提出:要树立一日生活皆课程的教育理念,要综合利用一日生活的各个环节来实施教育。因此,我们选择餐点作为幼儿成长接力的研究内容。针对幼儿在小、中、大三个不同阶段与阶段衔接之间餐点行为中发展的问题和需要,我们努力寻找和科学构建幼儿不同成长期的生长点,设计食"趣"、食"行"、食"悟"一系列的创意餐点活动来衔接幼儿各个成长的阶段,帮助幼儿形成自我成长的内驱动力,最终实现大班幼儿"喜欢吃""文明吃""懂感恩"的目标。

一、食"趣"

"趣"是指兴趣,食"趣"就是饮食的兴趣。饮食兴趣被激发,饮食质量也就提高了。我们立足小班"吃什么"、中班"怎么吃"、大班"为什么吃"三个台阶,吸引幼儿对食物的注意力,激发进食兴趣,助推幼儿在餐点中的自主行为。

(一)小班"吃什么"——每日推荐"特殊餐桌"

新入园的小班幼儿离开自己的爸爸妈妈,会产生不稳定的情绪,特别是在饮食方面,习惯了家里的"特需准备",对幼儿园的饭菜比较抗拒。如何让小班幼儿"愿意尝试"呢?

我们从幼儿与食材的亲密接触入手,在教室一角创设一张有趣又温馨的"特殊餐桌"。早上将"今日食材",特别是大多数幼儿不喜欢吃、不经常吃的一些食材放到这张餐桌上,让幼儿近距离看一看、摸一摸、闻一闻、聊一聊,通过各种感官调动幼儿对食材的兴趣。中午将烹饪好的菜肴放到这张特殊的餐桌上,以自助的形式鼓励幼儿自己盛一些,不喜欢吃的可以少盛一点。

秋天,这张特殊的餐桌会变身"秋意飞舞的餐桌",我们每天会为幼儿多准备一道秋天里特有的蔬菜展示在餐桌上,让他们一目了然知道今天吃什么。在一次秋葵和鸡蛋的展示中,孩子们对形状奇怪的秋葵产生了兴趣,他们拿着切开的秋葵说"真好看""还像一朵花""我想吃星星和鸡蛋"……午餐时间到了,秋葵炒鸡蛋上桌了,满屋子飘来阵阵鸡蛋香,"好香啊,我真想吃个星星",孩子们一个接着一个端着小碗过来盛"星星",和着鸡蛋的香味,美美地品尝。

小班幼儿有了"愿意尝试"的兴趣,我们又在中班"怎么吃"上下功夫,通过让幼儿自己布置用餐环境、选择用餐伙伴,感受饮食过程的趣味性,让幼儿"愿意尝试"的兴趣在外部因素的诱导下上升为"我要吃"的积极情感。

(二)中班"怎么吃"——我的餐桌我做主

我们把用餐环境的创设权交给幼儿,鼓励幼儿自己动手创设用餐环境。如区域中提供"小餐桌"操作材料,由小小值日生和教师一起设计和创设今日餐桌的摆放方式,其余幼儿选择自己喜欢的座位并贴上标签预约,每天变一变,增加用餐趣味性。

又如在阳光明媚的户外下午茶活动中,同样让幼儿创设用餐环境,教师只需关注环境的安全,做好相应的清洁消毒即可。幼儿可以自由选择用餐位置,如在草坪上、在滑滑梯下;也可以按自己的意愿布置用餐环境,可以搬来桌子直接用餐,也可以铺设野餐垫用餐,还可以利用运动器材的各种组合来当桌面;幼儿还能自由选择一起用餐的朋友,设计两人座、多人座等。放手让幼儿自己布置,使其体验别样的用餐环境带来的乐趣。

中班"我的餐桌我做主",给予了幼儿创设餐点环境的自主权,帮助幼儿初步建立了主人翁的意识。进入大班,教师又充分发挥了幼儿的小主人作用,使其参与买菜、营养宣讲、展台布置等活动,一方面在体验中感受劳动后的喜悦,另一方面调动幼儿对各种蔬菜及其营养的兴趣,调动内驱力,激发幼儿"样样都要吃"的内在需求。

(三)大班"为什么吃"——生活体验"小当家买菜"

春天里绿色蔬菜粉墨登场,幼儿的餐桌上不断变换着新花样,但总是得不到他们的喜爱。为此,保教教师携手保健部共同设计活动,医生老师走进大班,开展健康饮食小课堂;保教部策划"小当家园内买菜"活动,创设"海粟小菜场",将每天要吃的新鲜蔬菜搬进"小菜场",老师当卖菜员,医生老师当营养咨询师,幼儿分成小组提前制订买菜计划,每天轮流去"小菜场"买菜,不仅要买足全班幼儿食用的菜量,还要向营养咨询师做好各种蔬菜的营养调查,回到班级需要布展蔬菜展台,向全班宣传蔬菜的营养健康。

二、食"行"

"行"是指行为习惯,食"行"就是餐点中良好的行为习惯与文明礼仪。它包括"正确使用餐具、独立进餐、专心用餐、细嚼慢咽、同伴用餐情绪关注等"。我们从幼儿发展的需要出发,以《指南》为精神,从创意用餐形式入手,逐步帮助每个阶段的幼儿形成良好的用餐习惯,从小班"自己吃"为中班"专注吃"接力,最后达成大班"乐享吃"。

(一)小班"自己吃"——用餐形式变一变

"老师,你喂我"……小班幼儿依赖性强,每天的餐点中总能不断传来这样的声音,如何引发他们自己吃的主动性呢?

我们把餐点环境搬出教室,搬到大厅、搬进创意活动室、搬到户外。如秋天开展"草坪下午茶"的活动,我们改变了习以为常的集体用餐方式,变为自助散点式,并在取餐和用餐的方式上做一些跟进。如增加了食物的品种,用小碟子分开盛装小分量;鼓励幼儿自己拿餐具,自己拿取食物。这样新奇的环境给予了幼儿宽松的舒适感,调动了幼儿自己用餐的积极性,整个用餐过程中没有幼儿需要老师喂了。又如夏末初秋的"早茶周",在户外一角创设温馨的用餐环境,开展小班早茶活动;冬天,推出"美食周",在温暖的大厅和多功能活动室开展午餐活动。

特殊的环境、不一样的用餐方式激发了幼儿对餐点的期待与好奇心,心情愉悦。小班幼儿"自己吃"的主动性增强了,为进入中班"专注吃"做好准备。

（二）中班"专注吃"——餐桌礼仪小角落

中班的幼儿会自己吃饭,但餐桌上的其他问题接踵而来。"老师,他碰我""他眼睛瞪我""他把脚放到我这里来了"……告状受中班幼儿的年龄特点作用,任何场合、任何时间,餐点环节也不例外;还有餐具的各种碰撞声,饭粒满桌撒等,如何解决这些问题,让中班幼儿专注吃呢?

幼儿园布置一处小角落,让幼儿在看看、学学中提高对餐点中文明礼仪的认识,引发模仿与学习的动力,有专注用餐的意识与自律性。如创设"餐点文明礼仪大家说"栏目,每个幼儿都收集文明用餐小常识并展示,丰富和拓展幼儿对餐点礼仪的认识,激发幼儿模仿与学习的主观能动性;创设"小淑女、小绅士"小小竞选区,开展"专注用餐小淑女""专注用餐小绅士"活动,激励幼儿专注用餐的自觉性。

"专注吃"是餐桌上的一种文明礼仪,同时也意味着幼儿已经具备良好的自我管理意识与能力。《指南》社会领域中指出,"大班能关注别人的情绪和需要",那在餐点中,大班幼儿除了能够自己专注吃,还应该有关怀他人的情感,我们从午餐着手,做足午餐中幼儿的"乐享吃"。

（三）大班"乐享吃"——爱心餐桌

"乐享吃"是一种餐桌的礼仪,是指幼儿在与他人一起用餐时,除了有自我良好的饮食行为外,在餐桌上还要能够关心别人。

我们推出大班"午餐陪伴"卡,为部分饮食有特殊需要的幼儿提供关怀,如班级营养不良、过度肥胖的幼儿,也可能是咀嚼、吞咽有困难的幼儿,或者是当天身体不适、胃口不好的幼儿,还有对当天食物有抗拒而内心不安的幼儿,又或者是情绪低落的幼儿等,都可以在"午餐陪伴"卡上画出自己对餐点的焦虑、紧张或担忧,发出邀请他人陪伴的请求。其他幼儿对于这样的请求也会十分愿意接受,在陪伴卡上写上自己的学号,然后在餐点中坐在一起,时刻关注同伴的用餐情绪,给予轻声温柔的关心话语和鼓励的眼神,始终陪伴左右,减少同伴的用餐焦虑情绪,让身体不适的幼儿感受被爱的关怀。

三、食"悟"

"悟"是指理解、明白与觉醒,食"悟"是指幼儿在餐点活动中获得的一种内心感受。我们要提供给幼儿一个倾诉表达的平台,鼓励幼儿吐露内心的想法与同伴分享,让幼儿逐步感受到餐点给自己带来的愉悦感与满足感,进一步体会到这样的美好都是来自餐点背后一些人的付出与辛劳,引发由内而外的对他人的尊重与关爱之情,懂得珍惜粮食,增强餐点中行为习惯的自律意识。

幼儿的内心感受是建立在体验上的。餐点中幼儿心生感恩,也必定是有着持续的快乐,我们从小班快乐午餐做起,逐步形成中班餐桌礼仪的自我管理,进而引导大班幼儿感受营养员阿姨的能干,体会餐点背后每个人的辛劳与关爱,有感恩之情。

(一)小班"快乐说一说"——快乐午餐有妙招

小班午餐中,我们总能听到:"太多了""不想吃"……我们也总能看到:把碗推一边的、别过头去生气的、低头抽泣的、看着碗一口不吃的幼儿。小班幼儿的午餐就是如此让人头疼!吃饭变成负担,享受变成折磨,老师团团转,幼儿愁眉苦脸无快乐可言。

保育员老师有大妙招,大饭勺改用小调羹,少盛多添,一勺一碗。"今天××吃了三碗啦!谁还要再来一碗?""我要""我也要""今天饭饭好香啊""真好吃"……一勺吃完加一勺,一"碗"、两"碗"、三"碗"……自从开始了小勺盛饭,幼儿用餐的自主性增强了,原本低落的午餐情绪也变得快乐起来。根据小班幼儿的情绪化特点,我们创设了休闲聊天区域,幼儿在老师的陪伴下,聊一聊午餐。他们会开心地告诉老师说他今天吃了几碗,也会向同伴沾沾自喜公布今天午餐的成绩,说说吃了几种颜色的蔬菜、说说和同伴是如何"你一口我也一口""你一碗我也一碗"的趣事,说说保育老师对他的夸奖等。

进入中班后的幼儿,能体会到他人对自己的关心,而小班"一勺一碗"的午餐妙招,拉近了师幼之间的距离,为中班的成长建立了情感基础。为了让两个阶段的成长更好地衔接,我们继续开展创意活动。

(二)中班"天天评一评"——巧设积点栏

中班的幼儿希望被人认可,因此我们开展"天天评一评"的活动,通过幼儿对今天菜肴的色、香、味,以及自己餐点中行为表现进行自评与他评,提升幼儿被他人肯定的满足感,有初步的感恩之情。

巧设一:"今日菜肴积点"栏,午餐结束,幼儿为今日菜肴的色、香、味点赞,初步感受营养员阿姨的了不起;

巧设二:中班的幼儿能够学着控制自己的情绪、控制自己的行为,但这样的自控还不够稳定,我们推出餐桌文明"积点卡",每位幼儿都有一本餐点成长集点卡,鼓励幼儿为自己积点,积极为他人积点,在餐点活动中感受自我的成长,从而引发餐点中积极自主的有益行为的动机。

小班"快乐说一说",中班"天天评一评",这两个阶段的活动始终围绕食"悟"相互衔接与推进,即小班"拉近师幼距离"的培养,为中班"体会他人对自己的关心"的培养做好了准备,同时,中班这一目标的实现也为大班"尊重为大家提供服务的人,珍惜他人的劳动成果"奠定了心理基础。

(三)大班"感恩记心中"——谢谢你,我爱你

为了让幼儿懂得每一粒米都是农民伯伯辛辛苦苦种出来的,每一种食物都是营养员阿姨用勤劳的双手做出来的,知道"谁知盘中餐,粒粒皆辛苦"的至理名言,懂得节约粮食的重要性,感受品尝到丰盛的食品是值得珍惜和感恩的事,我们带着孩子参观营养室,观察营养员阿姨择菜、洗菜、切菜与烹饪的过程,感受营养员阿姨的辛勤劳动。我们发起"我心中最美的人"幼儿感恩活动,向营养员阿姨送一张小小的贺卡,说一句感恩的话,给一个大大的拥抱;也结合一月一表演,开展流动小舞台,幼儿们早上在厨房间门口排一排,为营养员阿姨送歌声;中午,户外阳台站一站,为劳累了半天的营养员阿姨吟诗歌,话感恩。

四、"衔接",让成长看得见

以"餐点"为切入点开展的幼儿生活能力的成长接力,是幼儿园落实"幼小衔接"中生活适应的重要内容。通过食"趣"、食"行"、食"悟"三个创意系列活动,幼儿园做足幼儿在小班、中班、大班各个成长期餐点中"文明习惯"等生活方面的能力培

养,助推与下一个成长期的关键经验相衔接,帮助幼儿逐渐形成具有"主动进餐"的积极情感和良好习惯,提高幼儿的"自理能力""整理能力"等,为幼儿今后的发展奠定基础。

（一）成长一:"负担"变"期待",进餐的主动性和积极性增强了

幼儿在环境的刺激、有趣的活动中,尝试做小主人,亲历餐点准备过程,体验多样进餐方式,充分激发了幼儿对餐点活动的期待,幼儿"想吃""要吃"的主动性和积极性增强了,同时也为幼儿进入小学后的自主餐点做好充分的心理准备。

（二）成长二:"小邋遢"变"绅士淑女",文明餐桌的自律意识提高了

舒适自主的环境、优雅轻松的音乐、餐桌礼仪的多元渗透,暗示着幼儿良好行为、文明礼仪的自律,这样的自律同时也决定着餐点中的文明氛围,两者相互作用,形成一个促进幼儿向"绅士淑女"转变的良性循环,为将来小学的有序午餐做好成长接力。

（三）成长三:"剩饭"变"光盘",健康饮食和节约意识逐渐形成

"文明集点""少盛多添"等不同形式的餐点小妙招,激励着幼儿不浪费粮食的良好品质的形成;光盘行为在同伴间相互传递,良好的饮食习惯正在悄然形成;从"不想吃"到"剩一口"到"全部吃光",健康饮食、节约意识在各个阶段接力形成,为幼儿今后的健康发展奠定基础。

（四）成长四:"被动"变"主动",自我管理、整理能力有提升

餐点活动充分调动了幼儿的小主人意识,提高了幼儿的自信,同时也增强了幼儿尊重、关爱他人的情感。小班自己吃,中班专注吃,大班帮忙准备餐点环境,分发、整理餐具,幼儿在接力中不断形成的主动意识,为小学独立进餐做好能力上的准备。

（上海市黄浦区海粟幼儿园　钱飞云）

第二编

探索创新,全面发展中凝练办学特色

黄浦区以"打造海派文化的精品教育"为目标,积极争创家门口的优质幼儿园,在课程建设中坚决贯彻落实党的十九大精神,落实"立德树人"的根本任务,严格遵循学前教育规律,基于幼儿发展需求、基于核心素养培养的要求,强调"夯实共同性课程实施质量,做强选择性课程,注重园本课程的内涵发展",重视以科研助推课程建设和发展,以编制和优化课程方案为抓手,积极探索与研究,形成了区域幼儿园"园园有特色,特色有发展"的课程建设的良好势态。围绕黄浦区教育改革和发展"十三五"规划要求:"通过学前教育共同体、示范园辐射等机制提升优质园的辐射力与影响力",黄浦区组建了四个幼教教育集团,充分体现"和谐、融合、创新、共赢"的黄浦教育文化特征。本编从"课程建构与发展呈现'百花齐放'""'集团化'办学助推课程开发'跨越化'"两个章节着重介绍黄浦区在"课程建设促质量,特色发展强内涵"过程中的经验和成效。

第一章　课程建构与发展呈现"百花齐放"

第一节　课程的"顶层设计"与"落地生根"
——幼儿园课程实施方案的编制与审议

课程是什么？"课程定义隐含着某种哲学假设和价值取向，隐含着某种意识形态以及对教育的某种信念，从而表明了课程最关注的方面。"可见，不同的课程反映了不同的教育思想、教育理念，而课程的教育实践则是对课程思想与理念的"中介""桥梁"。幼儿园"一日活动皆课程"是课程理念也是课程内容，更是幼儿园课程活动的结构形态、主要途径。

课程是实现教育理念和目标的主要途径，幼儿园课程建设的过程是不断凝练、提升办园理念和办园品质的过程，也是幼儿园特色形成与文化积淀的过程。因此，各级各类幼儿园开展幼儿园课程建设，规划园本课程实施方案，是新课程改革赋予的使命和任务。

一、幼儿园课程实施方案的编制意义

在国家课程教材改革精神的指引下，《上海市学前教育课程指南（试行稿）》（以下简称《课程指南》）中明确提出"构建具有启蒙性、整合性、开放性特征的课程体系"，"幼儿园在遵循课程基本设计思想的前提下，综合考虑园本实际及办园风格，设计个性化、切实可行的幼儿园课程计划，创造性地实施课程"。因此，在幼儿园课程建设中，园长和教师对于课程拥有一定的自主权和选择权，编制形成一份园本课程实施方案是幼儿园课程建设中的首要任务，也是园长以及团队课程领导力的一个重要指标。每一所幼儿园的课程实施方案直接决定着幼儿园课程建设的质量与

实施的水平。

"幼儿园课程实施方案"是各幼儿园以统筹的思想为指导,按照国家和上海课程文件精神,以幼儿园实际的课程与资源条件为基础,对幼儿园的课程目标、课程设置与内容、课程实施、课程管理与评价等进行整体、全面规划和设计,逐步形成平衡、和谐、适宜、可操作的课程实施方案。①

课程实施方案是幼儿园的课程指南,是教师课程实施的"行动纲领"。最早编制课程实施方案的、闻名全国的上海市黄浦区思南路幼儿园在幼儿园课程建设中本着"满足儿童发展需要"的教育理念,提出构建"关注每一天、每个活动中的每一名幼儿"的课程。幼儿园课程实施方案的编制是课程改革中的重要内容,是深化课程改革内涵发展、优化幼儿园办园质量的必经之路。

二、幼儿园课程实施方案的基本要素

"幼儿园课程实施方案"这一名词中的核心词就是"实施",即强调要将"文本的""理想的"园本课程"具体化""可操作"。《方案》应该是教师课程实施的"指南"与"手册",应该让教师明了课程实施是"为什么做""做什么""什么做",以及"做得怎么样""怎么做得更好"。

《幼儿园课程图景》中指出,在幼儿园明晰的课程理念统领下,一份完整的幼儿园课程实施方案应该具有"七大要素":课程背景与条件、课程目标、课程设置(结构图)、课程内容、课程实施、课程评价、课程管理与保障。

课程实施方案的编制强调上述各个要素之间的关联性、逻辑性、系统性,应该是"你中有我,我中有你"的包容关系。其中,课程实施条件分析应该客观真实反映出园所特点,它是园本课程内容与课程实施的依据,也是幼儿园课程管理成效的体现;幼儿园课程理念的提出基于课程理论指导,反映了课程价值取向、课程目标取向及园本课程特色;课程目标是课程理念"落地"的体现,决定了结构与内容的编制;课程设置(结构图)则是幼儿园课程内容安排的"具象"表现,从结构图可以体现课程各类活动安排的科学性、合理性;课程实施是将课程理念、课程目标进行"行动化"的操作过程;课程评价、课程管理则是课程实施质量不断优化的"监督"与"保障"。

---

① 上海市教育委员会教学研究室主编.幼儿园课程图景[M].上海:华东师范大学出版社,2013 年.

三、幼儿园课程实施方案的优化

（一）方案优化的意义

随着课程改革步伐的不断推进，在深化幼儿园课程建设中，对编制完善园本化课程方案、深化课程内涵发展、加强课程评价改革等提出了更高的要求。其中完善并精准实施课程方案更是提升课程领导力，全面推进课程改革的第一关键要素。在课程发展中，方案编制不是"一蹴而就"的，需要园长重视以及带领全体教师员工，不断探索幼儿园课程目标、课程结构、课程实施、课程评价和课程管理这些要素之间的内涵与关联，以真正实现方案在"规范、科学"实施课程中的"指南"作用。方案的不断完善与优化过程就是幼儿园课程园本化的持续和动态发展过程，也是幼儿园课程实施更加追求规范化、科学化的过程。

（二）方案优化的要求

在幼儿园课程建设中，黄浦学前教育注重整体办学质量的提高，倡导"全面＋特色"的课程建设与发展；在教育面向现代化发展的时代背景中，强调"优化"方案，就是要求园所立足于现有课程实施方案，采取一定的方式及方法使得方案更具有完整性、准确性、科学性、指导性，既要有"顶层设计"，又要"落地生根"。

1. 课程"顶层设计"

课程"顶层设计"是指课程设计中要尊重教育规律，把握培养的方向，具有准确性、前瞻性、发展性，强调以贯彻落实全国《3～6岁儿童学习与发展指南》（2012年颁布）、《上海市学前教育课程指南》（2002年颁布）中课程理念作为指导，坚守"一日活动皆课程""游戏是幼儿园的主要课程活动形式""保教合一"，要以中共中央《关于学前教育深化改革规范发展的若干意见》（2018年11月7日）指导思想为指引，即"以习近平新时代中国特色社会主义思想为指导，全面贯彻党的十九大精神和党的教育方针，认真落实立德树人根本任务，遵循学前教育规律，牢牢把握学前教育正确发展方向……为培养德智体美劳全面发展的社会主义建设者和接班人奠定坚实基础"。

课程"顶层设计"要求幼儿园在准确的课程理念引领下，编制体现办园理念、课程理念、课程特色的课程目标体系、课程内容序列等。"顶层设计"体现课程规划者的课程观、教育观、儿童观。

课程"顶层设计"必须站在幼儿发展的视角，从人终身发展的基本核心素养角度去思考课程理念、课程目标、课程内容，在"一日生活皆课程"理念下，构建适宜不同年龄段幼儿学习和发展的共同性课程以及符合园情的、具有园本特色的选择性课程（或者特色活动、拓展活动），让幼儿园课程真正体现科学启蒙性、持续发展性。

2. 课程"落地生根"

课程的"落地生根"是指课程设计中要追求教育成效，实现教育的意义，具有操作性、丰富性、可行性、成效性，强调围绕课程理念和课程目标，课程内容与方式应该努力遵循幼儿身心发展规律和水平，尊重幼儿的年龄特点，追随幼儿的发展需求，注重学习内容"回归儿童""回归自然""回归生活"，有助于幼儿当下和未来的发展。课程实施应该充分挖掘幼儿园及周边资源，让"大自然、大社会"成为课程实施的重要途径、手段。课程评价应该成为监测课程质量、实施成效的手段。通过教师的课程实施，每个幼儿都能够获得快乐发展、个性发展、潜能发展、自主发展、长远发展。

（三）方案优化的方式

课程建设中的课程审议已经成为不可缺失的组成部分，也成为促进教师专业成长的重要途径。何谓"课程审议"？这是由美国课程理论家、改革家施瓦布提出，指对幼儿园课程的实施过程及相关情境进行深入阅读、讨论、分析、评价，对原有课程目标、内容、策略、资源等方面做出选择、判断，做出肯定、否定和修改意见。课程审议可以让幼儿园的课程更加贴近儿童，更加科学。

课程审议是一种对幼儿园的课程方案、课程实施质量进行的深度教研，是对园本课程实施中发现问题、分析问题、解决问题的实证教研。课程审议可以让教师在审议课程的教研过程中更新课程观、儿童观，并拥有课程发言权、决定权，提升教师专业发展的自觉性及专业水平。

课程审议的内容包括"静态"的文本审议和"动态"的活动审议。课程审议形式可以通过不同层面进行，可以是市区课程专家对课程审议，但主要由园长领衔的幼儿园课程研究小组对课程方案进行全面审议，可由幼儿园大教研组、年级组、班级组、保育组对课程实施的具体内容、操作要求、实施评价进行审议；可以进行同行之间的园际审议，乃至家委会代表进行家长审议、大班幼儿参与课程活动质量审议。幼儿园课程实施方案的审议是优化方案的重要方式。

（四）方案优化的内容

早在 2009 年，黄浦区所有的幼儿园已形成园本化的课程实施方案。随着课程改革的深入,在评估、视导、调研等日常工作和专项活动中,我们发现有些方案存在一些问题,需要"与时俱进""正本清源""迭代更新",具体如下。

1. 课程背景与条件中存在"似是而非""套用套路"的问题

课程背景与条件分析是幼儿园课程实施方案编制的基础和起点。不少幼儿园在进行背景分析中出现"大而空",如管理团队优势分析中陈述"领导班子人员工作责任心、事业心强,团队的分工合作精神好……"呈现"一个面孔",不符合本园实施条件中的人员情况,未准确分析出本园"优势"与"不足"。

建议幼儿园开展以园长为核心,设计园长、中层、教师、家长四层面问卷调查,对幼儿园课程实施质量做一个整体全面的课程实施调研,完成深度调研报告,然后对影响园所课程实施的各个方面(硬件环境、物、人、事)进行全面、客观的剖析,包括园所设施设备、管理团队、保教队伍、幼儿发展、家长情况、周边资源、课程建设等方面,以明确实施优势,找出存在的问题,提出应对措施,且要注意剖析内容的真实性,体现园本特点。

2. 课程理念出现"高高悬挂"或"有失偏颇"的问题

课程理念是课程的灵魂和支点,也是整个方案"顶层设计"中的"重核",是方案的灵魂。课程理念是幼儿园在办园理念、办园目标指引下提出的观念,是落实"以幼儿发展为本""让每一个孩子获得全面、富有个性的和谐发展"基本理念的一种具体化的课程理想、教育目的,也是教师课程实施行为的"航向灯"。幼儿园课程理念不等同于办园理念,课程理念更聚焦于课程实施的主要对象——幼儿的发展。

课程理念也是方案各个要素之间串联的"纽带",在课程各要素中起着引领作用。因此,幼儿园应该在课程背景与条件分析基础上,基于对国家和上海市课改精神的准确把握,基于"以幼儿发展为本"的核心理念,阐述对园本课程理念的思考和观点,提出具有时代性、发展性、前瞻性的个性化课程理念,语言表达需简洁明了,通俗易懂,一目了然。

3. 课程总目标与具体目标、阶段目标"游离",缺乏递进性

一所幼儿园的课程目标是基于园本课程理念,提出课程促进幼儿身心发展所要达到的预期结果。课程目标体现着课程的育人价值取向,反映着教育目的。幼儿园课程目标是有别于《3~6岁儿童学习与发展指南》的,幼儿园课程的"整合性""启蒙性""适宜性"等特点决定了幼儿园课程目标也应该是整合的、全面的,应该符合国家课程基本精神和对人"核心素养""以德树人""学习品质"等方面的培养要

求，绝非纯粹是五大领域的学习课程目标。

目前，大部分幼儿园在方案中提出的课程目标参照了《指南》，也有的提出了园本课程目标，内容能涵盖《指南》中的课程目标（"使幼儿成为健康活泼、好奇探究、文明乐群、亲近自然、爱护环境、勇敢自信、有初步责任感的儿童"）。但是，一些幼儿园的课程目标与具体发展目标和各年龄段发展目标缺乏一致性；一些目标与课程理念也缺乏"吻合度"；一些幼儿园要么将特色目标"过分张扬"，要么特色目标"无处可见"，未对《指南》中课程目标进行园本化的补充调整以及拓展，没有形成与园本课程总目标相一致且符合幼儿园实情的课程目标体系，需要进一步提高课程理念、课程目标与方案各要素之间的逻辑性、一致性。

4. 课程设置以及课程内容安排缺乏科学性、全面性

课程结构是课程目标转化为教育成果的纽带，是课程实施活动顺利开展的依据，它体现了幼儿园的课程理念，反映了课程设置的价值取向。就幼儿园课程的整体而言，课程设置包括课程结构、课程活动的各种形态（类型），以及各种活动类型的安排、时间配比以及相互关系，可以通过课程结构图的方式呈现幼儿园的课程设置内容。

现在不少幼儿园课程设置中，没有按照市教委《指南》和《幼儿园课程图景》中提出的两类课程（共同性课程、选择性课程）架构课程结构。而是自己提出两类或三类课程，较为随意，缺乏科学性；有的幼儿园提出的两类课程之间"断链"，缺乏"融合""统整"；有的幼儿园在共同性课程活动类型编排中，误将"智力游戏"归在"自主游戏"中，选择性课程活动类型零碎，缺乏整体设计。此外，在课程时间编排上，有的幼儿园共同性课程四类活动时间安排"一个面孔""一刀切"，无各年龄段的时间安排，体现不出年龄差异，甚至出现小年龄幼儿学习时间过多、生活活动时间不足；有的幼儿园在课时安排上出现"特色活动"时间过多，生活活动、游戏活动时间缺乏等问题。由此，课程设置应该基于园本课程理念和目标进行不断优化设计，可以用图表方式全面、清晰呈现，课程结构图应清晰、准确体现两类课程之间的关系，反映园本课程目标落实的途径；科学合理编排各年龄段活动的时间比例，注意选择性课程活动（特色活动）时间的合理性。

此外，课程内容是落实课程理念、目标的重要手段，体现了教育的目标价值取向，涉及的就是课程"是什么""做什么"，即幼儿"学什么"，教师"教什么"。随着科技更新、时代发展，随着"五育并举"培养目标的新要求，幼儿园的课程内容等也需

要"与时俱进"、不断优化,以体现课程内容的"时代性、发展性"。

优化课程内容,需要梳理、统整共同性课程以及选择性课程(特色活动)内容,将两类课程内容进行自然、有机的整合,防止出现"两张面孔",避免造成教师课程实施中的"困扰"和"压力"。建议幼儿园开展更有针对性的园本教研,探讨影响课程实施的因素,对教师课程实施中的困惑问题开展"真问题""实问题"的"落地研究",包括指导教师用正确的教育价值观来实施课程,建立"课程创生的价值取向";思考如何进一步体现课程内容的整合性、全面性、顺序性(螺旋式上升)等。

5. 课程实施简单或笼统,缺乏具体操作性和个性化特点

课程实施是为实现课程目标服务的。课程实施是将编制好的课程计划付诸实践的过程,是落实课程理念、实现课程目标的手段,是将课程目标具体落实到课程内容、课程活动的过程,所以方案中的"课程实施"更要注重"实实在在",具有实操性,体现园本特点。

部分幼儿园课程实施方案的文本描述存在以下问题:直接引用《指南》中的课程实施要求,过于概括、笼统,对一线青年教师在一日活动中的每个环节的操作指引和要求不够具体,尤其对刚入职教师、青年教师,容易造成因缺乏经验而出现工作中的"失误""故障"。一些幼儿园课程实施方案中"课程实施"的表述较为理性,"寥寥数语"提出课程实施的主要原则为多元性、整合性、互动性、主体性、生活性,没有将原则转化为对教师实际的行动的指导;在教师的实际工作中提出很多"园本化"的实施规范要求、行为准则,但是在方案中没有呈现,缺少对教师课程实施活动的明确要求,没有起到方案的指导作用,出现实际做得很多,但是文本要求中没有呈现的情况。

建议方案的"课程实施"中应该明确规定教师课程教材选用要求、教师各类保教活动计划的样式与撰写要求、一日活动操作要求(细则)、特色活动组织实施的操作要求、课程资源开发与利用的操作要求、现代信息技术手段运用的要求、幼小衔接实施操作要求、家长工作实施要求等。这些"优化"都将大大提升方案中"课程实施"的操作性、可行性,指引教师更加规范、科学、有效地实施课程,起到对课程质量的保障、监控作用。建议幼儿园可以将上述实施要求汇编成教师实施课程的指导手册。

6. 课程评价与课程目标不一致,评价内容方式单一

英国课程专家凯利认为,课程评价是评估任何一种特定的教育活动的价值和

效果的过程。课程评价是对课程价值进行判断的过程，通过课程评价可以检测幼儿园课程目标的达成度、课程内容的适切性、课程实施的有效性等，促进幼儿园课程、教师、幼儿的持续发展，为幼儿园课程的调整、完善，不断优化提供真实可靠的参考依据（包括数据），也是体现方案成效的保障。

在不少幼儿园的课程实施方案中，包含三大方面的评价（对幼儿发展的评价、教师实施课程情况的评价、对课程实施方案的评价），但是有的出现幼儿发展目标与评价内容不吻合、不一致的情况，造成目标与评价的"不一致"；还有的出现评价方式"单薄"，体现不出"过程性评价""多元性评价"。

优化方案的过程中，幼儿园要转变传统的评价观念，确立"以评促发展"的理念，提倡评价主体多元化；要重视建立多层面课程质量监控与评价机制，注重评价方式将日常评价与阶段评价相结合，关注真实情境中的评价；要重视运用信息技术手段开展课程实施质量评价，研究课程评价如何从他评到自评。建议幼儿园编制形成多层面的评价手册，如幼儿发展评价手册、教师课程实施质量评价手册等。

综上对方案中存在问题的剖析，2018 年以来，黄浦区学前教研室组织开展了多场"优化课程实施方案，保障课程实施质量"研讨会，强调各园应该对园本课程实施方案进行审议，以课程理论为指导，对方案中的课程各要素进行更为准确的表述，进一步增强各要素之间的契合度、一致性，强调优化方案需：

课程价值取向要符合国家和地方课程政策，明确又准确；不断明晰课程理念，提高理念与课程要素之间的关联度；调整课程结构与课程设置，进一步体现逻辑性、科学性；充实课程实施的操作要求，进一步提高方案的可操作性；完善课程评价内容与方法，细化教师课程实施质量评价；重视建构课程管理网络，研发保教质量监控"制度保障"；提供完整详尽方案附录，对应教师日常课程实施参考所需操作性资料。

如今，黄浦区幼儿园在课程方案中"课程理念"更加清晰、准确了，"课程结构"更加合理、科学了，"课程实施"更加全面、丰富了……总之，黄浦区幼儿园课程实施方案正在"稳中有发展"，努力坚守"儿童立场"，以幼儿发展视角思考方案中各类要素、各类活动之间的关系，思考课程与幼儿经验建构、良好习惯养成、学习品质培养与幼儿个性发展内在需求之间的关系，以最终形成课程要素之间相互照应、融会贯通的课程体系，实现每一所幼儿园方案"同中有异""百花齐放"。

在课程建设、深化课程内涵发展中，园长、教师是课程建设中课程编制和课程实施的核心主体,其专业素养的高低直接决定了办园的质量和水平。我们期望以园长为核心的团队不断提升幼儿园课程领导力,拥有"顶层设计"的课程规划能力、课程审议能力。此外,教师不仅是课程的实施者,也是课程的研究者,是课程改革的主体力量,是课程能否发挥效应的主要因素。在不断优化方案中,我们期待教师从"执行者"走向"设计者""规划者""审议者",教师的课程领导力也得以"落地生根"。

(上海市黄浦区教育学院　肖燕萍)

第二节　弘扬传统文化,在课程实施中优化课程内容

2009 年开始,永安路幼儿园以黄浦区区级课题"以书法为载体——幼儿传统文化启蒙教育实践研究"作为幼儿园特色课程建设的龙头课题,凸显办园特色,推动教师队伍专业化发展。在不断反思调整中,我园的书画特色课程越来越被幼儿所喜欢,被家长认可和接受,幼儿园保教质量和办学质量整体得到了提升。

至 2015 年,幼儿园由"书法传统文化启蒙教育实践研究"转向更符合幼儿年龄特点的"书画启蒙教育实践探索",并构建了"咏诗谙画:幼儿园书画教育实践"特色课程。

随着核心素养和以信息化推动教育深刻变革的提出,2015 年开始,我园借助综改课题"幼儿园书画教育重构与实践",开启了传统文化特色课程的重构之旅,立足自主、合作、探究、体验,推动幼儿园特色课程再发展。

一、以落实核心素养为出发点,重构课程理念与目标

在全球以"素养"为导向的教育改革和发展趋势下,上海根据教育改革发展需求,编制了《上海市基础教育综合改革方案(2014—2020 年)》,诠释了时代发展对人的发展提出了新的要求,特别强调创新精神、实践能力、团队精神以及合作能力的培养;重视立德树人,培养自觉践行社会主义核心价值观,具有社会责任感,全面发展的一代。

新时代背景下,立足促进幼儿终身学习与发展的核心素养,我们丰富和深化幼

儿园课程理念,进一步深入思考课程目标。

幼儿园立足于"自信坚持、通达晓理、雅趣雅行、立意创意",形成了课程理念"信·达·雅·意"。在原有目标的基础上更重视幼儿表征表达自己的体验感知,自己对客观事物的理解。"信"意为自信与坚持的精神品质;"达"指认识的"通达"及社会性的"达理";"雅"指体现在审美乐趣与行为表现上的雅趣与雅行;"意"指向的是幼儿自己的想法、构思,体现的是探究、想象、创造与表达美的能力。

由此,为了促进幼儿能力以及情感、态度、价值观等品格的发展,我们确定幼儿园课程总目标:使幼儿成为身心健康、好奇探究、自信坚持、通晓达理、雅趣雅行,有初步创造力、表现力和责任感的儿童。

二、以课程理念与目标为着眼点,丰满课程结构、平衡课程内容

(一)课程整体框架

我园书画特色课程以中国传统文化教育培养贯穿课程始终,同时注重幼儿的健康、社会、语言、科学、艺术领域核心素养全面均衡的发展,即以书画启蒙活动帮助幼儿初步形成自信、达理的个性品质,审美情趣及良好品德行为习惯,促进幼儿创意表达、自主探究的能力以及身心的全面均衡发展。

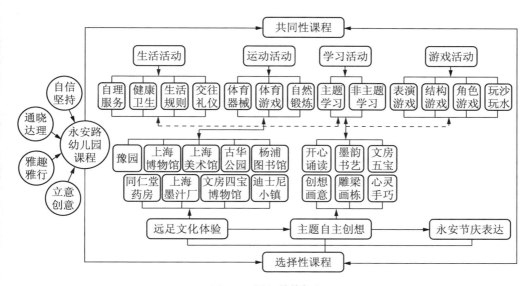

图 3-1　课程整体框架

共同性课程是指面向各类幼儿园和全体幼儿,体现促进幼儿基本发展的课程。它着眼于最基本的经验积累,使每个幼儿积累相应的体验和感受,获得最基本的发展。主要活动归为四类,即生活活动、运动活动、学习活动、游戏活动,它们既综合指向课程目标与内容,又保持各自活动的特点。

选择性课程是指根据我园所处地理位置、教育资源、办园特色,体现适合我园幼儿的个性化发展特色课程。它着眼于幼儿经验的扩展、提升,满足幼儿的兴趣、特殊需要,尊重幼儿园的自主性以及幼儿的选择权,使之形成个性化的风格和特色。我园特色课程主要包括远足文化体验、主题自主创想和永安节庆表达活动。

在课程架构上,共同性课程与选择性课程相融合。在共同性课程与选择性课程结构占比上,小班、中班、大班选择性课程占比分别为6％、8％、11％。选择性课程中,远足文化体验与运动活动、生活活动、学习活动相融合,主题自主创意与游戏活动、学习活动相融合,永安节庆表达活动贯穿共同性课程与选择性课程。以大班为例:

表 3-1　大班幼儿课程设置配比

课程设置	课程内容	时　间	与总课时的比例	备　注
共同性活动课程	生　活	贯穿在一日活动中	52.56％	(包括选择性课程自理能力、文明礼仪、生活能力培养等)
	运　动	1小时(×5)	12.50％	(包括远足文化体验)
	游　戏	1小时(×5)	12.50％	(包括结构游戏、沙水活动、表演游戏、角色游戏)
	学　习	25分钟(×4)+35分钟(集体教学活动) 35分钟(×4)/周(个别化学习活动)	11.46％	(包括每周一次的书画教学活动)
选择性活动课程	远足感知体验	90分钟(×3)/学年	10.98％	每学期外出参观、欣赏活动1～2次(上海博物馆、美术馆、同仁堂药房等)
	周周混龄活动	30分钟/周(混龄活动)		每周一次混龄活动
	永安文化节	90分钟(×3)/学年		每学期1～2次文化节庆活动

（二）课程内容架构

1. 共同性课程内容

课程内容是实现课程目标的材料支柱,我园共同性课程的内容构架如下。

生活活动:主要指生活自理、交往礼仪、自我保护、环境卫生、生活规则等方面的活动,旨在让幼儿在真实的生活情境中自主、自觉地发展各种生活自理能力,形成健康的生活习惯和交往行为,在共同的生活中能够愉快、安全、健康的成长。

运动活动:主要指体操、器械运动、自然因素锻炼等活动,旨在提高幼儿身体素质、动作协调能力和适应环境的能力,为幼儿健康的体质奠定基础。

学习活动:主要指讨论、阅读、听赏、制作、表演、实地参观、收集信息等活动,旨在激发幼儿主动探索,积极体验,使幼儿在认知能力和态度上不断进步,为后续学习打下基础。

游戏活动:主要指幼儿自主、自发、自由的活动。游戏活动对幼儿发展有重要的价值,游戏活动能发展幼儿的想象力、创造力和交往合作能力,促进幼儿情感、个性健康发展。

2. 选择性课程内容

我园特色课程内容划分为书画元素和书画资源两大部分:书画元素内容细分为线条—颜色—结构,书画资源内容细分为书画工具—书画作品—书画故事。

书画元素:主要从精细运动及艺术审美、艺术创造的角度培养幼儿能力,从线条到结构层层递进,帮助幼儿熟悉书画各个元素,包括线条、颜色、落款、布局等,萌发幼儿的审美情趣和创造力表达;同时,又注重幼儿良好学习习惯的养成。

书画资源:通过对书画工具的探索和感知,对书画作品的欣赏和书画故事的介绍,幼儿获得书画经验的"通达"和书画内容中包含的"达理",强调幼儿科学认知、语言和社会性的平衡发展。

3. 两部分课程内容融合

根据共同性课程目标与课程整体框架,幼儿园主题活动围绕贴近幼儿生活的某一中心内容,即主题作为组织课程内容的主线来组织教育教学的活动。《幼儿园教育指导纲要》指出,幼儿园教育活动的组织应注重综合性、生活性和趣味性,因此围绕幼儿的生活而开展的主题活动成为幼儿园的重要教育手段。

图 3-2　融合的共同性课程与选择性课程

我园主题活动强调幼儿生活世界中具体的事物,因为幼儿所接触的事物通常包括多个学科领域,所以幼儿需要的是对事物有一个较为全面的、整体的、生活化的认识。我园中国传统文化主题教育活动所涉及的内容和学科领域与共同性课题是全面融合的。

三、以课程内容组织实施为支撑点,确立主题教育教学策略

《幼儿园教育指导纲要》指出,幼儿艺术活动的能力是在大胆表现的过程中逐渐发展起来的,教师的作用应主要在于激发幼儿感受美、表现美的情趣,丰富他们的审美经验,使之体验自由表达和创造的快乐。《幼儿园教育指导纲要》还指出,幼儿期要培养幼儿对生活中常见的简单标记和文字符号的兴趣。教师利用图书、绘画和其他多种方式,引发幼儿对书籍、阅读和书花画的兴趣,培养前阅读和前书写技能;充分利用社会资源,引导幼儿感受祖国文化的丰富与优秀。

以结合"有用的植物""春夏秋冬"主题经验与内容,展开"多彩线条画—趣味象

形"主题教育为例：

春夏秋冬主题中的一级子主题"四季的树和花"的核心经验是了解四季常见树木花草的变化。另一个一级子主题"四季轮换"核心经验是比较四季的明显不同，感受季节渐变对人们生活的影响。有用的植物主题中的一级子主题"街心花园"的核心经验是关心周围与我们一起生活的花草树木，感受我们的生活离不开植物，要爱护植物。

多彩线条画主题的核心经验为幼儿提供与书画文化相关的趣味性材料，并创设空间欣赏各种线条画作品，通过对中外美术作品的感知、欣赏，提升幼儿的认知经验。通过幼儿与书画相关的艺术创作活动，引导幼儿在不同区域中自主发挥想象力、创造力、架构力，美化幼儿园空间，达到书画启蒙教育的目的。

趣味象形主题的核心经验：创设书画活动的空间，感受不同的艺术字体、艺术作品、名人故事，体验不同书画作品的结构、布局和画法，感悟书画艺术家勤学的品质，并自主地运用笔墨工具大胆进行书画创作、语言表达。

根据以上共同性课程与选择性课程主题内容与要求，我们的主题内容开展情况如下：

（一）在感知欣赏中，感受美—理解美

初春，我们组织幼儿外出远足参观，到上海美术馆欣赏各种线条艺术作品。美术馆中，教师和幼儿徜徉在多样的视觉感知中，其中线条创作变化美、图案组合变幻美、色彩缤纷艺术美，令人难以忘怀。我们趁机与幼儿一起猜猜作品表达的内容、画家的情感情绪，从中引导幼儿体验、理解画家创作时的意境。

惊蛰时节，我们组织幼儿亲近大自然，发现大自然动植物的变化，组织幼儿欣赏《鸟的天堂》美术作品，感受吴冠中书画作品的线条美、色彩美、韵墨画面美，并说说画家画了什么，画家的心情怎么样。幼儿伴随着春天的散文诗，感受春天的美妙，感受春天鸟儿因为有了大树可以嬉戏、歇息，有关于春天美好的情感体验。

（二）在情境创设中，体验—达理—内化

在后续情境学习与体验中，我们组织幼儿去豫园、外滩寻找神奇的线条。结果幼儿在建筑物的外墙上找到色彩斑斓的线条装饰外墙，在商店橱窗上找到各种线条装饰，在幼儿园室内环境中找到各种笔画装饰、回纹装饰，还在幼儿园阳台壁画中发现各种彩墨线条画。

通过 APP 课程端,幼儿自主选择"线条真美妙""线条在哪里""线条变变变"等主题,他们发现小工艺品、服饰、物件上每一处都蕴含着线条美、图案美、色彩美等。幼儿还发现许多动植物身上也有许多好看的线条花纹,如热带鱼、斑马、老虎、树叶等。线条无处不在,生活处处是美。

之后的春游活动中,幼儿在比较季节特征,观察花草树木、小动物活动中,不仅积极参加种植饲养活动,并且在感受大自然四季变化与我们生活的关系中,及时发现树木花草的美、小动物的美,赞叹每一种花草有不一样的花苞、每一棵大树有不一样的树叶、每一片叶子有不一样的叶脉纹……

我们还将象形文字、百家姓、十二生肖形象、青花等极富传统文化元素的线条艺术与幼儿生活经验相链接,创设真实的主题馆环境、班级生活环境,引导幼儿发现生活中的传统艺术元素无处不在的创造美。

在情境中,幼儿找到了线条变成文字画、变成十二生肖印章画、变成花海图、变成四季、变成音乐符号;线条还变色、变形,变成造型墙、造型椅子、造型建筑、造型装饰。

(三)在创作表达中,立意—创作—自信

幼儿经过前期主题经验积累,大大提升了后期表达自己想法的能力,如:线条书画"四季""蔬果园""鸟的天堂"等,他们从活动中发现与表达不同季节的特点,理解动植物与人们生活的密切关系。

在趣味象形活动中,幼儿在 APP 课程端自主选择喜欢的话题,欣赏"象形变变变""象形情景""彩色文字画"等主题艺术、故事佳作后,主动选择各色宣纸、彩色墨汁、各种毛笔等可操作材料、APP 创作资源库媒介,来发挥表达想法。幼儿有了表达经验、创意的想法以及选择材料的积极性,就挥洒自如地进行创作表达,如:大班幼儿用象形文字画"春种",用线条画泼色"金山农民画"、用彩墨画"春天在哪里"等。幼儿在活动中逐步展现创意、专注、坚持与自信。

幼儿还在节庆活动,如:"吟诵书画节庆"中,在各活动室与同伴、教师们、家长们、环境互动,在互动中增长经验、拓展视野,并大胆进行彩墨创作,进行个性表达;更在中国红、青花色等节日色彩中,初步理解中国的一些传统文化,进而有了创作表现的愿望。

(四)在分享交流中,拓展经验,看见不一样的自己

在分享交流活动中,我们鼓励幼儿把活动中自己创作的作品拍成照片上传

APP 课程云端,跟同伴一起通过媒体呈现的作品,交流分享自己的快乐;鼓励幼儿欣赏、评论前期哥哥姐姐们上传 APP 课程云端的作品照片,从同伴作品中获取新的想法、创意,发现自己与别人的不同;还引导幼儿对自己的作品、表现大胆评价。总之,幼儿从中获得再次创作的兴趣、愿望与想法。

活动结束后很长一段时间,幼儿还常常在个别化学习中浏览同伴的作品,夸耀自己的作品,再次创作不一样的作品。

四、以评价审视课程内容为关键点,推动课程可持续发展

在课程组织实施的过程中,我们利用信息化手段,根据幼儿参与某个主题活动的次数来了解幼儿对材料的兴趣和参与的积极性。

图 3-3　幼儿对材料的兴趣以及参与的积极性

我们根据记录幼儿自主活动持续的时间,来判断幼儿课程内容的难易程度;根据幼儿自主活动答题情况,了解幼儿学习的有效性。

课程实施信息化的反馈结果为课程内容的优化提供了数据依据,让教师了解到课程内容对幼儿吸引程度的大小、活动任务的难易程度等,为课程是否需要调整提供了依据。

图 3-4   幼儿自主活动情况

未来,我们将根据累积的数据,进一步追随幼儿的学习兴趣;进一步整合主题内容,促进幼儿最近发展区的发展;进一步探索课程理念、目标与内容的密切达成,用好评价结果,动态丰富与调整课程内容;进一步探索和细化课程融合更有效的方法。

(上海市黄浦区永安路幼儿园   王琳芳)

第三节   律动童心,幼儿园广域音乐课程的优化

一、律动童心,幼儿园广域音乐课程的背景与意义

作为一所以"音乐"为办园特色的幼儿园,上海市音乐幼儿园自 1984 年建园以来,对音乐特色的定位也是随着幼儿园的办园目标、培养目标而变化的。2005 年,我们提出了"在全面中润育特色,在音乐中享受快乐"的办园理念,第一次明确了"音乐"只是课程的一部分,是推动幼儿全面发展的有效手段之一。至此,我们也清楚了,我们不是音乐特色学校,音乐只是我们幼儿园的特色。那么,这个特色在幼儿的发展中到底起没起到作用呢?曾经的音乐学习经历对幼儿们的后续发展有没

有影响呢?

2011 年,我园完成了市级课题"音乐学习经历对幼儿后续发展影响的回溯性个案研究",这个研究结果带给我们的是欣喜和自信,因为研究结果证明:音乐学习经历可以促进幼儿非智力因素的发展,主要表现在音乐教育在培养幼儿对情绪情感的调节能力、合作精神及人际交往能力等方面具有积极的作用。

同时,三个阶段的课程研究显示:目前我园实施的音乐特色课程正在逐步健全,对音乐特色课程目标与内容的调整在促进幼儿全面发展上也是有效的。但是,对于课程重构的研究又让我们面临两大课程有效融合的问题,其实这也是其他幼儿园想应用我园特色课程活动方案时遇到的困难之一。因此,"如何使音乐特色课程更好地与共同性课程真正融合""如何使音乐特色课程内容、形式更为广域,使音乐特色课程面向每一个孩子,更具推广价值"成为我园发展办学、课程优化亟待解决的问题。我们必须通过广域音乐课程的构建来实现"以音乐为载体,培育幼儿全面发展"的教育定位。

二、律动童心,幼儿园广域音乐课程的界定与内涵

"律动童心、广域音乐课程"是本研究的关键概念。"律动童心"一方面是指幼儿具有活泼好动的年龄特点,另一方面是对园本课程音乐特色的定位,进一步突出幼儿在课程中的快乐体验与和谐发展。可以说"律动童心"是广域音乐课程构建与实施的方向与目标。"广域音乐课程"是指遵循幼儿年龄特点,打破班级和幼儿年龄的界限、打破共同性课程与特色课程界限的多维度音乐特色活动。通过"渗透""拓展"与"延伸"的方式体现课程的广域性,从而实现课程结构的进一步完善、课程实效的有效提升。"幼儿园课程发展趋向研究、幼儿园音乐课程研究、广域课程研究"三方面的研究让我们更加明晰:在音乐特色课程的设置和安排上,利用领域交叉、知识渗透、问题解决的方式,改变以往单一、独立的课程模式,打破课程界限,建立能与共同性课程融合的"广域音乐课程"。

对现有特色课程优化,旨在让其能够更好地与共同性课程产生有机的联系,建立更具普适性的音乐特色课程,使之与共同性课程多角度、深层次地融合。

三、律动童心,幼儿园广域音乐课程的实践与探索

(一)幼儿园广域音乐课程的理念内涵

我们将课程理念确定为:在全面中润育特色,在音乐中享受快乐。首先,课程理念就应该明确"幼儿全面发展"的核心,特色再"特"也不能逾越课程核心,特色的彰显是为"全面发展"而服务的,特色的展开同时也应该在"全面"的范畴之内。其次,音乐活动的一个重要功能就是丰富人际交流的手段,音乐作为一种平台与载体,让幼儿在音乐环境的渲染下、对音乐作品的理解中、音乐语汇的表达时,充分体验到音乐带来的美和享受。在这样的内涵指引下,课程理念的后半句:"在音乐中享受快乐"也就应运而生了。

(二)幼儿园广域音乐课程的实施原则

1. 整体性原则

《课程指南》将生活、运动、学习和游戏并列呈现,作为课程结构的一个方面,并分别阐述了四类活动形式所承载的幼儿发展的使命,从而强化了"幼儿园的一日活动均为课程"的思想。这就要求在幼儿园广域音乐课程构建与实施时,必须以幼儿园的一日活动为载体,打破原先的学科界限,将课程的实施覆盖到幼儿在园活动的每一个环节,体现课程实施的整体性。

2. 广域性原则

构建以遵循幼儿学习特点、年龄特点为基础、打破班级和领域的界限、打破共同性课程与特色课程界限的多维度音乐特色活动的"广域音乐课程"。在课程实施中凸显"延伸、拓展、渗透"三个关键词。

3. 差异性原则

该原则是针对幼儿而言的。每个幼儿都是不同的,不仅是某一方面发展水平上的不同,还有发展方面的不平衡。因此在课程实施中,教师需要关注不同幼儿的需求和同一名幼儿在不同阶段的需求。

4. 发展性原则

在心理学理论中,一般认为"发展"是个体整体的有序的变化,表现为数量、质量和结构的变化。在现代认知理论看来,所谓发展,当指认知结构的建构,也就是广义的学习。这样看来,幼儿的发展虽然是其自然生长的必然规律,但是这个过程

与学习有密不可分的关系。课程实施的实效不仅关系到幼儿的发展，还能推动课程本身与教师的发展。

5. 体验性原则

在构建内容时，我们首先想到的是，"音乐"对幼儿来说是非常抽象的，他们需要借助贴近他们生活与经验的内容来理解。所以，广域音乐课程的内容选择应该立足于幼儿的生活，创造条件让幼儿能够通过直接感知、操作互动来体验音乐所要表达的内容、情感，让音乐更为具象，更加贴近幼儿的生活，让幼儿的体验更加主动。

（三）幼儿园广域音乐课程的组织实施

1. 课程框架

广域音乐课程框架中最重要的是通过各渠道的"渗透、延伸、拓展"来体现本课程的核心，即：广域性。

该课程框架不是一个单一、封闭的体系，而是一个开放、动态生长的课程机理。课程编织者、执行者、评价者必须以该框架为基础开展课程的行动研究，以期获得积极的优化与完善，从而促进幼儿的全面发展。

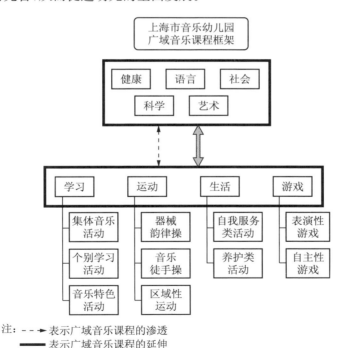

注：- - - ►表示广域音乐课程的渗透
　　━━━►表示广域音乐课程的延伸
　　⇔表示广域音乐课程的拓展

图 3-5　上海市音乐幼儿园广域音乐课程框架图

2. 组织实施

(1) 在学习活动中"渗"音乐素养

我园开发的"多彩音乐"课程软件积累小、中、大三个不同年龄段所有主题的集体音乐活动内容,在主题背景下还开展个别化学习活动。广域音乐课程中的个别化学习活动内容更加强调音乐元素、音乐经验对幼儿素养的推动作用和与其他领域经验相互整合与渗透的作用。在这里,音乐可以是幼儿表达表现的载体,可以是激发幼儿自主探索的环境,也可以是帮助幼儿理解其他领域的经验。音乐打破了领域的界限,更丰富了它原有的学科内涵与形式。

我们还有音乐特色活动 DOREMI 俱乐部(小班为"欢乐蹦蹦跳"):每月进行一次,以混班形式开展,借助主题中出现过的音乐作品作为活动的主要音乐环境。视听乐园:每周进行一次,以混班形式开展,由我园的在编专业教师以激发审美情趣为活动主要定位。乐理游戏:每周进行一次,以混班形式开展,渗透主题经验,降低活动的专业性,采用游戏的方式开展活动。星期音乐会:每月进行一次,以混龄形式开展;通过教师的二次创作,为幼儿搭建唱、舞、奏、演的舞台。器乐启蒙:每周进行一次,根据器乐特点,以个别或小组的形式开展,是提高幼儿音乐素养的途径之一。

(2) 在运动活动中"展"韵律之美

我园设置了以下运动。器械韵律操:根据幼儿运动发展需求与特点,渗透音乐活动中舞蹈形式的相关经验,提升幼儿对节奏变化的敏感度、提高身体动作的协调性。音乐徒手操:节奏明快的旋律特点能够暗示幼儿上下肢、身体躯干积极、用力地参与到每一个动作中,以提高身体各部分肌肉群的力量。区域性运动:音乐在这里作为一种外部刺激的环境发挥着独特的作用。在不同的运动区域,幼儿并不是枯燥练习,而是根据音乐信号的变化,调整自己的运动强度与密度,幼儿的跑、跳、跨等动作都在一定的音乐环境中有节奏地进行着,同时音乐旋律中强弱的变化也在引导着幼儿肌肉群的力量爆发与身体舒缓。

(3) 在生活活动中"伸"艺术氛围

我园开展了两类活动。自我服务类活动:就餐、如厕、午睡、穿脱衣服、漱口等,在一些简短的童谣哼唱的辅助下,激发幼儿自我服务的兴趣,降低反复操作的枯燥性。养护类活动:主要指自然角的动植物养护、种植园的蔬菜种植和值日生工作。幼儿在此类活动中能够有一个宽松、自主的环境。

（4）在游戏活动中"透"审美情趣

这体现在以下两类游戏中。表演性游戏:表演性游戏是"游戏"而不是"表演",而音乐在这里已经成为游戏材料之一,不管是儿歌表演、歌曲表演、健美操表演、木偶表演等都需要音乐的参与;课程中所有的音乐素材都可以成为幼儿游戏的环境,幼儿在表演性游戏中可以自主选择。自主性游戏:自由结伴、自主选择游戏主题、自主发展游戏情节是自主性游戏的特点;与表演性游戏一样,音乐在这里根据游戏主题的不同、游戏情节的需要,承担着举足轻重的作用,同时必须允许幼儿在游戏中自主选择需要的各种音乐。

（5）在一日环节中"延"音乐功效

在幼儿一日活动各环节可选择适宜的音乐,通过营造的音乐氛围激发幼儿参与兴趣,提升课程内容实施成效。而学习、游戏活动中的音乐,教师可根据需要在"多彩音乐"或其他媒体中自由选择。

四、律动童心,幼儿园广域音乐课程的特色与反思

（一）幼儿园音乐课程的广域性获得充分体现

1. 幼儿园广域音乐课程凸显"渗透"

渗透,从字面来看即指一种物质进入另一种物质内部,在本课程中是指音乐领域的经验对其他领域的影响,对幼儿全面发展起到的积极作用。这样彻底打破了学科之间的界限,形成大课程意识,帮助幼儿形成良性的"学习迁移"的习惯。

2. 幼儿园广域音乐课程凸显"拓展"

在研究中,我们发现:形式的拓展在广域音乐课程中能够大大丰富幼儿的体验,而且对于不同能力发展阶段的幼儿来说能够有不同的学习阶梯帮助他们获得必需的学习体验,达成课程内容所指向的课程目标。同时,教师不断拓展音乐的表现形式与途径之后,幼儿的想象空间、探索途径、表达平台也同时获得了拓展,愿意表现的幼儿越来越多。

3. 幼儿园广域音乐课程凸显"延伸"

广域音乐课程中的"延伸"主要是在时间轴上的纵向发展。之前的音乐课程内容基本以一节课为单位,课结束了,课程内容也告一段落。但在广域音乐课程中,课程内容是具有生命力的,它不以一节课为时间单位。根据目标的需要、幼儿发展

的持续,课程内容会从集体学习活动"走到"个别化学习活动中、"走到"之后的其他活动中,甚至是幼儿的亲子活动中。课程是根据幼儿全面发展的需求而不断朝纵向、横向动态发展着的。

(二)幼儿在幼儿园广域音乐课程中获得全面发展

1. 广域音乐课程中,幼儿是"健康活泼"的

广域音乐课程的"渗透"功能在幼儿在园一日各个活动环节的积极影响作用是非常明显的。不同旋律、节奏、曲风的音乐渗透到幼儿的生活环境中,一方面,给予幼儿良好生活、卫生习惯形成的积极暗示;另一方面,音乐独特的情绪渲染作用对幼儿良好心理环境的营造也是有明显的积极作用的。所以,在课程中,幼儿在积极情绪的作用下,对美好生活充满着乐观与向往。

2. 广域音乐课程中,幼儿是"善于学习"的

在广域音乐课程中,更多的音乐元素与各个领域形成了有效的链接:音乐让幼儿想象着故事发展的情节,主动探索声音的变化,推开了艺术创想的大门。在广域音乐课程中,每一个幼儿都有自己对音乐的理解与想象,每一个幼儿都有自我学习的方法。音乐,对于幼儿来说不是一种封闭的学习资源,而是开放的、主动学习的途径与平台。

3. 广域音乐课程中,幼儿是"乐于表达"的

众所周知,音乐作品往往会让幼儿产生非常直接的情绪情感体验,不同的音乐表现形式也让幼儿内心情绪体验有了具体表达的途径。幼儿对音乐体验的迁移,慢慢学会主动关注身边不同人、不断获得适应周围环境的方法,在心理上获得情绪宣泄与表达的途径。我们时常能够在各类活动中看到快乐、自信、乐于表达的幼儿。

4. 广域音乐课程中,幼儿是"坚持持久"的

3~6岁的幼儿有意注意时间基本保持在15~35分钟之间,在行为规范上也以"他律"为主。但是在广域音乐课程中,我们总能看到一些"投入而坚持"的身影。因为在与广域音乐课程内容互动的过程中,"活动兴趣的激发"让幼儿主动投入,"意志品质的萌发"让幼儿始终坚持。这些非智力因素的培养对幼儿之后形成终身学习的意识和良好品德起到潜移默化的作用。

(三)教师在幼儿园广域音乐课程中获得专业提升

1. 研究使教师对儿童视角的理解表现为教育行为

在实践中,我们可以看到教师将儿童视角真正落实为个人的教育行为。通过

教师撰写的众多案例，我们可以发现：对于"活动方案的预设、活动策略的调整、幼儿发展的判断"，教师都站在"幼儿全面发展"的立场。广域音乐课程的内涵指引着教师从"音乐视角"走向"儿童视角"，在教育行为中凸显对"幼儿发展需求"的回应。教师更加关注运用研究策略来指导自己的教育行为，也对课程的良性发展起到比较积极的作用。

2. 研究使教师对"核心素养"的思考生成"特色路径"

"千教万教教人求真，千学万学学做真人"是陶行知先生的一句名言。习近平总书记也在全国教育大会上明确教育的最终任务就是"立德树人"。依据当前教育形势、整合本园教育研究的积淀，我们感悟到：课程需要体现传承、创新与发展，需要体现"立德树人"育人观。通过课程的系统架构，我们充分利用了现有课程资源的同时根据项目的生长点，结合"借助特色课程资源，提升幼儿中华文化素养"的科研核心，开放性、生成性地研发凸显幼儿德育的活动，进一步做强幼儿园的音乐特色。研究路径从以往的"音乐特色"逐步转变为"人文素养"的培育，"跨领域、多维度"地实现 3～6 岁幼儿的全面发展，从而体现创新性、生成性的课程发展特点。

（上海市音乐幼儿园　黄颖岚、许蓓芳）

第四节　幼儿园花园游戏活动的探索与行动

仅 17 年的办园历史，仅 6 个班级的办学规模，依托市级第一轮课程领导力子项目、区级第二轮课程领导力项目研究的良好机遇，城市花园幼儿园立足课程现场，为促进课程实施质量提升进行了深入探索。如果说第一轮课程领导力项目"一日活动中保教结合操作手册编制与施行研究"帮我们改变观念，夯实基础，努力做到"保教合一"，从根本上提升保教质量，那么第二轮"幼儿园户外一小时活动设计与实施研究"则让我们充分利用园所环境的先天优势，打破游戏种类界限、时间场域限制，打造出能够彰显园所办学理念的课程特色——花园游戏。

而作为本项目的衍生研究"关注《指南》的幼儿花园游戏行为观察与案例解读"，更是立足《3～6 岁儿童发展与学习指南》，聚焦幼儿游戏行为观察与分析，让教师的观察更加全面、分析更加精准、支持更加有效。

一、背景与意义

　　园所课程实施质量的提升,离不开对课程实践过程中的真问题的发现,更离不开围绕核心问题而进行的各方面条件和因素的分析与行动,包括实施推进、专业支持、资源保障等方面的实际行动。

　　聚焦保教实践中的共性难题——一小时户外活动研发,是基于幼儿园规模小,人员少,必须聚焦人力和资源,用最少的力量产出最大的效能的综合考量。我们将本园着力打造的课程特色——游戏活动,作为户外一小时活动的主要形式,初步勾勒出"户外一小时"活动的基本蓝图,即花园游戏,将之作为室内游戏的延续与补充,回答教师"户外一小时"能做什么的问题。

　　在花园游戏实践中,我们尝试改变一些固有做法,从"一切为了孩子"出发,保证游戏活动的量与质,归纳起来就是四句话:将最好的时段留给户外,能在户外开展的活动尽量在户外开展,让户外一切资源皆为课程服务,为开展户外活动提供最大的支持。

二、实践与探索

　　在"一切为了孩子"思想的指引下,幼儿园环境创意设计与改建、材料提供与呈现、主题教研与培训,都围绕"孩子们在花园里干了什么,还可能干什么,还需要什么,我们可以做什么……"等问题展开,幼儿园的大花园逐渐变为支持孩子游戏的乐园。

　　(一)环境改造——从花园变成能满足多元游戏需求的乐园

　　围绕花园游戏对环境的需求调研,我园对户外环境进行连续改造。首先,缩减闲置绿化,去除原有高密度绿植区,改建为沙池、水池,让花园的可玩空间瞬间增容;其次,多种质地组合,有草坪,也有塑胶,有平坦的木质平台、砖地,也有一定小斜坡的环形小路,满足幼儿多元的游戏需求;最后,搭建遮阳篷、走廊、门厅等空间,为孩子遮阳挡雨,降低气象因素对花园游戏产生的影响。

　　(二)流程调整——从"还没玩"到"尽兴玩"

　　只有在持续较长时间的游戏活动中,儿童才更加投入,游戏行为更为丰富。我们发现，最初设定的30分钟花园游戏时间确实"不够用"，幼儿常常会发出"这么快啊""还没开始玩呢"的遗憾。在广泛征求教师意见的基础上，我们将分段的户外时间化零为整，延长花园游戏时间，从30分钟延长至50分钟，让幼儿有充分的时间与材料、与环境、与同伴互动，以支持幼儿更加丰富的游戏行为产生。

（三）材料超市——从"不够用"到"可见皆可用"

发展适宜性游戏理论表明，为了鼓励儿童更富创造性地使用材料，比较好的方式是提供更多开放性材料，还要能够反映儿童的文化生活和生活经验。

1. 什么材料适合在花园玩

与室内游戏不同，花园游戏中幼儿更需要大型、方便搭建、便于整理搬运、能够快速满足游戏需求的开放性材料。一种新的游戏材料应运而生，白色空心长方体泡沫积木，质地较轻，便于搬运取放，容易垒高围拢，深受幼儿喜欢，被他们亲切地叫作"白积木"。在此基础上，我们逐步投入木板、pvc水管、软塑排水管、栅栏、纸板等，以及运动活动中的滑板车、竹梯、轮胎等，都成为幼儿们随手可得的游戏材料，为幼儿游戏中的基础建构提供便利。

2. 什么材料能支持幼儿游戏行为

基于对幼儿花园游戏现场的观察，我们对幼儿们做了一个小调查："在花园游戏中，你还想要什么?"虽然他们的回答五花八门，但是从中可以发现材料提供的方向，我们的花园游戏材料超市中，材料种类逐渐清晰，主要分为三类:典型材料类、低结构类、自然物。

3. 怎样呈现材料更合适

3~6岁幼儿处于直观思维阶段，更加偏爱选择眼前可见的材料。为了最大限度地将花园游戏材料向幼儿呈现，我们用卡通开架式的材料超市取代笨重的整理箱，孩子站在花园里，就能看到琳琅满目的材料。分类分散的开架式摆放，让幼儿的材料选择更加自主，同时也便于教师观察，幼儿喜欢什么，爱拿什么，哪些材料数量太多，哪些材料数量不够，全都看在眼里，更加便于活动后的研讨和材料的调整更新。

4. 谁来准备材料

为了避免园所提供材料存在的"整齐划一"的问题，我们定期向家长发出"宝贝征集令"，倡议家长、幼儿和教师共同收集生活中的废旧物品和材料，如包装盒、瓶瓶罐罐、纸质类，还有光盘、手电筒、手机、电话、包包、围巾、领带、丝巾等，家园携手让游戏材料的品种更加丰富多样,从而满足幼儿们不同的游戏需要,支持幼儿的想象和创造。同时,游戏开放日活动让家长们见证自己所提供的材料被幼儿巧妙利用并产生更多鲜活有趣的游戏情节和丰富多元的游戏行为的过程,打开了幼儿的想象和创造空间,激发家长共同收集游戏材料的兴趣和动力。

（四）游戏故事——让分析与支持更有效

随着花园游戏的开展,我们意识到教师对幼儿游戏行为的全面观察与精准分析,从而提供适切有效的支持才是游戏活动的根本所在。我园引入新西兰学习故事的行为观察与分析记录模式,形成了独特的游戏故事记录法,在深入观察的基础上,真实记录幼儿在游戏中的言行和教师分析支持策略及效果的案例,既体现幼儿的发展和成长,也体现教师的发展和成长。

1. 教师看什么——聚焦幼儿行为

现代幼儿游戏理念告诉我们,游戏中的教师要做到"管住嘴、管住手","睁大眼睛,竖起耳朵",前者容易后者难,很多教师真的成为"旁观者"。如表3-2所示,教师不仅要观察游戏材料数量种类是否充足,能否满足幼儿的游戏需要,还要关注幼儿游戏行为,寻找适切的介入时机,做一个有目的的观察者。

表3-2　花园游戏活动观察提示

观察内容		观察要点
材料	种类数量呈现存储	1. 能否满足幼儿的游戏需要 2. 幼儿是否有新的材料需求 3. 材料是否便于幼儿取放 4. 各种材料幼儿的选择偏好程度
幼儿	情绪态度	1. 幼儿情绪是否愉悦、积极 2. 能否主动参与游戏,友好地与同伴、材料互动
	游戏行为	1. 幼儿有哪些游戏行为,建构、装扮、探索,属于什么水平 2. 幼儿有哪些游戏语言,交往、合作、商量、扮演等
	替代创造	1. 能否用替代的方式满足游戏需要 2. 是否有新的发明、新的发现
	问题解决	1. 遇到了哪些问题 2. 遇到问题的态度和解决方式

2. 教师看到什么——记录真实有效

对于行为观察,我们对教师提出的唯一要求,就是能够真正地知道孩子在玩什么，能够真实具体地记录孩子的游戏行为。围绕"真实而有效的观察记录"，我们开展了一系列的改革与实践。

有图有真相：针对回忆录式的记录真实性难以考证的问题，我们首先推出了"有图有真相"的记录方式。当看到孩子们完成一些好的作品时，当发现孩子们有一些新的想法进行创造时，教师以拍照的形式记录下来。有了照片的佐证，教师在撰写观察记录时，能更好地帮助自己回忆起游戏中发生的一些事情。

视频还原现场：随着研究推进，照片的真实性及其全面性也受到教师们的质疑，"说了才知道，不说一点都看不出来"。视频拍摄成为我们的新举措，帮助教师看，帮助教师听，更真实地还原游戏过程和幼儿行为。视频拍摄的过程，教师们从最初的迷茫走向有的放矢，通过视频回放，真实还原现场，据此写出的一篇篇小故事生动而又具体，跃然纸上。

持续追踪发现成长：随着新西兰学习故事的风靡，我园在深度学习这一新型观察技术时，进一步坚定了"链接指南分析游戏行为，从而发现幼儿成长与发展"的初衷和信心。现在的游戏故事变成了"连续剧"，更像是幼儿的成长历程，读来耐人寻味，逐渐开始向"长篇连载故事"演变，真正做到有连续、有跟踪、有成效。

3. 怎么分析游戏——跳出游戏，以《指南》为准绳

教师分析幼儿游戏行为的研究过程，是儿童观、教育观得以不断更新的过程。通过对幼儿游戏行为的分析与研究，教师评价幼儿的视角发生了转变，《指南》为教师分析幼儿游戏行为指明方向。

用欣赏的眼光看待幼儿：教师不再是帮助幼儿找问题，而是开始用欣赏的眼光去观察看待每一位幼儿，寻找他们在游戏中的闪光点。

用全面的视角分析幼儿：分析幼儿游戏行为的角度更加全面，不仅关注幼儿的交往行为、角色行为，也关注幼儿的问题解决、思维方式、学习品质、替代行为、建构能力、合作、生活经验、学习方式等方面的获得与发展。

4. 如何支持幼儿——始于游戏，回归一日生活

在花园游戏中，教师最关键的任务就是整合观察与分析信息，结合幼儿发展目标，思考"幼儿还需要什么"和"我还能为幼儿做什么"，从而采取必要的措施。

在游戏中支持幼儿：根据游戏现场的实际情况和幼儿的需要，选择适宜有效的措施为幼儿提供支持，包含材料的丰富、现场讨论分享、直接介入、以角色身份参与

游戏等。

在游戏外支持幼儿：除了游戏活动中的环境、材料，教师的适时介入与分享之外，还要在一日活动中有意识地丰富与提升幼儿的经验，引导幼儿游戏能够向更高水平发展。譬如，教师发现大班幼儿在造桥的时候，对平衡和对称的理解有一定的困难，就开展了相关的活动，帮助幼儿理解。

三、花园游戏研究的收获与发展

通过对花园游戏将近五年的持续研究与探索，30 余次的专题教研与现场研讨，我们构建了丰富多元的游戏材料超市，积累了数量丰富的游戏故事，收获更多的是幼儿创造力和游戏力的提升，教师游戏观察力和支持力的发展。

（一）教师的发展——课程执行力提升

教师最大的变化，就是会看幼儿、会分析幼儿，也越来越了解幼儿。在这里，引用一位青年教师的话："当他们面临争执时，我会耐心地在旁边静观其变，其中的过程真是又好气又好笑；当有孩子静静地坐在旁边，盯着未完成的作品时，绝不轻易打扰，因为他可能正在思考；当孩子翻箱倒柜，把材料弄得满地都是时，我会和他一起寻找他心目中最适合的材料，当然也会提醒他把材料整理好……这段旅程，让我不仅走近孩子，更走进孩子了。"

理顺学习与游戏的关系。通过研究，教师树立起促进幼儿向更高水平发展的游戏理念，共同梳理儿童游戏行为观察指引，形成花园游戏的幼儿行为"观察—分析—评价—多元改进"的模式，作为进一步改善花园游戏条件的第一手数据，成为花园游戏课程得以有效执行的重要保障。

构建花园游戏材料超市。从幼儿年龄特征及游戏材料使用情况梳理，我园形成了包括自然物、典型材料、低结构材料等三类材料提供的数量、投放时间，以及幼儿使用情况说明，梳理完成花园游戏材料提供框架，为未来教师开展花园游戏活动提供了重要参考。

积累了丰富的游戏故事。游戏故事既体现幼儿的发展和成长，也体现教师的发展和成长。首先，教师有选择有目的地观察幼儿，可以选择某一个幼儿或某一组幼儿，通过持续观察，发现幼儿在游戏过程中的成长与获得；其次，链接《指南》，分析解读幼儿的游戏行为，发现幼儿的优势与不足；再次，有效支持幼儿,根据幼儿需要及时给予下一步支持和帮助;最后,有后续的故事追踪,从几个片段式的案例,连接成完整的系列故事追踪,让故事更有可读性和实践参考价值。

值得一说的是,在 2019 年全国幼儿园游戏故事评选活动中,我园日常积累的游戏故事与组委会的评审要求高度吻合,我园教师撰写的《迷宫诞生记》经逐层推荐,获得上海市一等奖的好成绩。

(二)幼儿的获得——自由自主,是游戏的真主人

在研究过程中,我园始终坚持"将游戏的权利还给孩子",追随幼儿的需要提供材料、支持帮助。幼儿不仅是游戏的真主人,而且获得了快乐自信与全面发展。经不完全统计,2018 学年我园 6 个班级幼儿在花园游戏活动中生成的主题近 80 个,如表 3-3 所示:

表 3-3　城市花园幼儿园 2018 学年各年龄段"花园游戏"主题一览表

年龄段	生成的花园游戏主题
小班上	娃娃家、公共汽车、公园、菜场、造房子、工程抢修队
小班下	娃娃家、小医院、理发店、糖果店、有趣的颜料、滚动蛋糕店、便利店、温泉酒店、大剧院
中班上	娃娃家、游泳池、糖果店、坦克车、飞船、超市、地铁、小医院、赛车场、理发店
中班下	树叶游戏、农场、降落伞跳台、小球滚滚、多米诺骨牌、马路上的标志、过山车、城堡、卡拉 OK、托马斯旅行记、造高楼、旋转停车库、高架桥、迷宫、糖果店、模特秀
大班上	迷宫、足球场、汽车赛道、卡丁车、迪士尼舞台、多米诺骨牌、勇敢者道路、模特秀、小球滚滚、自然博物馆
大班下	自然物拼贴、叠叠高、柱子迷宫、游泳馆、小船悠悠、不漏水的屋顶、小球滚起来、自制多面拼板、消防车、运动场、纸牌竖起来、宠物乐园、滑板车赛道、小球进洞、愤怒的小鸟、滑板迷宫、泡泡画、汽车轨道、骑球射门、水上乐园、纸牌叠高、穿越迷宫、警察局、火箭发射台

(三)课程的完善——由假变真,提升课程品质

花园游戏研究让幼儿园实现了从假游戏向真游戏转变,也摆脱了按类型开展游戏的桎梏,游戏内容更加丰富多样,角色游戏、建构游戏、沙水游戏、艺术游戏、探索游戏、运动游戏每天都在我们这个美丽的大花园里上演,进一步充实了我园课程内容大大提升课程实施的品质。

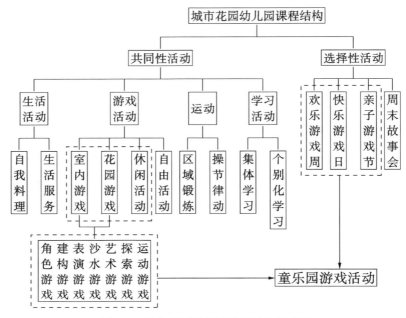

图 3-6　城市花园幼儿园课程结构示意图

　　课程实施质量的提升,其实就是园所课程理念的不断更新,不断挑战自我,用正确的理论达成"思行合一",围绕美好的"蓝图"敢想敢做,不断突破常规,开拓创新,持续地给予有效支持和保障,并有效融于高质量的课程实施与完善过程之中。

（上海市黄浦区城市花园幼儿园　施慧洁）

第五节　支持儿童成长的幼儿园环境创设

　　环境创设(Environment Creqtion/Setting)是幼儿园学前教育活动的重要组成部分,是幼儿园课程实施的中心环节。

　　《幼儿园教育指导纲要(试行)》指出:"环境是重要的教育资源,应通过环境的创设和利用,有效地促进幼儿的发展。"海粟幼儿园在课程环境创设上深刻领悟和贯彻"基于儿童视角"的教育理念,努力做到尊重幼儿的发展规律和特点,让教育活动的起点与终点都落到幼儿的成长之中,同时更加明确幼儿在活动中的主体地位和作用,将幼儿的发展需求作为所有教育活动的终极归宿和追求,从而充分调动幼儿自主学习的积极性，鼓励其自主学习，发展其对自我的意识、自信，更好地让幼儿园环境支持幼儿健康成长。

一、基于儿童的课程环境创设的再思考

（一）环境、幼儿学习环境及其特征

幼儿园环境创设中的"环境"是指在幼儿园教育活动中，物理环境布置和教育教学活动及生活事件所产生的影响幼儿发展的客观因素和主观因素的总和。幼儿在园的各类活动与成长，与环境是互相依存和互相作用的，环境是幼儿获得发展的必不可少的条件。

幼儿的学习成长环境具有以下基本特征：

1. 幼儿的学习成长与环境是互相依存和互动的

幼儿的自主学习活动和成长发展，需要拥有一个具备良好自主开放性的教育环境，一种鼓励自我导向学习、体验、问题解决和社会互动的环境。良好的学习环境能够激发他们认知事物的潜能和参与社会活动的积极性。潜在课程理论将环境看作一种背景，是幼儿教育活动的载体，同时，幼儿们的各种动作姿态、情感态度、价值观念也在作用、改变和重新建构着环境。

2. 环境对幼儿的学习成长起着不可或缺的支持作用

理想的幼儿学习成长环境应是一种适合于幼儿和谐发展的支持性环境，这种支持性环境是以有效促进幼儿学习为目的，可以引发、维持幼儿学习行为及意向，提高幼儿的主动性，发展其自主学习能力和与他人交流合作能力的物质环境和社会心理环境。这种环境是能使幼儿感受到接纳、关爱和支持的良好环境，能最大限度地支持和满足幼儿的实际操作、亲身体验和自主学习需要。

3. 环境对幼儿学习成长的支持是"浸润式"的

幼儿学习和成长环境对幼儿的学习活动的支持，是一种可以称之为"浸润式"的特殊形式的支持，其主要特征是潜在的、隐形的、长久的、广泛的、弥散的、长效的。因此，一般认为学习环境属于潜在课程、隐形课程，它以背景的方式渗入在幼儿的各种学习生活活动中，一个良好和谐的环境有助于幼儿的身心全面发展。由于环境的这种特殊的影响和作用，它在幼儿教育活动中的作用是不可或缺和不可替代的。

（二）幼儿园课程环境创设及重要作用

新课程强调,应创设适合幼儿发展的、支持性的环境。幼儿园在积极实施新课程的过程中充分利用内墙、廊道、专用活动室等空间及班班通信息网,为幼儿的发展创设具有教育性、渗透性、整合性、挑战性、主体性的,各种教育信息与材料构成的环境,并强调与课程和活动内容相互匹配,融为一体。在幼儿园环境创设过程中,教师要为幼儿提供自主探究、操作等多种表达表现的材料,提供共同参与的体验活动,提供充分交流与分享的平台和空间,使幼儿的自主性得到发展、自信心得到提高、个性得到张扬,从而促进幼儿身心健康、和谐发展。

（三）基于儿童的环境创设

基于儿童的环境创设,即应创设一个适合幼儿发展的支持性环境,创设能使幼儿感受到接纳、关爱和支持的环境。在作为课程实施之中心环节的环境创设中,尊重和强化幼儿的主体性,努力创设幼儿在与环境积极互动中自主学习的条件和氛围,将环境创设与幼儿的自主学习活动融为一体,让幼儿以主体身份真正投入环境的创设,为幼儿的身心成长、活动体验,为幼儿动手能力的发展、主体性的觉醒、与环境的深度互动,提供自由、自主、宽松、愉悦的创造氛围。

基于儿童的环境创设的核心要义是强化幼儿学习活动的主体性,其基本特征是环境创设与学习活动的深度融合,其重要价值是发展幼儿的审美素养。

二、基于儿童的环境创设的再探索

（一）环境创设中追求课程内容丰富性、活动自主性

基于儿童的幼儿园环境创设的最重要策略是凸显幼儿学习活动的主体性,为幼儿的自主学习提供有效支持。尊重儿童的主体性,在教育活动中强化对幼儿的自主学习提供最充分有效的环境支持,力求通过环境因素,引发和儿童与环境的积极自主的互动,在互动中获得多种多样的体验,不断发展自身自主学习的能力和素养。

当前幼儿园环境创设的实际操作中,教师为了节省时间和精力,以自己的兴趣爱好为出发点对环境进行创设,幼儿只是在创设实施中的"工具"。教师完全忽略幼儿的想法、兴趣以及对环境的接受能力,幼儿在环境创设中的主体性得不到体现,幼儿的选择权自然也不会存在,而教师的决策权却越来越高。

案例："气象三台"让幼儿成为天气预报主人

"天气预报"是幼儿园的环境创设重要的场景之一，教师巧心思、巧手创设的"天气预报"百花齐放：

小班太阳、乌云、风、雨等自然现象的小图示惟妙惟肖，教师还通过版面、天气预报盒等场景布置让小班的幼儿通过选一选、放一放等形式播报天气预报；

中班教师提供笔、数字、空白记录纸，在一堵天气预报墙上让幼儿公布日期、温度、天气状况、空气质量、生活气象指数；

大班则是 3 天、未来 7 天、1 个月分析等天气情况的记录册、记录曲线图表等环境创设，引导幼儿发现天气的变化以及天气与人的关系。这些环境创设显示，在教师的心中，幼儿已是环境的"主人翁"。而基于儿童视角立场的环境创设则认为教师还是忽略了儿童的看法、想法和体验，于是我们创意开发了"气象三台"，让幼儿真正成为天气预报播报的主人。

现代媒体的"小度"视听台："小度、小度在吗？""在。""请问今天的天气预报？""今天阴转小雨"……奶声奶气的对话、实时专业的天气信息，教师在原有的环境中利用了窗台的一角、橱柜的一角设计增加了视听台，小班的幼儿边听边选小图示，中班的幼儿听了相互补充，大班的幼儿则会视听昨天、今天、后天 3 天的天气信息。

气象先生、气象小姐的播报台：一个话筒、一条领带、一条围巾、一些积木、一些空白的卡片，还有一个可推动的橱柜和可以自由涂鸦的白板，幼儿选取里面的材料把自己装扮成为气象先生、气象小姐，然后布置所需的场景，有的模仿电视台出现东方卫视、新闻综合的图表，有的自由创作春天天气、草地天气等创意画，自由结伴，而后邀请同伴倾听播报。

天气百科图书台：一个移动小书架、关于天气的图书、可以涂涂画画的便利贴，可以了解"风是怎么形成的""雨是怎么形成的"，感兴趣的幼儿时常驻足。"天气百科图书台"的创设意外得到了家长的极大支持，书越来越多，还有爸爸妈妈志愿者利用空余时间来讲解。显然，基于儿童视角的课程环境也得到了家长的认同。

视听台让幼儿成了"听天气"的主人，他们有了获取天气信息的主动性，有了听觉和感官相互联系的机会；气象先生、气象小姐的播报台让幼儿成了"说"的主人，他们可以说天气以及和天气有关的内容，尤其是关心别人、关心生活的能力再次得以提升;天气百科图书台满足了幼儿"百科"的好奇心,让幼儿成为学习的主人。

创设基于儿童的幼儿园环境,就是要尊重儿童的主体性和自主学习、自主活动和自主发展,重视儿童内心需要,把环境创设与幼儿的学习活动深度融合在一起,实现环境对幼儿自主学习活动的最大限度的有效支持,让幼儿在适合的、丰富的环境中健康成长。

（二）环境创设中注重课程活动形式多样,体现环境支持作用

基于儿童的环境创设的机理和最基本的特征是将环境创设作为整个教育活动的不可分割的组成部分,在遵循幼儿年龄特点的基础上注重多样性,使环境创设成为幼儿教育课程的一部分,充分发挥环境创设独特的、重要的、潜移默化的教育功能和特殊支持作用,实现"基于儿童"的环境创设。

在现实中,精神环境因为不直观、看不见、摸不到,教师通常是发挥自己的权威来形成精神环境,幼儿也就服从于这种权威的环境。

案例:"告状台"化解中班幼儿交往冲突

中班老师一天能听见的告状声:

场景一:早锻时间,欣欣和小永在轮流追逐着玩。轮到欣欣追小永了,灵活的小永跑得很快,可是这次他没有在规定的路线上跑,欣欣见后对着他大叫:"你没有从脚印上跑,我要去告诉老师。"说完便过来告状,还对着已经停下的小永"哼哼"了两下。

场景二:游戏活动时间,纹纹又去写信了,培培也紧跟着拿起了信纸,乐乐在一旁看了一会儿说:"娃娃家是不能写信的!"但是看到又有同伴走进去,乐乐也准备参与,这时老师正好走过来,乐乐马上退了出来,告起状来:"老师,他们在写信!""今天邮局开放,可以写信了。"老师说道。乐乐马上也参与其中。

场景三:自由活动时间到了,为了能够拿到自己喜欢的玩具,好多幼儿一下子都围了过来,你不让我,我不让你,还没拿到玩具的幼儿拼命往里挤,已经拿到玩具的幼儿出不来。这时,就会有拿不到玩具的幼儿向老师告状,说小朋友在抢玩具。

场景四:嘉嘉小朋友总是会捡起丢在地上的玩具把它送回"家",也会为哭鼻子的同伴递上纸巾为他擦干,还会帮助同伴搬椅子、帮老师搬桌子等。每次做完一件事,他都会跑来告诉老师并且问老师:"你说我乖吗?"

……

　　面对这些告状声,教师的第一反应是中班最难带,不选择带中班。日常中,教师运用自己的权威制定班级所谓的"规则",显然这些还是不能去除中班幼儿的"自我为中心"。那么创设环境,使其具有教育价值就很重要了,教师尝试这样做:设置班级小邮箱、录音小角落、小小调解员,幼儿有了自己的诉求通道,班级的氛围逐渐变了,幼儿看见别人的优点多了,也更乐意帮助别人了,成为别人好朋友的意愿多了,每天开邮箱的时间就是幼儿最期盼的时间。家长说:幼儿生病了也想来幼儿园,幼儿园是暖暖的。

　　创设基于儿童的幼儿园环境,就是要尊重儿童的成长精神环境,案例中的告状台就是基于幼儿交往需要的环境,形式多样,爱说的幼儿可以用说来表达、不爱说的幼儿可以用"信"来表示、爱争执的幼儿可以以小组的形式来化解,多样性地尊重了不同特质的幼儿,让所有的幼儿在环境中感受到安全、自然、温暖,充分体现了支持幼儿健康成长。

　　(三)环境创设中凸显美育要素,发展幼儿审美素养

　　基于儿童的环境创设的重要价值之一是发展幼儿的审美素养。要充分发掘美的要素,既形成对幼儿园美育的支持,又萌发幼儿感受美的能力和表现美的情趣,促进幼儿审美素养有效提升。

　　当前在环境创设的实际操作中,不能将二者兼顾,要么过于注重教育,要么过于注重美感,如,填"满"空间、贴"满"彩色、与成人视线"齐平",这些不是为幼儿服务,而是为成人服务,幼儿对环境的接受能力降低。

　　我们在课程环境创设中形成了"三个一点"策略:"矮一点""巧一点""留一点"。

　　矮一点:即让幼儿"看得到,够得着"。按幼儿平视的 1 米高度布置,幼儿触手可及,可以自己布置,自己张贴,可以点到哪里说到哪里,这是幼儿眼中高度的美。

　　巧一点:即让幼儿随处可玩。窗台、橱柜夹角、盥洗室、琴凳,活动室内小空间,教师都可以巧设,幼儿随手可拿。

　　留一点:即让幼儿自己想干什么就干什么。墙面上留白、橱柜内空间留白、货架材料、超市材料框留空,"留白"之后,想象力与创造力来了,幼儿会在"留白"处大胆"补白"。

　　"支持儿童成长的幼儿园课程环境创设"应该体现幼儿园"一日活动皆课程"的课程观,全面地结合课程内容,让幼儿全面和谐发展;应该是有趣的,能让幼儿获得积极情绪情感的发展;应该是互动的,激发幼儿参加各类活动的主动性;应该是美

观的,提高幼儿审美素养;应该是具有挑战性的,让幼儿去发现、探索,陪伴幼儿健康成长。

(上海市黄浦区海粟幼儿园　黄志煜)

第六节　围棋与游戏融合课程的研发与跃升

新时代教育背景下,培养什么样的人,怎样培养人,为谁培养人? 这是教育工作者一直在思考和追求的。

传统文化是中华民族的精神命脉,是最深厚的文化软实力。要把优秀传统文化和发展现实结合起来,在继承中发展,在发展中继承。习近平总书记指出,围棋中包含着人生的哲学和世界战略,能培养人的大局观,围棋与人生、哲学、民族心理有着密切的联系。

早在 20 世纪末,我园在特色项目建设中引入了围棋——这一蕴含着民族文化丰富内涵的益智活动,也一直秉承着"以棋启智、以棋育人"的理念。随着研究与实践不断深入,我们越来越感受到围棋活动中饱含的诚信明理、谦逊有礼等行为文化,以及价值观念、审美情趣、思维方式等精神文化,是极其宝贵的育人资源。我们以区级课题"3～6 岁幼儿围棋与游戏融合课程的开发与实践"为抓手,进行西凌第一幼儿园课程的深化研究。

一、传承——围棋与各类游戏的"接"与"并"

"接"与"并"是围棋中的术语,"接"是指棋子连成不可分割的整体,"并"是一般作用于加强自己的连接,可以把它们引申为"传承"。

围棋,博大精深,是中华民族的文化瑰宝,被誉为"智慧的体操"。在两千多年的发展过程中融合了哲学、历史、天文、艺术等丰富的文化内涵。我园近 20 年的实践促使我们寻找突破与发展,七年前我们有三方面的思考:

第一,如何把围棋文化的内涵实质充分挖掘出来,使教师和家长对围棋活动的认识不仅仅停留在"它是一种益智活动"的层面?

第二,怎样验证围棋所蕴含的文化内涵、育人价值能影响 3～6 岁儿童,如何将围棋中蕴含的传统文化与我园基础课程、特色课程进行科学链接,继而传承和发扬好祖国的传统文化?

第三,怎样弱化围棋的竞技功能,使围棋文化浸润每一个儿童,使其感受到围棋活动的欢乐?

于是,我们开始研究"3~6 岁幼儿围棋与游戏融合课程的开发与实践"。我们改变了原先对围棋活动的定位,也变革了它的实施方式,将围棋和幼儿园各类游戏进行融合,借助游戏的"形"、传承围棋的"神"。如游戏"猫和老鼠"就是将围棋与运动游戏融合,使每个幼儿都能体验、感知围棋中求异的思维方式;围棋十诀中的"舍小就大"就是告诉幼儿在选择困难时,可在大和小、多和少比较中做出抉择;"势孤求和"教会幼儿在困境中知道寻求他人帮助或者合作。围棋活动中尊敬、坦然、谦虚、坚持等行为文化、精神文化、思维方式、想象力和创造力是值得传承的育人资源。历时七年,我们潜心研究,反复实践,诞生了"西凌第一幼儿园围棋游戏课程"。

二、创新——围棋游戏课程的"立"与"破"

（一）立——课程理念和培养目标

众所周知,一盘棋的最终结果,既是逻辑思维推理论证的结果,更是创造性思维演绎想象的结果,因为没有一盘棋是重复再现的。围棋更蕴含着一些学习方法,有助于幼儿养成坚持、独立、自主等良好的学习品质。但是,一味地强调技能,既抹杀了幼儿的学习兴趣,也使得有些不专于研究围棋的教师望而却步。因此,围棋文化的传承必须在确立课程价值导向的基础上,结合时代背景与幼儿需要谋求发展与创新。

我们认为,幼儿园的围棋活动不仅要注重认知的开发,而且更要关注棋品、棋礼、棋道和棋理的培养,这才是"以棋育人"的精华所在。为此,我们确定了"以棋育德、以棋怡情、以棋明理、以棋启智"的课程理念,课程核心思想是倡导传统文化在围棋活动中的渗透、浸润和传承;注重幼儿情感、礼仪、品德、习惯、能力、智力等全面发展;关注幼儿已有经验和与围棋游戏有关的新经验的连接,点亮潜能,启发突破,强调面向全体,营造支持适合个体化(差异化)发展的活动环境;培养具有良好品行、美好情趣、健康生活、文明礼仪、规则意识、思维品质和对传统文化有兴趣的西凌好儿童。基于《3~6 岁儿童发展与指南》,我们确立了课程理念下各年段的目标和评价指标(见表 3-4),同时形成了体验式、浸润式和交融式的课程实施途径。

表 3-4　3～6 岁幼儿围棋与游戏融合课程的培养目标

具体目标	小　班	中　班	大　班
在围棋游戏中养成良好品德，包括爱国、爱集体、尊敬师长、团结友爱、有爱心、诚实守信	1. 知道围棋的起源 2. 爱护围棋玩具和游戏材料 3. 想加入同伴的游戏时，能友好地提出请求 4. 不争抢、独霸玩具	1. 了解围棋历史上为国争光的名人事迹及典故 2. 在合作游戏中，表现出初步的集体荣誉感 3. 游戏时不欺负弱小 4. 能够尊重游戏伙伴 5. 同伴不开心时，有关心的行为出现	1. 以名人为榜样激励自己 2. 有团队意识，愿意为集体服务，有一定的集体荣誉感 3. 游戏时不欺负同伴 4. 能关心同伴的情绪和需要，并给予力所能及的帮助 5. 爱惜玩具和游戏材料 6. 做了错事敢于承认
发展鲜明个性与喜好，敢于追求并坚持自己的爱好，善于调节自己的心情，并能保持愉快	1. 对围棋活动有好奇心 2. 愿意和同伴一起玩游戏 3. 对自己喜欢的游戏有明确的表达 4. 体验到游戏带来的快乐	1. 对游戏产生浓厚的兴趣 2. 喜欢和同伴、成人一起玩游戏 3. 能根据自己的兴趣选择游戏 4. 知道自己的优点和长处，并对此感到满意	1. 在游戏中表现出积极、主动、向往之情 2. 游戏时有交好的同伴并喜欢结交新朋友 3. 乐意与大家分享有趣开心的事情 4. 能保持积极、快乐的情绪 5. 对自己喜欢的游戏表现出一定的坚持
在理解礼仪、规则的基础上，遵守围棋基本礼仪，能明白简单事理及围棋对弈中所蕴含的浅显道理	1. 知道简单的围棋礼仪，能使用基本的礼貌用语 2. 懂得遵守游戏规则的重要性 3. 懂得尊重他人的必要性 4. 在安全教育中能初步理解围棋十诀中逢危须弃的道理	1. 知道围棋礼仪的由来并能遵守 2. 懂得轮流分享的益处 3. 游戏时愿意接受同伴的意见和建议 4. 知道游戏规则的意义，并能遵守 5. 在游戏中理解围棋十诀（不得贪胜、舍小就大、势孤求和、彼强自保）的道理，并尝试运用	1. 懂得遇到困难时应通过协商、分工、合作等方式来解决 2. 理解规则的意义，能与同伴协商制定游戏规则 3. 理解围棋十诀（入界宜缓、攻彼顾我、弃子争先、慎勿轻速、动须相应）的道理，并在适当的情境中加以运用
在围棋游戏中发展幼儿智力（包括记忆力、观察力、注意力、想象力、创造力、思维力等）	1. 认识围棋棋盘和器具 2. 在游戏中体验围棋的基本着法（交叉点、气） 3. 能察觉到棋局的明显变化，并作出初步的判断 4. 会说简单的围棋童谣、儿歌等	1. 在游戏中感知围棋的基本着法（数气、包围、打、吃子、提子） 2. 能运用数数、比较等方式来判断输赢 3. 能记住简单的围棋术语及其着法 4. 会说简单的围棋故事	1. 能比较熟练地掌握围棋的基本着法（双打、聪明的打、枷锁、征子） 2. 在游戏中能进行 10 以内的加减运算 3. 掌握围棋对弈中基本的技巧和策略 4. 通过观察棋局，作出合理的判断；能进行简单的围棋故事表演

（二）破——课程实施方式和途径

1. 拓展围棋游戏，激发潜能，培育聪敏儿童

传统的围棋教学之所以不被多数幼儿青睐，主要原因是传统围棋的教学模式主"静"，长期进行这种静态的活动对于天性好动的幼儿来说显然很有难度，这与3～6岁幼儿的天性"好动"是相违背的。这也导致了很多幼儿渐渐失去对围棋的兴趣。如何让幼儿身心愉悦地沉浸于千变万化的围棋世界中，让棋文化在幼儿身上逐渐生根发芽，成为我园开发特色课程过程中必须思考的问题。

皮亚杰认为，规则游戏是幼儿期一种比较高级的游戏形式，并且将规则游戏定义为"感官运动神经组合或智力组合，是带有竞争性的游戏"。《3～6岁儿童发展与指南》对游戏也有明确要求。围棋是一种策略性两人游戏，中国古时称"奕"，西方称"GO"。围棋作为规则游戏，不但有着大量的规则，同时也具备幼儿喜爱的特质。幼儿对于游戏有着天然的热爱和兴趣，而围棋在某种意义上又属于竞技游戏，这为围棋与幼儿园游戏融合提供了天然的联系。

表 3-5　《3～6岁儿童发展与指南》中的游戏和围棋游戏的对比表

指南对游戏的解读	围棋游戏
游戏使幼儿聪明	围棋游戏促进幼儿综合能力的发展
游戏中的学习对幼儿发展有长远效应	棋理、棋品影响人的终身发展
重复性行为是幼儿游戏的特点	围棋中蕴含了大量的同质内容（如落子、数气、提子等）
尝试性行为是幼儿游戏的常见表现	围棋的玩法是由易至难、小步递进的

于是，我园将优秀的、适宜幼儿体验感知的围棋文化和幼儿游戏板块的活动相整合，结合各领域的特点，以幼儿喜闻乐见的游戏（包括体育游戏、智力游戏、音乐游戏等）开发与实施围棋课程，探索围棋文化与这些游戏的结合点，让幼儿在游戏中体验，在游戏中互动。

我们针对三个年龄段共开发了 22 个游戏，有运动类、音乐类、科学类、文化类，融合了二期课改的基础课程中的四大板块：生活、运动、游戏、学习。我们的围棋游戏有三个创新点：

（1）突破了围棋两人游戏的单一形式

我园的围棋游戏除了传统的两两对抗，还有各自为战的单打独斗型、全班为单位的集体游戏型、3～5 人的小组合作型，更有 10 人左右的大组团队合作型。比如:翻翻乐、占地盘、碰一碰、开汽车。

（2）打破围棋桌面棋盘的单一格局

我们把棋盘放大搬到地面、操场,棋盘格子不拘一格,可以根据游戏的需要动态调整;有的游戏可以没有棋盘;有的游戏中人或者道具(鼓棒)就是棋子等。比如:小鸡找家、海底探宝、喜洋洋、猫捉老鼠、迷宫。

（3）冲破围棋枯燥训练的模式

22 个围棋游戏都是以规则游戏方式呈现,中大班围棋游戏以低结构自主模式开展,每位教师负责一个游戏项目,幼儿自主选择游戏内容、自主结伴、自主制订游戏规则。小班幼儿由于年龄特点的关系,开展游戏地点不动,由班级教师带着轮流玩的模式。为了保障幼儿能参与所有的游戏,两年时间里,中大班所有幼儿尽量每个游戏都玩到,在此基础上可以选择自己的兴趣点多次参与游戏。

2. 研发数字软件,推陈出新,提升思维品质

在研发实战型的围棋游戏的同时,我园根据原有的"童谣围棋"文本成功开发出了一套多媒体数字软件《越玩越聪明——围棋童谣》。在专业人士和制作团队的合作下,我们共设计了三册程度由低到高的围棋童谣,涵盖了 12 种围棋礼仪;35 个生动有趣的围棋基本着法的动画演示;以及与之相匹配的 35 首朗朗上口、浅显易懂的童谣;具有幼儿自主可检性的 35 个软件互动小游戏。每一次活动的开始和结束都以动画形式把围棋礼仪声情并茂介绍给幼儿,让幼儿反复体验和感知,潜移默化地植入明理、怡情、尊重等美好品行,以达到内化于行的目的。这一转变顺应了时代的发展,深受家长和幼儿的喜爱,大大地提高了围棋游戏活动的推广力度。

"围棋童谣"数字软件真正做到了零起点、游戏化、可操作、普适性,每天投放在个别化活动区域里,供幼儿自主学习和游戏,形式更加多元开放。软件开发也提升了教师对活动设计能力、课程研发能力以及课程的执行能力。

3. 编演微话剧,滋养良好品德

围棋在两千多年的发展历程中形成了宝贵的礼仪文化,传递一种和谐平等的人际关系态度。在围棋的棋盘中,棋子只有黑白之分,每个棋子是平等的,没有身份、职位的不同。我国著名的开国元帅陈毅为《围棋明谱精选》题词:"棋虽小道,品德最尊",可见礼仪在下棋过程中是非常重要的,对促进幼儿良好品德的形成具有重要作用。

　　我园自主编写、排演的微话剧《一棋艺世界》共有 8 个剧目,分传统版和卡通版。其中 4 个是关于围棋起源和经典传统励志故事,采用古装版本,通过故事情节、服装、道具、背景等元素让幼儿感受并传承围棋文化。如:刮骨疗毒、尧造围棋以教子丹朱、杨靖与猴奕、吕元应以棋品观人品。另外 4 个是着重于围棋礼仪的,选用卡通动物版,通过观摩让幼儿接受各种围棋礼仪的熏陶。有趣的动物形象更容易让幼儿产生认同感,也乐意学习各种礼仪,比如:多舌的小鹦鹉、骄傲的小猴、三心二意的小猫、没有礼貌的小狮子。围棋微话剧每月在"棋凌小剧场"由教师和幼儿共同演绎。

　　同时,我们还把围棋微话剧绘制成儿童绘本共 8 册,作为班级幼儿用书,把形象的围棋文化故事通过教师和幼儿演一演、儿童绘本读一读的方式,让幼儿真正理解其中的道理,把优秀的围棋传统文化植根于幼儿的心里。

　　我们期望在围棋游戏世界里点亮每一名儿童的潜能,发挥他们的想象力、创造性,最大限度地给予幼儿润物细无声的教育影响和引导,让幼儿在博大精深的围棋文化世界里茁壮成长。

三、成长——课程研发中的"思"与"行"

　　伴随着围棋游戏课程的研发和实践,从评价结果来看,西凌幼儿园的幼儿们发生了很大的变化。他们在社会性、运动、非智力、智力、创造性、规则意识、合作意识、合作能力、创造性、抗逆力、文明礼仪、道德素养等方面有着明显的发展与提高。就连小班的幼儿也常常唱着童谣玩游戏,乐在"棋"中。

　　我园特色课程从本质上推动了教师专业化发展和教育理念的转变。教师在特色课程的开发中,由原来的课程执行者转变为课程的开发者、实施者、评价者。教师角色定位也改变着教师的观念。在一次次的研讨、实践、总结和反思中,教师们对特色课程的内容和实施有了更多的独到见解,变得更加严谨和精益求精。教师们会主动对自己的每次活动做出详细的剖析和反思,对课程、围棋和游戏本体功能,幼儿发展都有了更深层次的理解。有的教师在案例中写道:爱上围棋并不难,我与围棋游戏共成长。

　　这一轮综改项目接近尾声,但我们仍然在反思:围棋文化在课程设计和实施中还处于薄弱环节,如何对 3～6 岁幼儿进行适宜的围棋文化熏陶? 在新时代必须推进中华优秀传统文化的创造性转化和创新性发展。但要让3~6岁幼儿理解这些抽象的、非具体的东西是非常困难的,新故相推,日生不滞,我园将继续努力、不断前行。同时,我们也坚信,我们的下一代会把围棋这一蕴含着民族文化丰富内涵的精神和物质财富传承下去,并发扬光大!

(上海市黄浦区西凌第一幼儿园　许敏臻)

第七节　幼儿园生活教育课程深化研究

一、背景与意义

中国著名教育家陶行知倡导将幼儿的教育寓于生活①这一载体,在生活过程中实现对幼儿润物细无声的教育。南京东路幼儿园引用陶行知先生的教育理论,对"生活"定义进行深度诠释。我们认为,只有将教育与生活结合起来,在生活中进行教育,才能更好助推课程发展,促进幼儿的全面成长。

（一）生活是课程内容

作为一所多年来致力于生活特色课程研究的幼儿园,在实践中我们赋予生活教育课程深刻的内涵。从狭义上来说,生活教育就是指一日活动中的吃喝拉撒睡等生活基本自理能力培养,我们称之为"小生活"。从广义上来说,除了涉及幼儿一日活动中的生活环节,将之与学习、游戏、运动渗透,并与社会生活环境互动,把交往礼仪、自我保护、环境卫生、生活规则等方面的生活教育内容进行园本化的演绎,使生活教育的内涵和外延不断丰富和拓展,形成以生活教育为切入口的整合教育课程,我们称之为"大生活"。

（二）生活是实施途径

生活作为一种教育途径,为深化生活教育课程提供了多样的机会。在幼儿一日活动中,多途径、多手段、多通道地利用各种类型的活动,渗透生活教育的理念,为幼儿创设了园内外多种体验生活的渠道,营造生活教育的氛围,提供完善

---

① 徐莹晖.陶行知论生活教育[M].成都:四川教育出版社,2010:87—110.

的安全保障,让幼儿在操作中学习、在养成中培养、在活动中体验、在实践中获得,其中,社会教育资源的开发与利用更是拓宽了幼儿学习的渠道,丰富了幼儿学习的经历。

(三)生活有教育的价值

我们将生活教育课程目标和《3～6岁儿童学习与发展指南》中幼儿的培养目标相融合,提出的课程目标是:形成自理生活的习惯、学习健康生活的方法、提高适应生活的能力、萌发探索生活的兴趣、体验自信生活的快乐。在这一目标的引领下,具体通过与游戏、学习、运动的整合来加以落实。

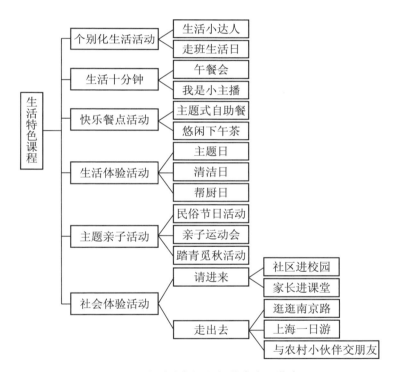

图 3-7 生活特色课程相关内容一览表

(四)生活有丰富的资源

我们的教育资源取材于生活,通过"走出去""请进来"等丰富的措施,充分挖掘各类资源中的教育价值,将之与课程中的主题相结合,丰富课程内容,拓宽教学资源。

二、思考与认识

《3～6岁儿童学习与发展指南》中强调："要珍视游戏和生活的独特价值，创设丰富的教育环境，合理安排一日生活，最大限度地支持和满足幼儿通过直观感知、实际操作和亲身体验获得经验的需要。"之所以要"珍视"，是因为生活是幼儿园主要的活动形式，占一日活动的时间比例为四分之三，可见生活教育对幼儿发展的重要性。

（一）对教育目的的重新思考

生活无时无处不含有教育的意义，幼儿需要的、感兴趣的，尤其是随时随地在其生活、学习过程中产生和发现的，又是他们想知道和要解决的问题，都应及时纳入教育内容中来，生活教育课程就是要关注幼儿，提高幼儿生活能力。

（二）对课程实施途径的重新思考

生活既是教育的内容，又是教育的途径。一日生活的每一个环节都具有教育价值，都应从幼儿发展的实际需求出发，加以充分地组织和利用。

（三）对教师角色的重新思考

生活教育课程实施需要以生活体验为中心，只有行动和思想结合，才能取得"真知"。教师应通过环境创设、细致观察、认真倾听、平等对话、适切帮助、家园合作等，与幼儿建立一种新型的师幼关系。

三、实践与探索

由于幼儿期是一个稚嫩的、需要成人精心照顾和保护的时期，同时又是其自理、自立、迈向独立的需要日益增长的时期，引导幼儿自主获得各种生活经验是关键。

（一）创设符合年龄特点的生活情景，让生活教育更自主

我们开展"走班"形式的生活日活动，即班级教师将单一的生活技能练习转化为创设多元游戏的情境，提供不同层次的丰富材料，幼儿在规定的时间段到同一年龄段平行班自主选择生活体验活动内容，旨在打破年龄段的界限，扩大幼儿交往范围，提升其社会交往能力，在多样的环境创设中通过体验学习促进幼儿社会性发

展,这一形式的实践有助于:

1. 培养幼儿遵守规则、乐观合群、友爱互助

走班让幼儿的交往范围进一步扩大,幼儿在走班过程中增加了彼此交往的机会,学习中同伴间产生相互影响,有利于增强幼儿抗挫性、忍耐力以及互助、竞争和合作意识等综合能力的培养。

2. 增进幼儿对自身的了解,从而形成积极健康的自我意识

在走班过程中,幼儿的自信心得以提升,他们按个人的学习水平、发展需要、自身爱好、兴趣特长等进行自主选择,能增强其自信心和成就感,获得成功的快乐体验,减轻技能学习的思想压力,始终保持乐观的情绪和平衡的心态,从而都能获得不同程度的发展。

3. 培养幼儿自理能力与自立精神,体验自我服务的乐趣,感受成长快乐

走班形式自由宽松,全面调动幼儿的学习主动性,充分赋予幼儿的主体地位,克服了传统的班级单一生活学习的局限,最大限度地让不同兴趣爱好、不同学习基础、不同学习能力的幼儿融入适宜的学习环境,让幼儿学会正确评价自己的能力,并逐渐找到后续努力学习的方向。

表 3-6　走班日一览表

年龄段	教育重点	相关提示
小班	模拟生活	各班分别创设五个生活场景(不重复),引导幼儿利用角色扮演在情境中自主选择摆弄,练习手部动作,对各种生活技能的学习产生兴趣
中班	发展技能	结合生活用书和学习主题,各班分别创设不同场景、不同材料、不同玩法的生活学习内容(六个及以上),引导幼儿多途径体验,掌握正确使用筷子、清洁身体等生活自理的方法,愿意尝试,有积极学习的愿望
大班	锻炼能力	各班以面点屋、民俗馆、手工坊等为主题创设编制中国结、自制面点等活动,进一步增进手部精细动作的练习,能够坚持下去,不怕失败

为了让幼儿获得更多生活的"真经验",我们以月为单位,预设了多个内容丰富的生活体验日活动。"帮厨日"旨在引导幼儿在洗、切、剪、包等操作过程中认识生活中常见菜品的名称,感知烹饪前后蔬菜的外形变化,了解其营养价值,体验工具使用方法、自我保护等多样生活经验。"清洁日"旨在引导幼儿在使用清洁用具过程中自主探索有序整理的多种生活方法,在相互交流、合作过程中培养有条理的思维方式和自我整理、团队合作的劳动意识。"主题日"旨在围绕一个

主题,从生活、认知、情感等多个方面,通过媒体欣赏、材料收集、自主操作、交流分享、作品展示等形式,让幼儿在过程中积累生活经验,获得自信、快乐等多样生活体验。

在研究过程中,我们将"小生活"的习惯养成与现实生活相融合,以"红红火火过新年"为例,把传统节日、用餐礼仪、饮食文化等教育元素合理统整,力求通过营造多样的体验氛围,引导幼儿积极投入,在参与环境创设、动手制作、品尝感知中进一步感受多样的生活元素,使生活教育的课程理念更加具体地落实在幼儿的常态生活中,使幼儿更加直观地感受生活的快乐,享受生活的美好。在主题活动实施过程中的关键举措有:

餐前服装,色彩凸显。营造愉快、温馨的新年就餐氛围,在与家人准备服装的过程中体验到"中国红"在中国传统民俗节日中的重要地位,有仪式感地参与不同寻常的节日活动。

餐前准备,体验过程。结合平日里参与午餐帮厨的经历,引导幼儿在餐前参与食材切配工作,自主选择,自我服务,体验动手操作的乐趣,激发快乐用餐的情绪。

支持协助,自己动手。在进餐的过程中,为幼儿营造自主空间,多样餐具、丰富菜品等,不同的自助环境让幼儿更直观地感受餐饮文化。

图 3-8　主题用餐环境

按需取食,文明进餐。引导幼儿围绕用餐礼仪展开讨论,鼓励幼儿根据生活经验共同商议制订就餐小约定,达成共识后以绘画的方式呈现在餐厅,让每个幼儿都能够自觉遵守。

自由结伴,快乐用餐。打破以往用餐布局,提供自主结伴的空间,使彼此用餐情绪更加愉悦。

光盘计划,习惯养成。互动发起"光盘计划",让幼儿更加直观体验"光盘"的意义,当每个用餐完毕的幼儿获得"光盘"奖励贴纸时,都会自豪地表示自己的"光盘计划"成功! 同时大家都很自觉有序地整理好餐具,将其归类摆放整齐,最后还不忘记对镜把脸擦干净,文明的行为举止在这一过程中得到充分的展现。

品鉴美食,自主评价。餐后投票评选最喜欢的菜肴,这种评价最直观、最本真地反映了幼儿的想法。教师通过观察倾听了解幼儿的所思所想,据此进一步完善和调整后续餐点活动。

图 3-9　评选"最爱菜肴"

(二)拓展主题社会实践活动内涵,让生活教育更整合

我们充分挖掘社会资源中的教育素材,将之与课程目标相整合,丰富课程内容,不断从经验积累的方式、社会规则的养成、亲子教育的实效等方面挖掘生活教育的价值。如:社会实践活动"与农村小伙伴交朋友",这一实施了十多年的生活教育课程内容,聚焦以"五个一"的任务行动引导幼儿习得多样情境中的交往经验。

1. 给朋友打一个电话

鼓励幼儿主动和朋友打电话,以电话邀请的方式与朋友沟通聊天,培养幼儿当小主人的意识。

2. 玩一个民间游戏, 做一件美工作品, 学一个生活技能

创设不同的活动内容, 在玩、做、学中引导幼儿学习当小主人的基本礼仪, 体验与好朋友久别重逢共同游戏的快乐情感。

3. 当一回小导游

利用幼儿熟悉的南京路步行街、滨江大道等地标性场所, 鼓励幼儿大胆、自信地向朋友介绍自己熟知的周边环境, 在看看说说的过程中积累人际交往的经验, 增进与朋友之间的情感。

在不断拓展"大生活"教育视野的过程中, 我们进一步利用园所地理优势, 完善有鲜明地域特色的"逛逛南京路"活动, 根据年龄段侧重不同的教育点, 让幼儿走出去, 亲身体验、积极探究, 促进幼儿的全面发展。

除了充分利用园所周边熟悉的资源, 为了进一步利用生活实景丰富学习资源, 发挥家园合力的教育作用, 积累更直观的生活经验, 我们对"上海一日游"活动进行了再设计。

表 3-7 "上海一日游"活动一览表

年龄段	活动名称	活动目标
小班	人民广场	1. 欣赏广场的建筑物, 感知各种不同造型的房子 2. 喜欢亲近小白鸽, 初步认识秋天的显著季节特征
中班	滨江大道	1. 观察浦江两岸标志性建筑的不同特征, 体验出行的多种方式 2. 有寻找马路上的各种标志的兴趣, 初步了解其与人们生活的关系
大班	逛逛城隍庙	1. 了解城隍庙里的各种民俗特色, 萌发爱上海爱家乡的情感 2. 以任务单的形式与同伴一起用多种方法收集城隍庙里的相关信息, 愿意大胆与人礼貌交往, 有合作意识

活动从最初的教师组织到如今双休日亲子实施, 改变的不仅是教学形式, 而且通过教师有目的的预设, 引导家长重视出游中的亲子教育, 推荐家长与孩子互动交流的有效方法, 帮助幼儿在真实的生活情境中体验学习, 积累生活经验, 让家长进一步了解课程, 认同家园一致教育的重要意义。

(三) 邀请不同职业的家长走进课堂, 让生活教育更真实

家长资源的利用打破教师传统授课模式, 在现场互动、演示讲解、模拟情景、技能展示中, 让幼儿更真实、直观地对生活中的人和事有具体的认识。

表 3-8　家长进课堂一览表

相关职业	教育重点
理发师、保洁员	懂得爱清洁、讲卫生,养成个人卫生好习惯,有保持公共环境整洁的意识和行动
交警、武警、消防员、保安	掌握生活中简单、必备的自我保护方法,积累安全保护自己的经验
厨师、点心师、拉面师	了解不同食物的营养及其与身体健康的关系,懂得均衡、营养膳食很重要
小学老师、银行人员、邮递员	做事要有始有终、遵守集体规则,知道有序的生活习惯从身边的点滴事情做起
裁缝、花匠、茶艺师	懂得灵巧的双手不仅能够装扮自己、美化环境,还能提高生活的品质

四、成效与反思

（一）生活教育课程的内涵得以拓展

实践对课程起到了积极、有效的推动作用,我园生活教育内容从封闭走向开放,多种教育因素有机联动,不仅完善了已有生活活动内容,而且补充了基于幼儿经验的、富有创新设计的、可操作的生活体验等实施方案,使课程内涵更加丰富。

（二）幼儿的自主学习能力得以提升

多元的学习环境让幼儿有更多的机会始终将兴趣放在首位,在真实或模拟的生活场景中,不同能力的幼儿按兴趣自主选择,不断地积累所需的经验,越来越多的幼儿愿意大胆表达个人的主张,主动学习的能力不断地提升。

（三）教师的教育教学行为得以优化

教师关注自身定位,将更多的时间用来观察、记录幼儿的行为,讲述、分析案例故事,顺应幼儿的需求,乐分享善总结;关注过程体验,努力删减过多的教授痕迹,以实效的行动将生活教育的理念落地做实。

（四）后续思考

在生活教育课程深化实践过程中,我们注重环境创设,强调亲身体验;注重隐性引导,强调自主获得;注重家园合作,强调综合发展,通过多元整合的实践思路,让幼儿在积极参与过程中自主积累生活经验,让幼儿真正在各类活动中体验快乐,助力成长。在后续的研究中,我们将继续以陶行知先生的生活教育理论为指导,将《中国学生发展核心素养》中"健康生活"素养的三个基本元素即珍爱生命、健全人格、自我管理引入课程,结合《3~6岁儿童学习与发展指南》,使生活教育课程更加凸显有效性,努力让"小生活""大生活"教育"唤醒"幼儿的独立意识与健全人格,在与社会和大自然的互动中,为幼儿进一步体验、积累生活经验打好基础,让幼儿从小热爱多姿多彩的美好生活。

(上海市黄浦区南京东路幼儿园　余　泓)

第二章　"集团化"办学助推课程研发"跨越化"

第一节　打造"1＋9＞10"的游戏化教育集团共同体
——蓬幼游戏化教育集团基于问题的实践与探索

2018 年 6 月，在区教育局的支持关心下，蓬幼游戏化教育集团成立了。集团由蓬莱路幼儿园牵头，有 9 所不同类型的公办、民办幼儿园参与其中，希望能形成一个合作开展游戏研究的学前教育共同体，优势互补、资源共享、思维碰撞、合作共赢，高位发展。我们期待"1＋9"的集团化教育模式，能带来十分满意的社会效应，发挥"1＋9＞10"的效益，能为黄浦学前教育的高位发展添砖加瓦，为促进教育均衡发展助一臂之力。

一、游戏化教育集团成立的背景

（一）区域背景

《黄浦区教育改革和发展"十三五"规划》中指出："坚持游戏为幼儿的基本活动，强调学习方式的低结构、游戏性和情境化"，以及"通过学前教育共同体、示范园辐射等机制提升优质园的辐射力与影响力"。《黄浦区推进教育综合改革试验整体方案（2015—2020 年）》和《黄浦区学前教育三年行动计划（2016—2018 年）》中指出："要采用'政府推动，示范幼儿园引领'方式，通过构建示范园为龙头的合作共同体，形成联动发展的新机制，努力建设高位均衡、人民需求得到充分满足的、充满活力的优质学前教育。"

（二）时代背景

《上海市教育委员会关于推进本市紧密型学区和集团建设的实施意见》中强调："加强课程教学的共研共享，要充分发挥群体智慧，以先进的文化引领学校'和而不同'的发展。"《幼儿园工作规程》中也非常明确地指出:"幼儿园教育以游戏为基本活动,应当将游戏作为对幼儿进行全面发展教育的重要形式。"

基于以上两方面的背景条件,集团成立融天时、地利、人和于一体,体现了示范园的责任和担当,凸显了黄浦教育综合改革的方向和作为,顺应了时代发展的目标和需要。

二、游戏化教育集团成立的意义

(一)游戏对于幼儿学习与发展的重要性无可替代

《幼儿园工作规程》20多年后推出新版,"以游戏为基本活动"一字未变,足以说明游戏的重要性。2018年7月,教育部办公厅印发《关于开展幼儿园"小学化"专项治理工作的通知》,明确指出:幼儿园要落实以游戏为基本活动,坚决纠正"小学化"倾向;在"2018年全国教育工作会议"中,再一次强调要加大力度继续开展"小学化"专项治理。重锤敲响最强音,我们以为:杜绝小学化、学科化倾向最有力、最积极的回应就是尊重幼儿的年龄特点,尊重幼儿游戏的权利,让幼儿充分游戏,获得更好发展。

(二)共同体协作研究中资源的共享性充分彰显

教育集团共同体的协作模式能最大限度地发挥资源共享的优势,包括课程资源、专家资源、教师资源、信息资源等,发挥"1+9>10"的效应。也让我们能提高站位,少走弯路,赢在起点,更前瞻地思考和规划学校的发展,编制和设计课程方案,打造和培养师资队伍。

(三)由"一枝独秀"到"百花齐放"的发展性持续升华

利用集团化办园的优势和契机,打造"游戏研究共同体",一方面,充分发挥集团成员单位中游戏特色园的研究优势,辐射成功经验;另一方面,由蓬幼领衔,完善和优化幼儿园课程,凸显游戏的育人价值,提高教师专业能力,进一步推动集团高位均衡、优质普惠。一枝独秀不是春,百花齐放春满园,这是对"办好家门口每一所学校"的真实写照。

三、基于问题的思考与认识

(一)由不同园所、相同愿景引发对集团运作管理的思考

目前,集团所属9所成员单位中,有的以结构游戏为特色,有的以表演游戏见

长，有的研究社会性游戏风生水起，有的正在构建以民间游戏为特色的课程。不同的办园历史、不同的等级规模、不同的课程特色、不同的师资状况，因为一个共同的愿景走到一起，如何做到优势互补，资源共享，合作共赢？

（二）由一次"关于游戏中问题的调研"引发的思考

集团成立之初，我们开展了一次调研，收集到了来自基层一线关于教师游戏组织与实施中的各种问题，结合区教研室游戏研究团队的问卷调查，得到了以下几个关键结论：第一，各园所中各类游戏的开展存在差异，游戏时间基本能保证，但有的园所游戏开展种类单一；第二，在规定每天一小时的自主游戏中，选择开展角色游戏的园所最多，教师对角色游戏的关注度最高、问题也最多；第三，随着不断学习和深入"让游戏更自主"的理念，对于"幼儿真游戏，老师做什么"产生了很多的困惑，如：角色游戏内容真的不需要老师预设吗？难道新小班幼儿游戏也要全面"留白"吗？幼儿自发生成的游戏主题多了，但是同伴之间的交往少了，如何看待这样的现象？游戏种类很多，如何在课程中合理设置？以某一种游戏作为课程的特色，是否可以替代其他种类的游戏？

四、多种途径的实践与探索

聚焦真问题，我们以项目引领的方式，将"游戏"和"游戏化"作为关键词，一是研究"以游戏为基本活动"如何在幼儿园一日活动和课程中体现，二是研究在生活、学习、运动中如何运用游戏化的手段和方法促进幼儿的学习与发展。各园所也据此确定了自主研究的方向：

表 3-9　各园所自主研究方向

单　　位	自主研究方向
蓬莱路幼儿园	用游戏化的方式开展各类学习活动
星光幼儿园	个别化学习活动中的游戏化
瞿溪路幼儿园	如何利用游戏手段开展个别化学习活动，在游戏情境中激发幼儿自主探索、自主学习的意识和欲望
南京东路幼儿园	在"个别化生活活动"的设计与实施中加强游戏化
汇龙幼儿园	个别化学习活动游戏化

单　　位	自主研究方向
紫霞幼儿园	集体教学活动游戏化
永安路幼儿园	游戏化体育活动
中华路幼儿园	民间游戏推动幼儿自主发展
回民幼儿园	民间游戏(集体性民间游戏的实践探索)
民办海贝儿托儿所	阅读活动中的游戏化

同时,我们也脚踏实地地开展了多途径的实践探索。

(一)相约专家,面对面答疑

为了进一步把握正确的方向,我们第一时间邀约幼儿游戏教育专家、上海学前教育特级教师徐则民老师答疑解惑,徐老师的专题报告"让游戏更自主"通过大量的调研数据和幼儿游戏现场视频的解析,让全体成员豁然开朗。对于一些问题,徐老师直接给出了答案,阐述了为什么要这样,一旦方向明确,就不会走弯路;有些问题答案不是唯一的,也不是简单的是与否或对与错,但是,一旦理念更新,相应的教育行为就会跟进。为了及时帮助集团各园所在实践中解决问题,我们定期邀约专家,开展"与专家面对面,答疑解惑话游戏"的研讨,及时清扫障碍,让研究更顺畅。

(二)现场展示,零距离感受

为了让教师真正地从实践层面上理解游戏对于儿童发展的价值,体验并感受游戏化教学手段的魅力,集团还邀请了南西幼儿园张嵬老师现场展示"数领域的游戏化教学活动",微报告"集体教学游戏化的设计与思考"引发了大家对"游戏化"的思考,让"以游戏为基本活动"不成为一句空话。集团还组织教师参加许卓娅教授在上海的巡讲活动"幼儿园音乐游戏化教学研讨会"。蓬莱路幼儿园严蕾老师还为大家做了音乐游戏化教学实践的现场展示,特级教师邵黎柳对活动做了评析,零距离地现场观摩让教师们学有所获、学有所思。

(三)教研联动,真问题研讨

蓬幼游戏化教育集团游戏研究共同体得到了区教育学院幼教教研员支持和助力,他们深入集团长程指导,把脉诊断过程性的问题。同时,我们还与区教研员张红老师负责的区游戏研究组牵手,开展教研联动,用足资源、用好资源。目前60%

的集团成员单位教师已经成为区游戏研究核心组成员。大家还一起走进以表演游戏为特色的成员单位瞿溪路幼儿园,聚焦幼儿的真游戏、教师的真问题,联动开展"幼儿角色游戏观摩研讨活动",主要观摩小班"零情境"理念下的游戏现场,学习了中大班材料超市整体化、开放性的设计理念,其中环境空间的"空和满",楼层环境的"拓和缩",材料投放的"加和减""拆和分",以及留白区域的"需与求",都体现了对幼儿自主的尊重,也给每一所集团成员单位都提供了学习的范本,筑高了我们研究的起点。

(四)跨区参观,浸润式学习

集团在运作过程中,始终将领航的舵手——园长放在极其重要的位置上,为了带好队伍,主张园长身先士卒,先知先觉带头思考,先思先行大胆质疑。前阶段,全国幼儿园优秀游戏活动案例评选揭晓,将游戏的研究推向了高潮,当安吉游戏作为全国学习的榜样,大家争相效仿的时候,我们也进行了思考:我们该如何作为? 为此,集团带领成员单位的园长先后走进了宝山区行知实验幼儿园、上海大学附属实验幼儿园和长宁区海贝幼儿园,看幼儿的户外自主游戏,听获奖教师的介绍,共同思考游戏的价值,重新审视"幼儿为本"的游戏观,思考在游戏中如何推进幼儿的深度学习。集团还带领教师走进嘉定新城实验幼儿园和冰厂田教育集团,开阔眼界,拓宽思路,解决问题。

(五)园际分享,全方位了解

成员单位中有不少游戏特色园,在区域范围有一定的影响力,它们是集团中可以利用和学习的资源。于是继联动教研走进瞿幼后,我们又走进了紫霞幼儿园,观摩结构游戏、角色游戏和幼小衔接主题下的综合性、游戏化的分组学习活动。一方面,我们分享紫霞幼儿园游戏课程的经验;另一方面,一同思考"如何确保各类游戏在课程中的平衡""各类游戏对幼儿发展不同的价值所在"等问题,为调整和优化各自园所的课程实施方案起到了助推作用。

(六)园长沙龙,高品质互动

研究也考量园长的专业能力和水准,园长需要有前瞻的思考力、决策力和行动力。集团单位的园长们在参观了 3 所游戏特色幼儿园后,对于户外游戏的实施一度感到很困惑,如:如何发挥户外场地的最大使用率? 如果户外游戏中包含户外运动,多少时间合适,是否还需要考虑运动量、运动密度? 如何理解游戏中的深度学习? 园长们带着问题和思考进行讨论,在思维碰撞和专家引领下找到适合自己园所的方法和路径,呈现高品质的"四通"目的,即课程精通、理念贯通、协作沟通、方法变通。

除此之外,集团成员单位还共享着各类教育资源,如:以集团的方式开展教师招聘、在争创依法治校示范校或标准校的过程中,一起聆听法治宣传报告,集团党员一起听党课,设计垃圾分类小游戏等,努力发挥并实现了"1+9>10"的效益。

五、合作共赢的成效与反思

集众家之力,谋共赢之事,组建集团化的合作研究共同体,增加了园际互动的频次,缩小了园际之间的差距,共享优质的教育资源,分享各园所的办园经验和实践成果。

(一)取得的成效

1. 教师观念转变,让游戏更自主

打破园所壁垒的共同体研究,通过联动式教研、浸润式培训、互动式对话、专业性引领,我们开展了很多真问题的研讨,大家努力读懂专家"站稳十分钟""管住嘴,管住手""你(幼儿)负责玩耍和创新,我(老师)负责欣赏和记录"等游戏理念,并内化成幼儿游戏中教师的行为,将自主游戏的理念落实到具体的行为之中。

2. 办园方向明确,让课程更完善

坚持"以游戏为基本活动",已经深深地印刻在每个园长的心里,并力求通过课程的完善和优化来体现。蓬莱路幼儿园作为集团的龙头单位,在幼儿园课程的重构中也将进一步凸显游戏以及游戏的教育性,一是在基础性课程中做实做强游戏版块,包括自主性游戏和带有学习任务及规则意识的游戏;二是运用游戏化的方式和手段开展生活、运动和学习;三是科学地考虑课程的整体性、系统性、平衡性,有效梳理共同性课程和选择性课程的有机融合。每个成员单位也在过程中不断调整、完善和优化课程实施方案。

3. 质量持续提升,让家长更满意

集团为每个园所搭建了展示舞台和发展的平台,大家拥有共同的发言权,相互学习,取长补短,目标统合,求同存异,助推倒逼,持续发展。即便是集团中的二级园,也在 2019 年上海市课程与教学调研中获得专家认可和一致好评,家长对园所的满意率持续上升。我们共享优质的教育资源,有效促进了教育公平,使集团内的所有成员单位都成为家门口的优质园。

(二) 反思与展望

蓬幼游戏化教育集团还很年轻、很稚嫩,反思做过的事,展望后续的路,在集团建设中,我们还需要顶层设计,做好以下几方面工作。

1. 在共研共享的基础上,进一步发挥引领作用

集团营造了平等宽松、共研共享的合作共同体的学习氛围,还需要进一步加强和发挥引领作用,更好地彰显集团的优势,助推高位发展。集团的"引领"主要可以体现在三个方面。项目引领:目前,集团围绕"游戏"和"游戏化"开展研究,后续还需要确立一个更加聚焦和明确的主干项目,持续推进,使研究的成果更加明显和丰硕。优质引领:以蓬莱路幼儿园领衔,帮助各园所更好地提炼和总结,形成可复制的经验和有效的做法,在集团乃至更大的范围进行成果推广,包括课程建设、教师培养、园所管理等各方面。文化引领:用正确和先进的理念引领园所"和而不同"的发展,需要我们尊重科学、开拓创新、开放共融,团结就是力量,互助才能共赢。

2. 在互惠互利的基础上,进一步盘活运行机制

集团互惠互利,合作共赢,打开了研究共同体的工作局面,获得了"1＋9＞10"的满意效果。但是,整个集团还基本处于学习研究共同体的模式状态,更多的是考虑到学习途径的多样性,在制度管理、机制运行方面还需要进一步根据集团成员单位实际情况扩宽思路、设计方案,特别是在师资队伍建设和培养方面,要盘活机制,如:政策允许下的优质资源的流动,学科带头人、区级骨干教师的实践指导等。又如:盘算使用好集团经费,助力教师的专业发展,在资源共用、课程共享、教师共培、课题共研方面有创新举措,努力办好每一所学校、成就每一名教师、教好每一位学生。

(上海市黄浦区蓬莱路幼儿园　钱　红)

第二节　携手共研,聚智畅慧,促"健康运动集团"协同发展

在国家高度重视学前教育,黄浦区整体推进教育综合改革背景下,瑞金一路幼儿园(以下简称瑞一幼儿园)不断打造"睿智教育"品牌,以科学的态度努力坚守"为

了每一位幼儿健康成长"的初心,引领区域内 8 所幼儿园,聚智畅慧、共研共享,共同推动"瑞一健康运动教育集团"不断深化内涵,持续发展。

一、集团发展的优势和切入口的思考

(一)集团内园所课程建设优势分析和思考

集团内 8 所幼儿园均位于市中心,因为受户外活动场地所限,有的园所利用户外过道空间开展运动,有的利用楼顶、平台开展运动,但大家始终以提升课程实践内涵为己任,不断研究和实践适合本园的健康运动活动内容和方式,弘扬"重在参与、团结合作、勇于挑战、公平竞争"的运动精神,并在课程的实施过程中形成了各自的特点,这也成为"健康教育集团"不断发展的内在生命力。大家希望为促进幼儿健康发展联动智慧,开展集团跨园式实践研究。

通过调研,我们汇集了"健康运动集团"内的教师团队更关注和思考的问题如下:

(1)如何充分挖掘现有的资源,以科学的视角和方法着力于幼儿运动兴趣的培养、运动方式和运动技能的学习?

(2)如何聚焦教师的智慧,探究幼儿运动能力发展的内在规律?

(3)如何放眼未来,以终身发展的理念关注学前儿童身心健康的个体价值与社会价值?

(二)集团跨园式实践研究的切入口和运作机制的思考

基于以上的分析和思考,瑞一幼儿园牵头在集团内各园进行了问卷调查,以了解各个幼儿园对集团的"理念传递""运作方式"等方面的所需、所想。

根据问卷反馈结果,作为领衔单位的瑞一幼儿园,以黄浦区推进教育综合改革学校重点项目"构建幼儿健康日常监测与改善的园本质量保证体系研究"为依托,以日常运动课程的有效实施为切入口,立足大健康理念下运动课程的科学施行,通过"瑞一幼儿体质监测及运动管理平台"运作的深入研究和成果辐射,促进集团内各幼儿园健康质量保证体系的不断完善。

由此,集团提出了"携手共研,提升内涵"的跨园式实践研究运作方式,立足集团内各类园所运动课程的研发,聚焦问题,聚智畅慧、互辐成果,携手把握好幼儿一日活动中的运动环节,让幼儿在快乐而有效的活动中实现日积月累的健康成长。

二、"健康运动集团"跨园式实践和研究

(一)形成集团计划,确立研究主题

2018年8月,集团领衔园瑞一幼儿园园长吴超伦引领成员单位商讨和制订集团共研规划,确立研究主题:以幼儿健康成长为抓手,以"玩转运动小器械"为主题,创新设计器材简单、活动有趣、富有实效的运动活动,积累有质量的运动活动方案,提高教师的实践、反思和评析水平;过程中以科学育儿的态度辐射"瑞一幼儿体质监测及运动管理平台"实践和研发的成果,切实发展幼儿的身体素质。

(二)制订共研制度,营造研讨氛围

为了让集团内每位教师在共研过程中智慧创新、大胆尝试、实战现场,在集团各园讨论的基础上,我们形成了《运动集体活动共研组制度》。制度中重点要求每位成员在活动前能做好充分的准备,研讨时能毫不保留地传递新的信息、阐述自己的新看法,营造轻松、自由的研讨氛围;进一步打破园际壁垒,通过观摩、分享、共研,不断打造更好的有效课堂,充分发挥推广和辐射作用。

(三)瑞一健康运动课程研究成果辐射

"睿智运动"是瑞一幼儿园近年来着力打造的园本课程,在幼儿园重点项目"构建幼儿健康日常监测与改善的园本质量保证体系研究"实施过程中,愈发重视对不同体质幼儿运动状态下生理数据的收集与分析,将之作为设计适宜、科学的运动内容的依据,实现改善幼儿体质的目的。

为此,瑞一幼儿园教师创建了"幼儿户外运动数据共研平台",建立睿智教育理念下的幼儿户外运动数据库,通过收集幼儿运动中的医学数据和运动能力达标数据,为设计适宜、科学的运动内容提供证据,从而保障"睿智运动"课程高质量实施。

瑞一幼儿园以2019年上海市学前教育年会为契机,以现场观摩"户外运动区域活动"和三场专题讲座("'睿智运动'课程开发的历程""聚焦幼儿健康的保育监测,我们在行动""运动处方,幼儿的'私人订制'")的形式向"健康教育集团"辐射了相关的研究成果。

1. 开发园本运动信息平台

在健康监测与分析平台的基础上,幼儿园开发了园本运动信息平台,实现三个

方面的功能：一是能够记录每个幼儿每天在各个场地运动的时间及对应生理数据，包括心率、卡路里消耗等；二是记录幼儿各个阶段运动能力的达标情况；三是根据幼儿体质、运动能力达标情况、运动时间及生理指标等数据，在综合分析的基础上，自动生成相应的每个幼儿的具体情况。

2. 依托运动手环，实现数据收集自动化

运动手环是园本运动信息平台实现自动收集数据的外部设备。借助运动手环，幼儿在运动过程中可以自主记录运动时间、心率、卡路里消耗等数据，实现了重要数据的采集。

3. 定期能力监测，确定幼儿运动水平

幼儿园运动工作室制订了《幼儿运动能力现状监测方案》，对各年龄阶段幼儿的运动能力进行每学期一次的监测，并对所有幼儿三类能力的达标率进行逐项分析和汇总分析，形成结果向园长室、课程管理组和班级反馈。

4. 基于数据分析，设计运动"处方"

基于各类数据的汇总分析，运动工作室开发形成基于幼儿健康数据的《幼儿户外运动菜单》，并根据排摸出体质和运动能力发展尚不达标的幼儿制订《个别幼儿运动处方》，教师关注为其提供运动材料的科学性、针对性、趣味性，不仅满足幼儿运动整体水平发展的需要，更要满足个别幼儿运动的特殊需要，并不断地调整和完善，优化园本课程体系，促进每一个幼儿健康成长。

（四）集团"玩转运动小器械"的共研和实践

1. 走进瑞一幼儿园，观摩研讨

随着集团共研机制运作的不断深入，瑞一幼儿园邀请集团内各园所走进瑞一幼儿园运动现场，观摩和研讨"运动小器械，玩转大精彩"的集体运动活动和户外区域运动。

在集团研讨过程中，瑞一幼儿园教师向集团内各园开展了运动集体活动"汽车人"和"出海游玩"，并向大家介绍了不同样式的运动集体活动的目标、内容、过程和教师在运动中指导语言的特点。

在大班户外区域运动中，瑞一幼儿园教师向集团展示了市级课题"低结构运动材料支持 4～6 岁幼儿运动量提高的实践研究"的成果。他们充分发挥睿智与巧思，开发了许多能激发幼儿运动兴趣、玩法多样的运动器械。在玩转器械的过程中，幼儿愿意结伴、善于交往、尝试合作、体验谦让，迸发了运动智慧，积累了运动经验,体验了运动带来的快乐。

图 3-10　瑞一幼儿园幼儿运动现场

2. 跨园共研,共同发展

为了实现教育智慧共享,集团内各幼儿园开展了现场实践和智慧碰撞,共享研究成果。

我们走进松雪街幼儿园户外运动现场,就现场设计的幼儿户外、室内运动进行研讨,分析了运动环境创设上的优势和不足,并提出了进一步改进的想法和建议。

我们走进民办博家街幼儿园,就运动区域的设置、体育器械的功能性,进行了现场研讨。讨论后,大家一致认为,博家街幼儿园户外场地狭小,满足幼儿运动空间时不能兼顾幼儿运动区域的均衡性;在运动区域数量增加时又不能兼顾运动量是否合理。所以,可以尝试将运动活动性质相近的区域合并,灵活安排。

如:利用攀爬梯、平衡木、轮胎架、竹梯等体育器械组合成综合性的攀爬平衡区,同时考虑幼儿的运动技能水平,有低有高,层次递进;通过箭头提示幼儿运动方向,有效地划分横向、纵向的运动区域;通过明显标志,利用幼儿园外楼梯,创设运动量较大的走跑区域;利用不同的拽拉方式创设运动量不同的运动区域等。

又如:"小型运动器械"可以成为博家街幼儿园日常运动中最有效的选材。老师要发挥智慧,引导幼儿创新多种玩法。"小垫子"在小班幼儿的脚下是走走跨跨的"石子路";在中班幼儿手里是飞向远方的"飞碟";在大班幼儿手里不仅变成"接力棒",还变成了"小山洞、跳房子、不倒翁"等,让幼儿们在探索过程中自主交往、发散思维,使体育器械的功能在不同年龄段无限扩大。

通过现场互动,户外运动场地有限的傅家街幼儿园在运动课程有效实施上有了新的思考和完善方向。

我们走进复二幼儿园,观摩了复二老师展示的运动活动"玩轮胎"和大同幼儿园老师展示的"有趣的沙包",课后开展了反思和评析。

反思和评析过程中,复二幼儿园朱琦怡谈道:"我们观摩了瑞一幼儿园'小器械'——军垫的幼儿不同玩法的视频后,我与幼儿园另一位组员共同寻找什么是幼儿熟悉的,同时又能发展已有的运动经验的'小器械'呢? 在户外运动的观察中,我们发现'轮胎'是中班幼儿特别是大班幼儿非常喜欢的器械之一。在一次次试教后,我们梳理幼儿现场的运动表现,再次根据活动目标进行讨论,思考'动静交替'对幼儿在集体教学活动中对身体机能的调节作用,调整了幼儿目前尚未达到又较难达到的内容,加大了现有且可拓展的身体动作的方式,并重新调整了活动设计,形成了今天的现场活动。"

共研组老师对"玩轮胎""有趣的沙包"两个集体教学活动给予了肯定,同时也提了一些调整建议。在此基础上,我们深入思考从时间的安排、环境与器材、过程和指导、幼儿的表现等方面梳理运动集体活动的评价指标,为今后更有效地开展集体教学活动指明方向。

走进文庙路幼儿园,观摩文幼教师执教的"小凳子"、傅家街幼儿园教师执教的"穿越大草坪"的活动。观摩教师分小组,从不同的视角观察,并围绕着集体活动的四项评价指标:时间安排、环境与器材、过程和指导和幼儿的表现进行评析,使教师的评析活动更全面、更完善,让执教老师能更有效地进行调整。

通过走进各园现场,集团内教师共同研讨和互动,提升了集团内教师的整体教学水平,实现了课程实施的再优化。

3. 聚集智慧,互动交流

现场实践和研究成果交流又是集团活动的另一种形式,我们围绕"玩转运动小器械"这一主题开展了现场研讨和交流活动。

集团内各幼儿园的教师用视频的形式向大家推介了自己设计的运动集体活动:小骑士幼儿园向大家介绍了幼儿用推、钻、跳的动作玩轮胎;复二幼儿园介绍了教师设计的在运动中提高幼儿多元智能和挑战能力的一系列闯关游戏;傅家街幼儿园向大家展示了幼儿多种玩圈的方法,充分挖掘了幼儿在运动中的创造力;文庙路幼儿园则利用圈做障碍,让幼儿结伴爬过彩圈小路并进行投掷活动,发展幼儿身体控制能力和合作水平;奥林幼儿园向大家介绍了小班玩纸垫的活动,通过变换纸垫小路发展幼儿的双脚跳的水平。大同幼儿园则根据幼儿生成的热点,用泡沫垫设计了蓝白大对抗的游戏。各幼儿园的介绍促成大家相互启发,共享交流。

之后,大家又现场观摩了两个教学活动。第一个是瑞金一路幼儿园的大班集体教学活动"乐玩垫子",通过助跑跨跳过不同高度和不同宽度的垫子,提高幼儿的跳跃水平和挑战能力。第二个是由松雪街幼儿园教师展示的中班活动"有趣的汉堡包",通过幼儿夹物前行,发展幼儿的身体控制能力。

通过聚集智慧互动交流,教师们在不同专业水平上有了进一步的发展。如:在松雪街张宇晴老师执教集体运动"有趣的汉堡包"后谈道:"我在开放的前期准备活动过程中遇到了很多难关。从没有开放运动活动经验的我得到了多位老师的帮助,每一次我迷茫困惑的时候,是共研组的老师给了我很大的信心。这次活动得到了大家全心全意的支持,为我安排场地,准备器械材料,为我纠正一些运动的专业术语,几次到瑞一幼儿园的准备让我意识到一个教师的成长离不开自身的钻研和团队支持。"

三、实践和研究成效

（一）提升内涵,促进各园课程实施的再优化

基于以上集团内各园共研的成果,瑞一幼儿园课程组重新梳理了原有的课程实施方案,从"特色运动课程内容""幼儿健康监测和评价机制"等方面补充、深化、拓展了原有的课程方案,形成了《瑞一幼园本课程实施方案》(2019版),从园本课程优化实施上提升了"睿智教育"内涵。

集团内各所幼儿园也根据自身的情况,相应地丰富和完善了园本的课程实施方案中的运动板块,提升了园本保教的质量。

（二）确立以科学的态度关注幼儿健康运动的理念

通过瑞一幼儿园综改研究项目"构建幼儿健康日常监测与改善的园本质量保

证体系研究"和医教结合项目"医学数据监测下不同体质幼儿的运动菜单的设计研究"部分研究成果辐射后,集团的教师们更关注用科学的手段监测、评价、提高幼儿健康运动的实效。

（三）梳理活动评价指标,推进教师课堂执行力的提升

我们对集团共研组的工作进行了总结,大家一起回顾了从集团共研组启动仪式以来,集团各幼儿园教师围绕着"玩转运动小器械"主题积极参与现场的教学实践和研讨活动,梳理了运动集体教学活动的评价指标。指标的确立,能帮助教师们从不同的视角去观察、分析执教教师行为和幼儿运动水平发展现状,使评析活动更全面、更完善。

值得一提的是复二幼儿园朱琦怡老师参加了2019上海学前教育年会关于"课程与教学专场'让室内运动玩起来'"的专题研讨,参与了题为"'动起来',聚焦问题的思考与实践"的发言,介绍了幼儿园在室内运动中如何定格运动瞬间、提升运动策略的过程,得到了在场同行的好评。

如何放眼未来,融科学于幼儿运动,让"健康运动"走进集团内各幼儿园的课程实践,走进每一位幼儿家庭,体现个体价值与社会价值?这是集团长远的思考。为此,瑞一幼儿园向集团各园推送了《幼儿家庭运动游戏手册》,希望健康运动成为更多家庭的一种生活方式。瑞一人只是打开了一扇"门",让更多的人能快乐地走进来,将是我们"健康运动集团"努力的方向!

（上海市黄浦区瑞金一路幼儿园　吴超伦）

第三节　辐射"思优"理念,共享优质教育
——"思优"个别化教育集团的建设

2017年9月,根据黄浦区深化教育综合改革的要求,扩大优质教育资源,思南路幼儿园携手黄浦区、崇明区共7所公办、民办幼儿园,建立了"思优"个别化教育集团。集团以"项目引领、同质研究、协同发展"为思路,辐射"思优"教育方式,深化对"尊重儿童个体发展"的课程研究,探索"分合式协同发展"模式及联动发展的新机制,助力黄浦区乃至上海市学前教育普惠、优质发展。

一、"思优"教育集团成立的背景

（一）教育现代化的时代背景呼唤学前教育高质量发展

《上海教育现代化 2035》提出，"创新学前教育供给方式，全面建成坚持公益、开放多元、充满活力、具有上海特色的优质学前教育供给与服务创新体系"。教育集团化作为优质资源共建共享的创新渠道，可以有力助推学前教育的高质量发展。

（二）满足群众"能上园"到"上好园"的社会需求

随着"二孩政策"实施和人口高峰的到来，政府要确保所有适龄儿童"能上园"。同时人民对优质教育的追求与日俱增，希望"上好园"，优质教育资源分布不均的问题亟待解决。

（三）思南路幼儿园的优质课程和示范担当

思南路幼儿园的课程改革经历四个阶段：对儿童需要与教育的研究、满足儿童需要的活动样式创新、幼儿园一日活动的整合、幼儿个体学习经验的评价研究，形成了高质量的"思优"课程体系。集团化的发展需要以课程和科研成果为载体，思南路幼儿园具备价值观的引领作用和课程输出条件。

（四）学前教育集团化已有研究的奠基

已有研究主要包括，学前教育集团化对城乡一体化的促进作用[1]、民办园的教育集团化[2]、学前教育集团化遇到的问题和对策[3]、学前教育集团化的管理和发展[4]、学前教育集团化的积极前景[5]等。研究数量呈增长趋势，但研究深度不够。一些学者提出的策略偏宏观，可操作性不强，多集中在理论思辨层面，缺少实地调研和数据支撑，较少涉及信息化探索和培育文化的软环境。

---

[1]　张更立.城乡一体化视域下农村学前教育集团化发展的实践困境与促进策略[J].湖南师范大学教育科学学报，2018，17(03)：54—58.

[2]　王慧英.鼓励民间资金参与农村学前教育水平提升的策略研究——基于国内农村地区民办幼儿园发展模式的调查[J].南昌师范学院学报，2018，39(05)：133—137.

[3]　徐玉惠.公立学前教育集团化的问题和对策研究[D].山东师范大学，2018：14—15.

[4]　曹莎.幼儿园集团化管理模式研究[D].浙江师范大学，2016：19.

[5]　Vinovskis. M.A，The Birth of Head Start：Preschool Education Policies in the Kennedy and Johnson Administrations[M]. Chicago：University of Chicago Press，2005：25—31.

二、"思优"教育集团成立的意义

（一）促进教育集团内幼儿园优质、均衡发展

思南路幼儿园通过集团软环境的整体建设，进行优质教育的辐射与推广，有力支撑了集团幼儿园的发展，促进了保教质量的持续提升，推动了优质教育均衡化目标的实现，为集团化办园提供可操作的实践经验。

（二）有助于思南路幼儿园突破专业挑战，实现跨越式发展

将思南路幼儿园的优质课程体系和教育理念进行推广，探索普适化实践，这对自身发展也是挑战。因为专业师资建设、课程辐射与推广、文化融合、管理体制建设等，不会一蹴而就。思南路幼儿园注重内涵建设，在培育师资、优化集团治理体系、建立共享机制等方面进行了深度探索，实现跨越式发展。

三、"思优"教育集团的研究简述

思南路幼儿园所研究的"个别化教育"不是指一对一的个体教育，而是指在课程改革实践中，充分尊重幼儿的个体差异，基于对幼儿的需要、经验、思维和学习方式的观察分析、识别判断，设计与实施满足不同幼儿需要的活动方式、教育环境和幼儿园一日活动，真切关照每一天每一个活动中每一名幼儿的潜能开发和个性展露。

思南路幼儿园构建了以"关注需要、提高质量"为特征的"思优"教育体系，长久积淀形成了"思优"教育的核心价值观（见图 3-11），坚持追求质量，满足儿童发展需要。

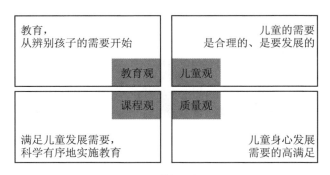

图 3-11 "思优"教育核心价值观

"思优"个别化教育集团是为了扩大优质教育资源，在思南路幼儿园引领下，联合黄浦区、崇明区共 7 所公办、民办幼儿园，建立的联合共同体，见表 3-10。

表 3-10　"思优"教育集团成员

"思优"个别化教育集团		园所性质
引领园所	黄浦区思南路幼儿园	公办示范园
集团成员	黄浦区思南新天地幼儿园	公办一级园
	黄浦区城市花园幼儿园	公办一级园
	黄浦区海粟幼儿园	公办一级园
	黄浦区威海路幼儿园	公办二级园
	黄浦区民办长颈鹿幼儿园	民办二级园
	崇明区东滩思南路幼儿园	公办二级园

四、"思优"教育集团研究的探索

"思优"教育集团以"初·实"为核心开始集团建设活动。面对各园不同发展起点与特色，集团化探索逐渐聚焦通过育人软环境的整体建设，支撑集团内幼儿园发展，促进保教质量的持续提升。

（一）顶层设计，进行管理体制、机制的建设

1. "思优"教育集团的管理行动架构

"思优"教育集团的建设，以"个别化学习"的课程模式为核心，深化对"尊重儿童个性发展"的课程研究，从"统筹协调与管理、全面质量保障"的角度，成立了"一个委员会、两个中心、三个研究小组"的管理与行动架构（见图 3-12），通过顶层设计搭建集团化办学组织架构的协同创新环境。

一个委员会："思优"个别化教育协同发展委员会，由各幼儿园领导班子共同组成，全面领导并统筹安排集团协同发展规划、日常运作和动态调适改进机制。

两个中心：调研集团内幼儿园以个别化学习为主要课程形式的实施情况，关注"思优"课程输出之后的实施保障；设计共同培训内容、教工培训、专业引领的各种形式，以及个别化教育实施研究成果的共享与发布。

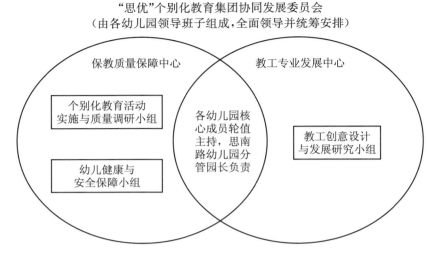

图 3-12 "思优"教育集团的管理与行动架构

三个行动小组：全面负责个别化教育实施引领、个别化教育观察评价研究、"思优"课程辐射实施质量调研、教工专业成长。由思南路幼儿园三位分管副园长牵头，各园核心成员轮值主持，负责实施开展各项工作。

2."分合式协同发展"的运作模式

"思优"教育集团运作遵循多法人管理，"有分有合、合而不同"的原则，在"满足儿童发展需要"的办园理念辐射与影响下，共享"满足每一名幼儿学习需要"的实践操作体系；在共享"思优"课程基础上，尊重幼儿园原有课程特色，持续研究本园的特色课程。

合：办园理念、个别化学习为核心课程的有效实施研究，由思南路幼儿园输出，下属幼儿园学习，共同研究在个别化教育中，对幼儿行为的观察与评价改进技术的实践应用。

分：各园独立管理，下属幼儿园在"满足儿童发展需要"理念的影响下，实现理念的园本转化、个别化学习活动的园本化实施，并持续研究本园的特色课程。

（二）理念先行，根植"思优"集团办园价值观

根植"思优"教育理念，深化集团成员的价值认同，促使内生性的理念变化，从而落实到教育行为的变革上。

1. 将"思优"教育内涵与各幼儿园实践建立联系

集团园教师在多样化的学习活动中，理解"思优"教育办园方针、教育理念和教

育实践体系的发展。思南路幼儿园组织研讨会解读问题,帮助教师深入了解"思优"理念,并与日常的教育实践建立联系。

2. 向各幼儿园传递"思优"价值观

思南路幼儿园召开专场培训,解读"思优"教育价值观的内涵,剖析"思优"教育理念的本质;向各个幼儿园传达价值信念,促进各幼儿园不断传递"思优"教育理念。

3. 给予可操作的实践指引

思南路幼儿园分享"思优"教师如何看待儿童,"思优"教师如何实施教育。集团内教师更加理解要"做什么",也清楚"为什么做",有了可操作的实践指引,逐步领会"思优"所倡导的价值信念,思考行为,将"满足儿童需要"的理念转化为符合保教工作实际、能指导实践的价值观念。

（三）积极推动课程、资源的统筹与共享

集团化办园的重要意义是通过优质幼儿园牵头,实现共同体内多样化资源的共享。思南路幼儿园引领"思优"个别化教育集团,综合相关研究成果,进行统筹共享,见表3-11。

表3-11　资源共享

教育集团	"思优"个别化教育集团
共享资源	1. "思优"文化积淀 2. 个别化学习资源库共建共享 3. 思南路幼儿园优质学前教育品牌 4. 思南新天地幼儿园的美育特色课程 5. 思南路幼儿园相应的研究项目与成果推广 6. 最新的认知科学、神经科学、脑科学等相关领域的成果 ……

思南路幼儿园推广、输出优质课程体系,集团园根据实际各取所需。输出课程是抛砖引玉,不是单一的复制与模仿,最终会建立以项目为核心的课程互动共通模式和教研动态互补机制,各园之间既有达成共识的文化理念、相对统一的管理,同时保持相对独立,保留特色,在课程体系共研共享中共同发展,形成"合而不同"的特色。

（四）注重实效,形成集团成果推广孵化的多种方式

"思优"个别化教育集团探索了个别化教育实践的多种推广和孵化方式,优化

教师专业发展的支持环境。

1. 一课一练,做实基础性培训

形成指向幼儿园个别化学习活动设计与实施的"实训"机制。每学期开展共同培训,每月"一课一练",形成学习"四步法":"聚焦教育现场—展开头脑风暴—对话思辨改进—模拟实战演练"。开放思南路幼儿园班级活动,促进集团教师了解"思优"教育理念、环境及材料设计背后的价值;组织专题研讨会,对经典个别化学习材料的制作、玩法、观察要点等进行学习;就个别化学习活动的材料、环境设计、幼儿行为观察的实践要点等进行交流;在实践中迁移、验证,思南路幼儿园的园长及骨干教师现场指导。

2. 重视教师培养,形成多样化的专项培训机制

集团幼儿园可选派教工到思南路幼儿园"代岗"学习,实施浸润式培训。我们形成了固定的骨干教师培养机制,思南路幼儿园每个年龄段设定固定班级,形成专任导师团,集团园从教研组、课题组、自主研究小组中推荐骨干成员,加入"三个行动研究小组",定点学习,在共同研究、轮值主持中带教成长。同时采用主题式研修、体验式学习、问题式互动、专题式共研等多种形式,推进研究项目持续、有序开展。如东滩思南路幼儿园的骨干教师进行了代岗实训,全方位立体式的学习方式对教师产生了较大的影响,从"思优"课程理念到个别化教育实践,有效助推了共研共享。

(五)深度应用信息技术,优化集团发展软环境

"思优"个别化教育集团探索构建了信息技术深度应用的环境,研发了一个统一、现代的信息化平台——"思优"个别化教育集团统一协作平台。

1. 激活集团园发展主动性

平台专门设计了可视化功能,系统可以自动收集和记录各个幼儿园主动发起交流、与思南路幼儿园互动的频次,通过后台自动分析技术,用可视化的方式呈现各个幼儿园与思南路幼儿园的"距离",激励各园主动发展。

2. 全面辐射"思优"教育

从信息生态的角度架构平台功能,突破了传统的信息传递、共享的功能,使信息与园所日常工作行为相结合,全面传递"思优"个别化教育的理念与实践,具有"任务安排、日程安排、会议安排、资讯共享"等功能模块,实现对整个集团的全方位辐射,形成集团办学的育人软环境。

3. 充分彰显各园特色

平台的设计考虑到集团园的不同特点,因此平台各功能模块可选择、可订制,鼓励各园彰显特色,在平台进行交流、分享、互访,共同发展。

五、"思优"教育集团研究的成效

思南路幼儿园引领的"思优"个别化教育集团,不断扩大优质教育辐射面与资源总量,取得了显著成效,带动了一批幼儿园办园质量的有效提升。

（一）促进了现代幼儿园管理制度的发展

"思优"个别化教育集团不断发展,促成了幼儿园不断地变革管理制度,构建了更加科学合理的集团内部治理体系;形成《"思优"个别化教育集团建设方案》,确立了运作方式、运作机制等,明晰了职责权限,让所有成员共同参与幼儿园集团化治理,促进了现代化管理制度的建立;紧跟教育现代化的内涵要求,运用信息技术,为集团化的管理建设提供新思路。

（二）辐射"思优"理念——引发了集团内教师的教育行为转变

多种推广和孵化方式让集团内的教师在个别化教育活动中,对幼儿行为观察和设计改进有了更科学的认知,更注重观察并能更好地分析幼儿行为,探寻行为背后幼儿的真实需要。同时教师对幼儿个别化学习活动的设计能力也得到提升,能够不断调整教育策略及教育行为,使"以儿童发展为本"的教育思想转化为符合各园实际的保教工作实践。

（三）共享优质教育——实现集团内幼儿园共同发展

教育集团为每个园搭建了发展平台,思南路幼儿园和集团园所不断进行资源的有机融合与优势互补,使所有成员得到共同发展,形成了更多的优质园。城乡间、园所间的优质均衡发展格局初步形成,让更多儿童享受到优质的学前教育,有效促进了教育公平的实现。

思南新天地幼儿园在"思优"教育集团化的背景下,取得了良好的办园效果。教育部官方网站对"思优"教育集团辐射优质理念的实践成效进行了报道,获得了广泛认同。

以上是"思优"个别化教育集团建设过程中的思考和探索,未来在个别化教育集团的发展指向、集团化办园的评价上,还需继续完善。

思南路幼儿园将持续推动集团内各园所"分合式协同发展",形成可复制、可推广的,辐射"思优"课程和教育理念的相关经验,在当前教育改革的背景下,持续探索,按照"幼有善育"的目标,推动学前教育"更充分、更均衡、更高质量发展"。

(上海市黄浦区思南路幼儿园　吴闻蕾)

第四节　指向 3~6 岁幼儿艺术素养发展的课程群构建的实践研究

一、"荷"而不同,以课程群促教育集团的高位发展

随着《上海市教育委员会关于促进优质均衡发展推进学区化集团化办学的实施意见》的颁布,"黄浦区学前教育高位发展共同体——荷花池艺术教育集团"于 2017 年在黄浦区教育局的领导下成立。

荷花池艺术教育集团的功能定位于"艺术教育研究学术团体",围绕"艺术文化、艺术课程、艺术品质"的学前教育高位发展的核心,通过"三动"(课程联动、项目带动、理念互动)和"三发展"(幼儿综合素养的发展、教师专业素质的发展、艺术教育均衡高位的发展),形成"荷"而不同的艺术教育特色,充分发挥荷花池幼儿园"孵化剂"的作用,"让艺术教育回归儿童的本真"。这为集团内 11 所成员校搭建了艺术教育的创新平台,对于艺术教育实践中普遍的瓶颈问题进行创新与突破,合作分享艺术教育经验,推进成员校的特色艺术教育课程建设,共同呈现黄浦优质精品艺术教育。

本研究以幼儿艺术素养的发展为指向,顺应国家深化教育体制改革的变化,这是对核心素养的时代背景的回应;借助"课程群"这一途径,帮助成员校形成自己的艺术课程或指向幼儿艺术素养的课程方案,搭建课程网络,提升集团内幼儿的艺术素养,提高成员校教师的专业发展,最终达到区域内学前艺术教育的高位发展。

二、思考与认识:聚类重组,构建指向 3~6 岁幼儿艺术素养发展的课程群

集团内一共 11 所成员校,其中包括 1 个早教中心,1 所民办园,2 所示范园,

6 所一级园,1 所二级园。各成员校各具特色,课程特色也不同,现状如下:

表 3-12 荷花池艺术教育集团成员幼儿园课程特色简介

序号	幼儿园	艺术相关课程(活动)名称	课程简介	发展方向
1	荷花池幼儿园	小社团艺术活动课程	在教师的支持下,幼儿以某种相同或相似的艺术兴趣与爱好聚集在一起,自主形成混龄混班的互益团体,一共有音乐类、美术类、语言类三类 12 个小社团	在基础性课程中可以按特色课程的分类进一步优化组织课程内容
2	学前幼儿园	艺起来,趣唱游	强调课程关注每一个幼儿的发展,共同参与;注入"游戏"精神,延续歌唱舞蹈的活动形式,让每一个幼儿有个性化的表达表现,有音乐集体教学、音乐个别化学习活动、自信小舞台等课程组织形式	课程内容较为笼统,可以进一步按音乐的不同形式组织课程资源,缺少课程资源评价
3	爱童幼儿园	开拓基础创意美术课程	开拓基础,引发创意,突出艺术表现力和艺术创造力的美术课程,包括以集体教学、个别化学习为形式的创意美术活动、混班式的多样化美术活动、"爱童艺术节"多样化创意美术活动	缺少"多样化美术活动"中的课程实施方案
4	好小囡幼儿园	"艺·乐"特色课程	艺中寻童趣,乐做好小囡,通过小囡艺术馆、小囡艺乐角、小囡艺乐互动平台,培养乐思、乐言、乐动、乐享的好小囡	艺·乐课程中的各个版块缺少相应的课程目标,缺少课程评价
5	音乐幼儿园	多彩音乐	依托二期课改主题活动,编制园本课程教材《多彩音乐》,每周在主题活动背景下开展特色音乐活动、乐理游戏,课程还包括每月的DOREMI 俱乐部、视听乐园、星期音乐会和每学期的器乐启蒙	1. 凸显延伸(不同类型的音乐元素、作品的再创造),凸显课程目标的音乐特色 2. 渗透(领域共融)
6	重庆南路幼儿园	融于基础课程的科艺结合	插上艺术翅膀,放飞科学梦想,坚持以科学探索为课程特色的同时充分创造条件和机会,融合科学与艺术领域,引导幼儿用心灵去感受美、用自己的方式去表现和创造美	1. 有科艺融合的设计点,但是对能与科学相融合的艺术类别缺乏筛选与设计 2. 师资保证是一个难点

续表

序号	幼儿园	艺术相关课程（活动）名称	课程简介	发展方向
7	西凌第一幼儿园	棋"嬉"课程	开展3~6岁幼儿围棋与游戏的融合课程,通过棋凌剧场来展开艺术领域与围棋课程的融合	以音乐类与语言类为主,可以探索围棋课程与美术类的融合
8	荷花池第二幼儿园	情趣运动课程	以运动为特色,在韵律操中关注"情趣运动"和艺术活动的整合,体现情境、趣味、均衡。在"艺""体"不分家的理念下,以"趣"将"运动"和"艺术"相融,不断地延展和探索特色课程与"艺术"相整合	缺少课程目标,可以从幼儿动作发展的角度完善运动与艺术类课程的架构,进一步凸显运动特色
9	宁波路幼儿园	混龄分室混合大活动	以思维教育为特色,创设多元智能发展环境,注重个体差异,是特色课程下专门性活动	活动而非课程,缺少课程要素
10	早期教育指导中心	音乐亲子活动	以音乐智能为重点职能,结合亲子活动,使婴幼儿在音乐的愉快氛围中得到指导和发展	以单个的音乐亲子活动组织成的内容,要按课程的相关要素进行架构,还可以加入美术类的亲子活动
11	明日星幼儿园	多元文化特色课程	"健康快乐,多元发展"的课程文化,为孩子打造多元的生活环境,多元的思维感知,多元的学习方法,对孩子的终生教育产生影响	可借助音乐类、美术类和语言类课程群的结构内容来开展某一主题活动

（一）聚焦目标,紧扣艺术素养

在确定课程群目标之前,课题组分析了成员幼儿园艺术相关课程的理念与目标。具体说来,各个成员幼儿园的艺术类课程目标体现出以下共同点:以艺术领域和儿童发展领域为结构框架的目标体系。以生成性与表现性为取向。依据幼儿的需要、社会生活需要和艺术领域发展制定目标。

我们要构建的课程群是以提升幼儿艺术素养为目标的。因此,在分析成员幼儿园已有课程目标的共同点之后,课题组思考了艺术教育在幼儿终身发展中的价值,以确定在学前教育阶段艺术素养所要关注的具体内涵。以提升艺术素养为目标的课程群建设,不仅强调发展幼儿的审美感受,同时也要培养幼儿一定的审美认识。

　　通过以上的梳理分析，我们构建了促进幼儿艺术素养发展的课程群目标：幼儿通过音乐、视觉艺术、律动表演等艺术领域的学习，在与生活、情感、文化、科技的联系中，提升艺术探索意识，获得艺术乐趣，逐步发展感知与体验、创造与表现、欣赏与评论方面的艺术能力。

　　（二）建立框架，实现"二次成长"

　　1. 指向 3～6 岁幼儿艺术素养课程群架构："一核三类两群"

　　一核：指幼儿的艺术素养。

　　三类：按照艺术的表达媒介和标志分类，以音乐类、美术类和语言类来区分，进而在此基础上进行构建。

　　两群：在整个课程群框架下三类课程构建了两类课程群：同属音乐类的串联课程群，同属美术类的串联课程群；音乐类、美术类和语言类的关联交叉课程群。

　　两类课程不是并列构建的，第一类课程是第二类课程的基础，即：第二类课程是在第一类课程已经构建而成的基础上进一步的融合，形成一定的逻辑关系。

　　2. 凸显递进式关系的两类课程群架构：由点到线及面

　　（1）同类别的串联式课程群

　　在尊重每个要整合类别的完整性和特殊性基础上，我们有计划地将同一类别里零散的经验整合成有意义的课程目标，构建同类别的串联式线型课程（图 3-13）。

　　课程目标：在同一艺术类别（如音乐类、美术类和语言类）串联的课程中，分别在听觉、视觉层面的世界中获得艺术启蒙，建立起艺术创作的自信。

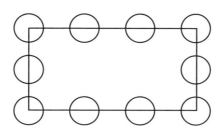

图 3-13　同类别串联式课程架构示意图

　　内容设计：以各自课程内容及组织形式的内在一致性为依据，按类别梳理集团内艺术课程内容，如表 3-13 中所示，艺术类课程更多的是音乐类与美术类课程,语言类较少。因此,在串联式课程群中,我们分音乐类和美术类两种类型进行串联(见表 3-14)。

表 3-13　集团内音乐类、美术类、语言类课程内容分类

音乐类	美术类	语言类
荷花池幼儿园: ● 舞林大会 ● 乱打秀 ● 欢唱派对	荷花池幼儿园: ● "七色花" ● 神奇回收站 ● 小不点玩泥巴 ● 五颜六色 ● 画画世界 ● 咔嚓拍拍拍	荷花池幼儿园: ● 我是小演员 ● 想说就说
好小囡幼儿园: ● 舞蹈馆 ● 鼓乐馆	好小囡幼儿园: ● 建筑馆 ● 美食馆　摄影馆	好小囡幼儿园: ● 动画馆
西凌第一幼儿园: ● 棋宝宝大行动(棋鼓、棋舞)		西凌第一幼儿园: ● 棋凌剧场(古装剧、卡通剧) ● 围棋童谣
宁波路幼儿园: ● 音乐宝贝	宁波路幼儿园: ● 巧手 DIY	
学前幼儿园: ● 音乐集体教学 ● 音乐个别化学习活动 ● 艺术童萌绘 ● 自信小舞台(游戏)	爱童幼儿园: ● 创意美术活动(集体与个别化) ● 多样化美术活动(七彩画园、爱童艺术节)	
音乐幼儿园: ● 主题背景下特色音乐活动:DOREMI 俱乐部(欢乐蹦蹦跳)、视听乐园、乐理游戏和星期音乐会 ● 器乐启蒙:器乐之声、小小音乐会		

　　将内容较为相同、课程组织形式较为一致的作为起点,通过连续的、线性的课程串联拓展,使得在园所原有课程实施方式的基础上丰富课程内容,各园所再根据自身园本课程的类型来实施。

表 3-14　音乐类、美术类串联式课程具体内容及组织形式

课程活动类别	具体内容		组织形式
	音乐类	美术类	
集体教学与个别化学习活动	在不同年龄段的主题背景下设计的教学活动与个别化学习活动		以班级为单位开展
	以大班主题"有趣的水"为例,整合了音乐幼儿园的"水中交响乐"、荷幼的"快乐洗衣"等	以中班"在秋天里"为例,整合了荷花池幼儿园的"贝贝的美食庄园""水果小人",爱童幼儿园的"小蓝和小黄"	
游戏	● 音乐表演游戏 以音乐作为游戏的材料,包括完整的音乐作品和旋律片段,小乐器也是表演性游戏中需要提供的音乐材料,在音乐的环境中进行表演 ● 音乐规则游戏: 如马兰花、三人套圈等	● 线条游戏:给线条排排队、当万物都变成线条 ● 造型游戏:搭舞台、看得见的声音 ● 色彩游戏:红黄蓝、很多绿	混班或混龄混班
专用室活动	区分舞蹈、节奏器乐、歌唱等内容,如以歌唱类型为主的活动:荷幼的"欢唱派对"、音乐幼儿园"欢乐蹦蹦跳"中的"大家一起唱"	区分手工制作、空间造型、绘画等内容,如以造型为主的荷幼"神奇回收站"、爱童"造型装置"、好小囡的"建筑馆"	混班或混龄混班
户外运动（韵律操）	以幼儿基本体操、幼儿艺术体操、幼儿体育舞蹈为基本方式,结合音乐快慢、器械大小、运动幅度的特质,创新组织韵律操形式。如荷二的艺术与运动相结合的韵律操,西凌一幼的"棋舞"也整合进这一类型中		同一年龄段分班共同进行

在课程架构上,音乐类和美术类的架构逻辑有所区别。音乐的学习过程不能割裂节奏和旋律等基本元素,所以音乐类的课程架构都是按音乐的各种表达形式来组织的,如歌唱、律动、节奏、欣赏等。而美术需要以了解画面构成的基本要素为基础,由浅入深地来感受学习。因此,美术类课程的课程架构是按美术元素来组织的。如美术的游戏类课程中,由"线条游戏"感受天然与人工的不同,声音也可以跳,线也有空间等,通过有趣的游戏提升幼儿艺术通感能力,接着在"造型的游戏"中进行实践,最终在"色彩的游戏"中完善自己的艺术体验。

（2）不同类别的关联交叉式课程群

不同类别的艺术都是表达情感和思想的语言,这种共通性是关联网状式课程构建的逻辑基础。在关联交叉式的课程群中以艺术素养为核心,将集团成员校的美术、音乐、舞蹈等艺术课程以及相关的活动进行融会贯通、相互渗透,从而达成各成员校课程全面的交叉关联。

课程群目标:通过不同类别艺术的交叉关联课程,让幼儿感受艺术之间的相互关联,获得更多元的艺术感受与认识,发展用不同艺术形式共同创造与表现的能力。

内容设计:这种类型的课程群是在串联基础上的进一步关联,依据不同艺术类别的元素分析3~6岁幼儿艺术中蕴含的共同审美原则:紧密和松弛,重复和对比,主题、模式和变化,平衡和对称。按照共同审美原则,找寻关联点设计活动,包括两两关联的课程和三类共同交叉的课程。以音乐类和美术类的两两关联为例,我们设计了以下活动:

表 3-15　音乐类和美术类两两关联课程示例

年龄段	主题名称	活动名称	音乐元素	美术元素
小　班	雨　天	大雨小雨	音乐风格	线　条
中　班	我在马路边	大吊车	歌　曲	色　彩
	在秋天里	会响的小路	旋　律	质　地
大　班	有趣的水	乌鸦喝水	歌　曲	形　状
	我们的城市	老房子新建筑	歌　曲	造　型

如在小班主题"雨天"的集体教学活动中,教师将两段风格变化明显的音乐旋律剪辑在一起,作为活动中的背景音乐,目的是帮助幼儿联想生活中与音乐风格相匹配的雨天场景,以此来激活幼儿更多的生活经验与主题经验的迁移。

三类交叉关联类的课程要注意从艺术的创作过程去实施,包括以下几个阶段(见表 3-16):

表 3-16 从艺术创作过程实施交叉式关联课程

阶 段	内 容
感知阶段(注意、思考)	仔细倾听音乐或歌谣,注意其中重复和对比的形式,仔细发现绘画作品中线条的应用
回应阶段(讨论、感受和创作)	鉴别、描述和讨论创作者在作品中表达的内容,表达艺术作品是如何与人的情绪、思想相联系的
发展阶段(与材料互动)	哼唱歌曲的旋律,然后加入歌词、情感,学习使用黏土的基本方法比如搓成条状、造型,用创造性的肢体动作进行表现
评价阶段(欣赏)	欣赏作品中的形式、尝试评价作品中的各种艺术元素
理解阶段	理解和评估艺术如何传递意义
创造及展示阶段	构思和发展新的艺术想法和作品

以"雨天"为例(图 3-14):

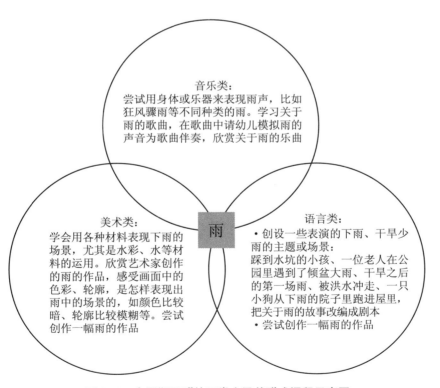

图 3-14 主题"雨天"的三类交叉关联式课程示意图

三、实践与探索：多管齐下，推动 3～6 岁幼儿艺术素养发展的课程群实施

（一）特色引领，共建课程群

在集团领衔幼儿园——荷花池幼儿园的带领下，以荷花池幼儿园的小社团艺术活动课程为引领，由集团成员校的园长、骨干教师参与学习，通过对荷花池幼儿园小社团艺术活动的现场开放、园长讲座、与小社团负责教师的互动等促进课程群的实施和研讨。

1. 文本学习

荷花池幼儿园已经形成《幼儿园小社团艺术课程的创新与发展研究》一书，书中既有宏观、深层次地对小社团艺术活动的研究，也有浅显、具体的活动方案及典型案例，可以直观地为集团成员校提供范本。

2. 现场观摩

这是一种面对面的、直接的引领方式，通过现场活动让成员校的教师深入了解。如荷花池幼儿园向集团 12 所成员校举行了小社团艺术课程实践成果现场展示、专题讲座，通过亲身体验不同种类艺术活动的实施过程，聚焦幼儿学习品质的有效提升。

3. 小型座谈

当成员校有需要时，分组分类与相关的小社团活动指导教师进行座谈，如语言类的小社团、美术类的小社团、音乐类的小社团等。每类小社团在开展具体的活动实践时，都有各自不同的特点，教师在指导过程当中的方式也有可能是不一样的。

（二）专业引领，实施"雁阵"战略

在集团化办学实践中，通过专业引领带动整个教师课程群的专业发展。

第一，荷花池幼儿园是上海市第一轮、第二轮、第三轮课程领导力项目的实验园，有着较为丰富的课程改革的经验，在促进幼儿园、园长和教师课程领导力方面有着长期的探索与实践，因而对于集团内各成员校的课程建设有着义不容辞的责任与义务。借助这样一个高起点的专业研究平台，荷花池幼儿园积极分享课程领导力研究的实践成果。

第二，通过区重点课题"促进 3～6 岁幼儿艺术素养发展的课程群构建——基于集团化办学的实践"的引领，突破园际壁垒，宋青理事长多次"走近"成员学校，聚

焦课程,分享学校特色课程的阶段性成果。

第三,探索"为师不推、求助不待、自我不懈"的艺术名家引领,为艺术教育集团提供一支具有鲜明艺术特色和艺术才能的高素质"头雁"阵列,如上海市正高级特级园长宋青园长、特殊教育专家俞丛晓主任、种子基地主持人赵妍、上海市名师黄颖岚、学科带头人童佳丽老师等促进集团课程群的开展;开设"名品赏析""走进儿童艺术的世界""与名师同行,一课多研""专题式、问题式、头脑风暴式特色组活动"等各类名家活动,既有前瞻性的理论导学,如宋青园长的"课程建设促质量,特色发展强内涵"、赵妍老师的"承传统教育之理,寻音乐教育之道"、童佳丽老师的"如何提升音乐教学活动目标的达成度"等,为集团的每位教师支撑起成长的支架。这些名师引领实施课程群,充分发挥专业师资团队"头雁"的作用,有效地保证了课程实施过程中的质量,促进了课程群中教师的专业发展。

(三)聚合协作,滋养教师发展联合体

通过盘活各成员校优质艺术教育课程、教师、教学、科研等资源,实现资源共享、优势互补,助力集团内教师专业化水平的整体提升。

1. 突破园际壁垒,共研共振

在集团化办学实践中,搭建平台,通过开展园际教研,盘活园际的培训、教研,引领高位发展。园际教研一学期开展一次,每次以主题式展开,如表 3-17。在园际教研中,园长和教师们通过对自己幼儿园教师专业发展实践存在的问题以及在实践中幼儿发展的问题提出自己的看法,能够扬长避短,相互学习,促进教师专业共同体的建构。

表 3-17 2017—2019 年园际教研活动

时 间	园际教研主题	园际教研内容	园际教研形式
2017 年 11 月	沪、皖、桂三地教学研讨	不同地域独特的艺术教育课程的魅力	观摩课程实践、才艺展示和教学研讨
2018 年 1 月	如何支撑教师专业成长	1. 技能的专业性培养和指导:这些技能一定要从简单到难,艺术无极限,永远在提高 2. 举办教师专业学术论坛:可以从很多方面去谈,从教师的角度,从学校的角度,从各个方面去谈。站在集团的基础上,从低到高,由远至近,艺术是技能 + 素养的熏陶,素养是一种底气	技能展示、专家指导

时　间	园际考研主题	园际教研内容	园际教研形式
2018 年 6 月	各成员校有关艺术教育课程(活动)的现状	对幼儿艺术素养进行解读,展示集团内原有的艺术特色,分析课程(活动)现状	座谈、发言
2019 年 1 月	第二轮课程领导力项目交流	"视界,我与孩子共可能""坚守儿童立场,助推课程建设""向爱而生,向美而生"	论坛发言
2018 年 11 月	提升教师的专业素养	《永别了,袜子》《幼师最好的模样》	观摩课程实践、研讨、讲座
2019 年 6 月	音乐类课程群的讨论	各成员校对于自己幼儿园的音乐类课程(活动)进行梳理	现场讨论

集团还加强区域外的合作交流,共享优质教育资源,开拓教育视野,促进成员校工作品质的提升与教师专业发展,利用上海市荷花池幼儿园国际教育交流的经验和资源优势,积极推动集团成员校开展国际教育交流活动,共享国际先进的艺术教育理念、课程等。

2. 搭建高平台,优质资源共享

建设研训一体的"艺术教育主题工作坊"。以荷花池幼儿园为领头提炼研训主题,领衔相应工作坊的研训工作,实现共同发展。实践中,通过各种工作坊增加集团成员校参与活动的数量和质量,如开展艺术点亮童年系列培训,通过专业的学习、培训来促进教师在课程专业能力方面的发展。

设立"荷花池教育艺术集团学术节"。通过搭建公共平台,鼓励集团内符合条件的教师参与艺术教育教学展示、技能切磋、教科研评比,促进各成员园具备优秀潜质的教师有平台、能展示、快成长。

四、成效与反思:课程牵头,并举发展

针对在前期调查中自身艺术课程(活动)中的不足,通过课程群的实践研究,教育集团内的成员校艺术课程(活动)方案都有了不同程度的优化,在课程建设方面取得了累累硕果,很好地实践了"课程牵头,并举发展"的集团发展宗旨。如爱童幼儿园申报的区级重点项目"培育课程领导力,推进园本课程建设的实践研究"课题

成果荣获区二等奖,西凌第一幼儿园形成了"西凌第一幼儿园围棋游戏课程",荣获黄浦区科研项目优秀奖、黄浦区第十三届教科研成果一等奖等。

首先,在课程理念和课程目标上,大家都将幼儿的艺术素养与自身的特色融合在一起,发展了课程目标。如爱童幼儿园多年来在荷花池幼儿园的项目引领下,开展以创意美术为特色的课程研究,让自身的创意美术特色与童心童梦结合,关注幼儿的艺术表现力和创造力的培养。

其次,课程结构上,各成员校针对前期调查中自己艺术课程(活动)的不足,进行了有针对性的优化。如早教中心之前以单个的音乐亲子活动来组织课程内容,现在则按课程的相关要素进行架构,在原有"健康早教课程"的基础上,补充修订了"以艺启智"的艺术课程设置,尝试以艺术(音乐、美术)为载体,整合婴幼儿健康、语言、认知、社会、情感等各个领域,充分挖掘各领域中与艺术相通的审美要素,拓展渗透式领域课程的研究空间。

再次,在课程内容上,成员校做了指向幼儿艺术素养的课程(活动)内容的调整优化。如学前幼儿园针对课程内容较为笼统,按音乐的不同形式推出了中大班混龄艺术活动——童萌荟,目前已有13个游戏化艺术项目小团队,同时自信小舞台、生动中舞台、缤纷大舞台等内容也在不断地创新和优化中。明日星幼儿园也尝试了以节庆活动为主要载体的多元文化活动,通过多种艺术活动形式来促进幼儿的表达表现,让幼儿更好地体验多元文化。

最后,在课程实施上产生了相应的变化。如音乐幼儿园注重教师管理的整合,把教师分成小组(一个大教研、两大艺术项目组、三个教研组、四大专题项目组),形成课程团队,通过共同学习和共同研究向前发展。学前幼儿园对课程资源库进行了动态化建设,特别是重点加强了个别化音乐活动教师资源包编制与使用的研究,积极探索了家庭、社区艺术资源的开发与利用路径。

集团化办学背景下指向幼儿艺术素养课程群的构建,丰富了各园艺术活动形式,挖掘了艺术活动内涵,更新了教师的艺术理念,提高了教师艺术活动的实施能力。在集团各园课程群构建的实践中,教师转变了艺术教育行为,不断对幼儿艺术活动进行实践创新,对艺术领域理解更加深刻。这既助力了教师专业成长,又促进了幼儿艺术素养的发展,更好地实现均衡发展,提升幼儿园办园质量。

(上海市黄浦区荷花池幼儿园 宋 青)

第三编

科学育儿，让每个 0～3 岁宝宝健康快乐成长

脑科学的相关研究成果表明，0～3 岁婴幼儿阶段是大脑发展的关键期。让每一个儿童从出生起就接受科学的早期教育，成为许多国家制定幼儿教育政策和发展方针的重要出发点和归宿。党的十九大将"幼有所育"放在首位。国务院 2019 年 15 号文件也强调对 0～3 岁婴幼儿家庭开展科学育儿指导。2015 年，《上海市黄浦区推进教育综合改革实验整体方案（2015—2020 年）试行稿》明确提出了"创建中心城区教育改革与发展示范区，为全市提供可复制、可借鉴的工作经验"的总体目标。为加快发展与上海经济社会发展水平和家庭需求相匹配的早期教育服务事业，黄浦区积极开展相关的探索实践，创造性地解决早期教育事业发展中的瓶颈，不断提升科学育儿指导水平和质量。

第一章　构建体系,推动科学育儿指导广覆盖

第一节　网格化管理,跨部门组合精细化推进

上海市从 2006 年颁布首轮学前教育三年行动计划至今,连续四轮的计划中都提出了"让 3 岁以下儿童的家长及看护人员每年接受有质量的科学育儿指导"的相关指标。"3 岁以下儿童的家长及看护人员"这个对象具有非儿童群体、散居、非机构内等特点,决定了科学育儿指导工作的性质不同于 3～6 岁托幼机构内的早期教育,不能靠教育部门"单打独斗"得以完成,需要由教育、卫健委、妇联等相关部门紧密合作。黄浦区在"撤二建一"后,整合了原卢湾、黄浦的优质经验,以"政府主导,多方支持,相互配合,形成合力,促进发展"为工作思路,探索适应新黄浦的面向 3 岁以下(以下也称为 0～3 岁)散居儿童的家长及看护人员开展科学育儿指导工作(以下简称早教指导工作)的管理架构。

新黄浦区首先面临的问题就是:原两个区的管理体系有哪些优势,又存在哪些局限性和问题,如何有效地整合以适应新黄浦的发展要求? 如何建设管理网络实现早教指导工作广覆盖且不遗漏?

"网格(Grid)"的概念最早产生于 20 世纪 90 年代中期,是从电力网概念借鉴过来的。原卢湾区和原黄浦区在早教指导工作方面均基础良好,且各有特点。2006 年,卢湾区根据本区面向社区、依托社区的特性,在全市率先提出"网格化管理,实体化运作"的战略口号,提出整合各方资源,建立和完善早教指导工作体系,在区早教指导中心的建设、人员配置和经费等方面予以政策支持等举措。2011 年,原卢湾和原黄浦两区各自的网格管理格局均已基本形成。2012 年,两区合并后,新黄浦在原两区已取得的经验的基础上,结合合并后的新形势,对管理体系、工作流程进行科学优化和重新设计,逐渐摸索形成了适应新黄浦的"网格化科学育儿指

导管理格局",在重大事项的决策等各项工作中各司其职、主动配合、相互联络、彼此协调,形成合力。

一、网格化管理,让"落地"更精准

网格就是网状的单元格,是以管理单元为基础,将全区的所有 3 岁以下婴幼儿家庭按区域划分成若干管理单元。每个管理单元都有与之相对应、并为之服务的社区和分中心、指导站。

立体地来看,网格化就是将参与全区早教指导服务工作的全部单位分成若干界面,如:区级行政单位或部门为一个界面、区局级行政单位或部门为一个界面、区局级行政单位或部门的直属单位或部门又是一个界面,依次往下类推。早教指导服务工作的职能由上自下辐射状在界面与界面之间纵向而过,形成网格。通俗一点来说,这就是条。网格化管理实际就是"条主业,块用人"的机制。

而这些处于网格特殊位置上的单位,就是实体,是在各级管理中实际存在并发挥作用的组织和机构。如区教育局、区卫生局、区妇联、原区人口和计生委,与下属街道形成一个网格,街道妇联、街道人口和计生委、区早教指导中心和几个社区之间也形成若干网格,在网格内成立相应的早教指导分中心和早教指导站。这些实体的运作,可以把早教指导服务快速精准落实到全区 0～3 岁婴幼儿家庭中。

二、网格化管理再"升级",三大推进机制共助力

在构建"网格化早教指导服务管理格局"的同时、在实施各项管理职能的过程中,黄浦区也发现了与发展相伴随的技术层面的新问题。作为枢纽单位的两个区级早教指导中心,面对诸如"如何实现各部门的共识与合力?""需要哪些管理层级来确保目标的分解和落实?""怎样做到全过程的监督管理以确保早教指导工作的质量?"等问题。

面对这些新问题,黄浦区积极应对,并将问题转化为可持续发展的契机,形成了三大推进机制。

（一）学前教育联席会议制度

由黄浦区教育局作为召集牵头人,黄浦区卫生局、区妇联、区计生委共同参与

的"学前教育联席会议"成为各方出谋划策、质疑问难的"新探索"。每半年进行一次的联席会议,除了落实国家、市、区关于早教指导服务的相关政策措施,确定年度工作方向,结合多方意见形成具有约束力的规范性意见,高效的"学前教育联席会议制度"协调解决了不少重点、难点问题。

(二)"三级管理网络"和"两个轴心管理体制"

联席会议的建立和运作,使得"三级管理网络"和"两个轴心管理体制"应运而生。"三级管理网络"即在区学前教育联席会议领导下的,由区教育局、区卫生局、区妇联和区人口和计生委等部门分管领导组成的早教指导工作领导小组;上述四部门的相关科长组成早教指导工作指导小组;中心、分中心领导和各街道妇联主席、计生科长组成社区早教指导工作小组。"两个轴心"指的是早教指导服务及管理体系和督导体系。服务管理和监督职能进一步拆分,使得其既各司其职又相互制约。

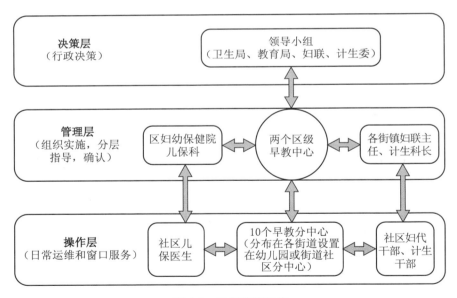

图 4-1　三级管理网络

(三)《关于进一步加强黄浦区 0~3 岁实有儿童早教指导工作意见》

有了管理架构、操作流程,是否早教指导工作就能顺利管理运作呢? 答案显然是否定的! 管理运作还受一个重要因素影响,这个重要因素便是"人"的现实问题。

早教指导从业队伍的不稳定,使得事业发展过程中很多事务都处于低层次重复的阶段。比如培训,刚刚面向新手从业人员开展业务培训没多久,就又换人了。黄浦区迫切感受到稳定的人力资源的重要性。那么,如何激发从业人员的工作热情,保障队伍的稳定性和专业发展呢?

培训机制与激励机制等必须同步跟进。也就是说,建立配套网格化管理的保障机制势在必行。为此,各部门在区学前教育联席会议的指导下,联合编制、颁布了《关于进一步加强黄浦区 0～3 岁实有儿童早教指导工作意见》(以下简称《意见》)。在这份《意见》中,不仅进一步厘清部门职能等内容,还建立了有效的培训、激励等工作制度。黄浦区对面向早教指导工作者的培训工作做了非常深入、细致的实践研究,根据业务内容、对象需求,开展多样化的服务指导操作方法的实训,并以良好的资源整合机制保障培训工作的开展。《意见》明确要求要定期召开评估表彰工作,用以激励在早教指导服务中的先进集体和个人。这是对从业队伍的激励,同时又是以评估督导为推动,保障黄浦早教指导服务"广覆盖"实施的同时,实现服务指导的"高质量"。

黄浦早教指导工作在网格化管理机制建立以来,还在过程中动态优化完善。2017 年,在党的十九大召开以后,根据国家的要求,卫生局和人口与计划生育委员会合并,黄浦区进一步对管理架构进行了优化、完善。

三、网格化管理构建的成效

黄浦区作为追求教育事业的高、先、精发展的精品城区,务实的优良品质与关注细节的工作风格体现在区域推进 0～3 岁早教指导服务的每一步,维系与支撑事业基础的每一步不仅都走得相当稳健、实在,而且在管理机制等方面都加入了不少"新元素"与"新创举"。

黄浦区"网格化早教指导服务管理格局"的构建,带来的是组织管理网络、培训指导服务网络、协调发展网络"三位一体"的工作新方向。黄浦区早教指导服务各工作格上的实体单位真正意义上从"小教育"中走了出来,与街道妇联、计生、卫生保健单位、社区妇代相衔接,同网格中其他部门相联系,运用各种社会资源,反应迅速、责任唯一,从而解决以前的运作中存在的教育机构从专业看得到、从服务管不着,而社区服务够得着、专业水平又顾不到的问题,保障了早教指导管理服务工作的科学、有序、可持续发展。

（上海市黄浦区教育局学前教育科）

第二节　一体化协同，打通各管理环节壁垒

"网格化早教指导服务管理"格局和配套机制的建设，使得各部门能在共同的框架下协同推进，形成合力，这是推动早教指导的发展前提和基础。

在早教指导工作领导小组的带领下，黄浦区借助网格化管理的机制在早教指导工作的推进上做了很多具有建设性、创新性的实事。但是，事业发展并不总是一帆风顺的，问题总是层出不穷，刚刚解决一个问题，新的问题又会产生：解决了管理架构的难题后，现有的各部门管理职能表现出了不适应和不适切。由于并没有梳理清晰各部门的职能和具体职责，对区域早教指导服务推进工作目标任务的理解和落实不明确，这就导致了有些工作被遗漏、被忽视或无人管理。

因此，有必要对各层级、各部门的职责进行重新梳理，研究协同推进的工作方法，以确保新的网格化管理格局下，各部门真正实现合众聚力提效。

一、《深化推进 0～3 岁散居儿童家庭早教指导工作部门合作备忘录》诞生

2011 年，撤二建一后的黄浦对加强部门联动与合作的方式方法进行了认真的分析和研究，在传承原卢湾、原黄浦的过往经验的基础上，再度革新。进一步加强组织领导，搞好沟通协调，充分开发并利用各部门的优质资源和优势，落实精干力量，强化合作保障，携手搭建灵活多样的合作交流平台，探索建立高效运行的联动机制，确保区域"0～3 岁散居儿童家庭早教指导服务"的规范化、专业化。2014 年，黄浦区形成了《深化推进 0～3 岁散居儿童早教指导工作部门合作备忘录》（以下简称《合作备忘》）。《合作备忘》由黄浦区教育局牵头，与区卫生、区妇联、区人口和计生委共同签订。2017 年，随着区卫生局和人口与计划生育委员会合并，黄浦区也对《合作备忘》进行重新修订，由黄浦区教育局牵头，与区卫生与计划生育委员会（现称卫健委）、区妇联共同签订。

　　之所以会产生这样的《合作备忘》，也就是对"联合相关职能中心部门"这个工作任务，尝试建立一种便于操作的机制保障，使"联合相关职能中心部门"由任务转换为可操作、可执行的工作方法，落到实处。而《合作备忘》的主要内容就包括了"各个职能部门在早教指导服务工作中各自的任务界定"。

二、三级管理流程及相应职能

　　在 2017 年友好协商的《合作备忘》中，确立了三级管理工作流程，对每个层级、每个部门的职能和具体工作职责作了详细的界定。

　　（一）领导层

　　由区教育局、区卫健委、区妇联等多个职能部门或组织的分管领导组成，牵头负责早教指导工作，统筹、协调各部门的具体事宜，形成政策和制度。其中，区教育局予以经费保障和支持，加强区早教指导中心、各分中心、指导站的资源配置和内涵建设，发挥专业优势，配合制定分中心的章程、开展课程的研发、加强教师的专业化培训，提高 0～3 岁婴幼儿保教人员的理论水平和专业指导的技能；区卫健委除了做好婴幼儿出生数据的提供外，还要做好 0～12 个月龄婴幼儿家长的科学育儿指导工作，配合做好卫生保健、营养、生长发育等方面的儿保工作；妇联的任务被明确为"找"，即找孩子，通过居委妇联干部核实人在户在、人户分离的情况及提供常住人口信息，以确保数据的准确性，并做好宣传发动工作。

　　（二）管理层

　　由区早教指导中心主任、区妇幼保健所儿保科主任、各街道妇联主席组成。其中，区早教指导中心重点负责协调各部门的工作，汇总 0～3 岁婴幼儿家庭基本情况信息，进行信息登记、按月龄段编班、安排早教指导活动进程、编制宣传资料以及发布活动通知；区妇幼保健所儿保科重点为新生儿家庭提供检查和咨询等服务；区医疗卫生机构负责把早期筛查中发现的特殊儿童信息，及时提供给区残联和街道，由区学前特教指导中心进一步跟进；各街道妇联主任负责街道 0～3 岁婴幼儿信息收集、汇总以及早教宣传工作。

　　（三）操作层

　　由区早教指导中心和分中心的教师、社区妇代干部、儿保医生组成。负责早教指导工作的具体执行。其中，早教指导中心、分中心被明确为"早"，就是负责进行早期育儿免费指导服务;社区妇代干部进社区入户,核查信息,发放指导手册;向家庭发放"早教指导活动卡"和"早教指导活动菜单";儿保医生负责评估孩子发育状况、排查健康隐患、进行针对性的养育指导。

在这样明确的工作职能和分工合作下,黄浦区进一步明晰了各部门的职能,解决了"找人""早期"两大难题,这是实现早教"广覆盖"的关键环节。

三、早教指导工作的目标和各部门的具体任务

《合作备忘》还有一个非常重要的作用,就是让全区早教指导工作者对区情、早教指导工作流程和目标任务更加明晰、全面了解,达成共识。在 2017 年签订的《合作备忘》中,区教育局、区卫健委会与区妇联本着实现"全覆盖、聚优质、建机制、促常态"的宗旨,按照"优势互补、资源共享、深度合作、共同推进"的原则,将"区域内 0~3 岁散居婴幼儿及其看护人普遍得到优质、科学的教养指导"作为优化政府公共服务的重要方面,明确了"完善服务体系""优化 0~3 岁婴幼儿数据库""充实服务资源配置""提升服务专业性"等四方面的合作领域。

在这份《合作备忘》中,同时进一步明晰了各部门在每个合作领域的具体工作任务:

（一）区教育局

行使 0~3 岁科学育儿指导服务的协调、牵头职能,管理并指导区早教指导中心及早教指导分中心落实早教指导服务;保障区早教指导中心及分中心的硬件、软件建设;指导区早教指导中心发挥专业优势,完善早教指导活动课程方案,编辑早教指导小报等宣传内容,宣传科学育儿理念,组织开展早教指导教师的各项培训,提升早教指导教师的专业素养;牵头研究开发 0~3 岁婴幼儿数据库;会同相关部门定期组织开展"0~3 岁散居婴幼儿早期教养指导服务"的效果评估。

（二）区卫健委

管理并指导下属街道部门及时提供本辖区人口出生数据和动态数据,每季度导入数据库,参与完善 0~3 岁婴幼儿数据库,提高基础数据的准确率;做好早教指导相关宣传资料、小报的印刷工作;参与"0~3 岁散居婴幼儿早期教育指导服务"计划制定与效果评估;管理并指导区妇幼保健所及社区卫生服务中心负责 0~1 岁婴幼儿早教指导服务及健康促进工作,并依托早教指导服务平台建立电子档案;落

实辖区内早教指导服务中的"医教结合"工作,组织相应的卫生人员以开展讲座、咨询等方式参与早期教养指导服务,定期对早教指导人员实施一定的儿童保健、常见病预防等知识的培训。

（三）区妇联

管理并指导街道妇联每年 7～8 月排摸社区内 0～3 岁常住婴幼儿人员变动情况与服务需求;积极向辖区内 0～3 岁婴幼儿家庭宣传与推广早教指导服务项目,做好相应的告知、登记等工作,提高服务对象的知晓率与参与度;参与"0～3 岁散居婴幼儿早期教养指导服务"计划制定与效果评估。

明确的工作任务,不仅有效地整合了各部门的优质资源,发挥了各部门的优势,更强化了合作保障,确保联动机制的高效运行,实现了各部门合众聚力提效。

四、成效："三位一体协同管理的模式"的形成

从政府提出开展早教指导服务工作的要求至今,早教指导工作不断推进,从无到有,从小到大,辐射面不断扩大……从家长认为可有可无、妇联拼命"找孩子"到现在家长踊跃报名、唯恐落下;从部分家长一味追求动辄上万元的商业化培训机构,到认为"公益的也是优质的";从无早教指导场所、无专用玩具、无专职教师到渐趋规范化、专业化,这都源于区早教指导服务管理工作流程的建立、组织框架的建构,尤其是在《合作备忘》的形成后,0～3 岁早教指导区域推进的工作越来越顺畅。

在《合作备忘》的指导下,三部门共寻对接点,共谋新思路,逐渐构建形成了职能清晰、覆盖全区各街道的"三位一体协同管理的模式",确保了黄浦区早教指导工作的有序性和规范性,这也标志着该项事业的发展又进入一个新的时期!

（上海市黄浦区教育局学前教育科）

第三节　信息化联动,"线上＋线下"新模式

正如习近平总书记强调的,信息化是教育现代化的重要特征,"没有信息化就没有现代化"。信息技术赋能教育是在规模化教育的前提下实现教育公平、教育多样性和个性化的最重要、最有效的手段。随着"互联网＋"教育的发展,早教指导信

息化管理也在一步步往更精准、更实效的方向迈进。

一、构建 03 云平台是事业发展的必然趋势

2015 年,《上海市黄浦区推进教育综合改革实验整体方案(2015—2020 年)试行稿》规定:"向社区、家庭辐射的 0～3 岁学前教育体系和模式,继续建设黄浦区 0～3 岁婴幼儿数据库,为推进早教指导工作提供基础数据,并通过信息化平台做好早教指导服务记录与婴幼儿发展档案,力求 0～3 岁散居婴幼儿家长及看护人员接受早教指导率达到 100％。"

这几年来,随着生育小高峰和二孩政策的全面落实,黄浦区早教指导服务的需求量日益增长,在师资、场地等教育资源有限的情况下,早教指导服务压力与日俱增。对 2016 年至 2019 年人口数据统计发现,黄浦区有早教指导服务需求的婴幼儿家庭数量呈逐年递增之势。早教指导服务呈现"需求大、资源少"的特点。早教指导服务供不应求的现状催生了通过线上方式共享早教资源的需要。

随着上海城市建设步伐加快和居民住房条件的不断改善,上海户籍人口的流动性加大。黄浦区由于地处市中心,有较多拆迁、搬家人员,是全市流出人口最多的区,这加大了 0～3 岁婴幼儿基础信息搜集的难度。网格化管理的本质也是数据化管理,迫切需要建立一个互联网信息共享系统,以便整体布局与各网格间互相及时沟通信息,提高工作效率。

此外,由于婴幼儿出生人口增多,出现婴幼儿报名登记信息和实际参与早教指导活动间隔时间较长、排队较久的现象。传统的线下早教指导服务受限于时间、空间、师资等条件的制约,难以在短时间内充分满足区内所有适龄婴幼儿的需要。而婴幼儿的月龄越小,月龄之间的发展差异和变化也越大。婴幼儿发展的每一月龄段均需要适宜的、及时的科学育儿指导,完全依赖于传统的线下早教指导服务模式已经难以满足 0～3 岁婴幼儿个性化、即时性的发展需要。

面对这一系列困难,怎么办? 黄浦区借助现代信息技术无所不在、无时不存的特性,以现代信息技术作为早期教育的延伸,开设与中心配套的服务与指导信息网站以及建设开发内部管理平台,同时融合多媒体技术,开展个性化的网上服务,使不同的服务群体得到了切实的帮助与支持,如此一来,不仅节省了人力、时间,也给了服务对象更多的自主权,他们可以随时、随地寻找他们所需要的知识或相关服

务。更重要的是,信息技术奠定了实现教育广覆盖的基础,03 云平台的建设成为必然趋势,黄浦区早教指导服务工作也将随之呈现出全新的格局。

二、黄浦早教开展信息化工作有高地优势

多年来,黄浦区和上海市教委合作共建上海市教委信息中心学前教育信息部。这是一项对学前教育事业发展而言,有创新意义、也有着双赢意义的共建工作。

上海市教委信息中心学前教育信息部拥有独特的、富足的前沿性信息资源,以及信息技术开发经验,使得"网格化管理,实体化运作"的构想可以得以实现。在信息技术的支撑下,2008 年起,原卢湾区已开发并启用 0～3 岁婴幼儿家庭早教指导数据管理平台,用以管理全区的 0～3 岁婴幼儿家庭数据以及他们接受区域早教指导服务的情况。信息化助力,使得各部门"数据采集→数据排摸→数据分配→数据统计"的工作流程一目了然,工作效率也大大提高。2011 年,两区拆二建一后,黄浦区在已有基础上,从用户需求的角度出发,对数据库进行了功能的拓展和完善,逐渐构建起"03 云平台"。

三、03 云平台功能模块设置

03 云平台主要面对家长、教师及社区三大用户群体。因此,平台的模块设置包括服务于家长群体的移动端"黄浦早教 APP"以及服务于家长、教师及社区工作人员的网页管理端"早教管理平台",两大系统底层数据共享。

"黄浦早教 APP"主要包含活动报名、早教资讯、视频课程、时光相册及家园互评五大模块。"早教管理平台"设置数据汇总、信息管理、资源管理及数据分析四大模块。

四、03 云平台带来多方交互新体验

03 云平台支持信息采集录入→信息筛查→信息统计等一系列信息管理工作。区卫健委落实专人负责采集辖区内新增符合条件的新增人口的基础信息。区妇联落实专人在上门核实信息后向需要指导的 0～3 岁婴幼儿家长发放 APP 注册说

明,家长注册登录使用。需接受指导服务的家庭信息通过平台分发到对应的各早教指导分中心。分中心则根据平台分配的幼儿家庭数量及具体情况安排和开展活动,并进行在线活动记录和统计。

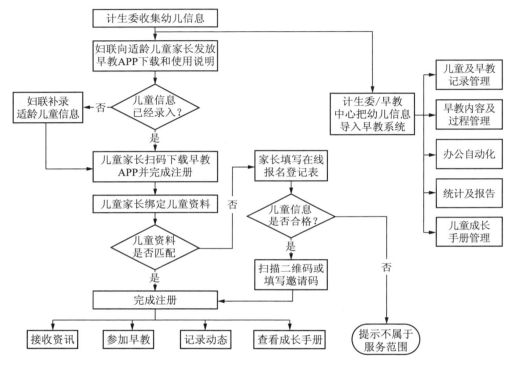

图 4-2　03 云平台操作流程

家长可以通过"黄浦早教 APP"进行线上活动报名、活动记录、早教指导资讯共享、婴幼儿发展观察评价等互动操作。区早教指导中心及分中心教师则可以通过"早教管理平台"进行早教资讯发布、活动记录、婴幼儿发展观察评价、数据汇总、资源管理和数据分析。

这样积极、有效的互动,使得"适龄婴幼儿全覆盖"的目标不再止步于"口号",而是成为一件惠民的、落地的实事。

五、03 云平台管理一体化实施效果

03 云平台的数据共享功能实现了跨部门间的多方联动,使得各部门间工作开

展便捷、高效，加速早教指导管理工作一体化进程。同时，03 云平台使得婴幼儿家长与各早教指导站点之间的信息沟通更为及时、顺畅、透明，而各部门举力共享线上资源则释放出更多的早教指导内容和活动，很多家长对于打开手机就能享受"全方位育儿服务"频频点赞。新形态的"云指导"和传统的"面对面传授"相辅相成，03 云平台在一定程度上弥补了线下早教指导服务资源的缺口。可以说，03 云平台的构建对形成和完善 0～3 岁早教指导服务的内容、方法体系以及促进教育公平有重要的意义和影响。

（上海市黄浦区早期教育指导中心、上海市黄浦区学前儿童发展监测中心）

第二章 发展内涵，实现科学育儿指导高质量

第一节 模块化课程练就育儿指导课程体系

家长的科学育儿水平是影响婴幼儿早期发展的关键因素，对家长的早期教养指导是提高育儿水平的关键。然而，面向家长的科学育儿指导内容与形式都尚待实践探索。介于婴幼儿早期教育与成人教育之间的科学育儿指导是新兴的教育领域，尚处于实践探索阶段，科学、系统的0～3岁早期教养指导课程亟须开发。系统早教指导课程的缺失是阻碍早教指导发展和提高服务质量的瓶颈问题，开展早期教养指导课程的研究能够填补相关空白，有助于建立规范、完整的课程体系，向广大人民群众提供更加优质的科学育儿指导服务。

原黄浦区早期教育第一指导中心（以下简称一中心）①十年磨一剑，在"0～3岁婴幼儿早期教养指导课程的研究"课题引领下，完成了0～3岁婴幼儿早期教养指导课程体系的研发、论证。该课程体系成果包括《早期教养指导课程指南》（以下简称《课程指南》）、模块化课程、《聪明宝宝从这里起步》模块化课程教材（8册）等内容。

一、《课程指南》

《课程指南》包含基本理念、课程目标、课程设置和实施建议四部分，首次提出

---

① 原黄浦区早期教育第一指导中心，成立于2002年，前身为卢湾区早教指导服务中心，2012年卢湾和黄浦两区拆二建一后更名为黄浦区早期教育第一指导中心，2016年因市区共建规划而更名为上海市早期教育指导服务中心。

了 0～3 岁婴幼儿家长是早期教养指导课程的主要的、直接的指导对象;倡导"儿童为本、关注实践、服务家庭"的课程理念,课程目标部分首先提出了早期教养指导课程的总体目标,从知识、技能、态度和体验四个角度对家长在课程中的应有收获提出了要求;强调早期教养指导课程应通过家长与教师间的平等协商,帮助家长形成正确的教养态度,了解基本的教养常识,掌握科学的教养方法,以此促进 0～3 岁婴幼儿的健康成长。

《课程指南》提出的早期教养指导课程目标包括以下四方面内容:①形成科学的儿童观和养教观,具有端正的教养态度与意识,勇于承担养育婴幼儿的职责,学会尊重孩子、热爱孩子;②了解照料、护理婴幼儿的基本知识,掌握健康养护的基本技能;③了解婴幼儿生理成熟与心理发生、发展规律,理解婴幼儿的典型行为,能在动作、认知、语言、情感、社会性等方面陪伴孩子成长;④参与婴幼儿教养实践与模拟演练,积极开展生活与游戏中的亲子互动。目标内容上涵盖生活、游戏与环境的方方面面,具体要求上呈现出以下几个特点:①注重体现婴幼儿的特点,避免泛泛而谈;②注重知识、技能、态度的一致性,特别强调操作性和应用性;③注重家长的参与和亲子互动,强调生活养护与游戏陪伴中的良好亲子关系的构建。

在总体课程目标的统领下,早期教养指导课程目标由生活与健康、环境与安全、游戏与发展 3 大领域的 12 项内容和 48 条要求组成。课程目标关注儿童身心健康发展,强调家长科学育儿知识的获得和育儿技能的掌握,注重在生活中的健康养护。其次,强调婴幼儿在认知、语言、情绪情感、社会性等方面的自然和谐发展。同时,强调环境的发展价值,关注婴幼儿的安全以及安全亲子关系的构建。

比如,生活与健康领域包括哺喂、睡眠、盥洗与着装、疾病预防等内容,强调在吃、喝、拉、睡等婴幼儿生活的各个方面,呈现健康护理、生活照料等具体育儿知识和技巧,旨在帮助家长培养一名健康的婴幼儿。下表 4-1 为生活与健康领域哺喂和睡眠引导方面的要求。

课程目标涵盖了婴幼儿生活、成长的方方面面,反映了婴幼儿身心发展规律、特点和需求,反映了家长育儿要求和应用价值,体现了儿童为本、关注实践的课程理念。

《课程指南》在实施建议上从教育行政部门、早教指导机构及教师、0～3 岁婴幼儿家庭三个角度提出了课程方案编制、课程资源建设、课程活动形式、师资水平、政策保障等方面的具体建议。

表 4-1　早期教养指导课程目标示例

内　容	要　求
1.1 哺喂	1.1.1 理解母乳喂养的重要性,掌握正确的哺乳方法,能从按需哺喂顺利过渡到定时哺喂 1.1.2 了解婴幼儿生长需求,能把握辅食添加时机,掌握辅食添加方法 1.1.3 了解婴幼儿饮食特点和营养学知识,掌握婴幼儿食物烹制的方法 1.1.4 了解婴幼儿饮食相关技能的发展规律,掌握从成人帮助进食到独立进餐的方法
1.2 睡眠	1.2.1 了解婴幼儿睡眠规律和特点,理解充足的睡眠对生长发育的重要性 1.2.2 掌握帮助婴幼儿从自然入睡到按时睡眠及有规律睡眠的方法 1.2.3 了解影响婴幼儿睡眠的因素,能创设有助于婴幼儿自然、舒适睡眠的环境

《课程指南》的研制,体现和落实了国家对早期教养指导课程的基本要求,为制定早期教养指导课程方案、开发课程资源与教材提供依据,使早教指导服务与评价有章可循。同时,对早教指导课程如何基于婴幼儿生理成熟、心理发生发展的速度及需求,婴幼儿家庭在教养态度、教养问题、原有教养水平等方面的差异性以及个性化教养需求上提供了借鉴。

二、模块化课程

该课程体系成果在早期教养指导课程设置上创新引入了模块化概念。基于明确的课程目标,围绕某一特定主题而形成的相对完整、独立的学习单元,模块之间相对独立、略有交叉,但各有侧重。15 个课程模块是从一中心多年的育儿指导实践与研究中积累的 3000 多个家长问题中经归纳、提炼、分类再处理而来。

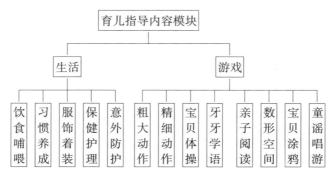

图 4-3　早期教养指导模块化课程体系

表 4-2 课程模块与课程目标关系表

模块	生活与健康				环境与安全			游戏与发展				
	哺喂	睡眠	盥洗着装	疾病预防	居家环境	户外环境	材料	动作促进	认知引导	语言培养	情感关怀	社会适应
饮食喂养	★★★		★	★	★		★	★			★	
服饰着装			★★★				★				★	
习惯养成	★★★	★★★	★★		★		★	★	★	★	★★	★★
保健护理	★	★	★	★★★	★						★★	
意外防护				★★★	★★★	★★★	★★★				★★	★
粗大动作			★		★★	★★	★★★	★★★	★	★	★	★
精细动作	★		★		★	★	★★	★★★	★★	★		★
宝贝体操					★	★	★	★★★	★★	★	★	★
牙牙学语							★		★★	★★★	★★	
亲子阅读					★★	★	★★★		★★	★★★	★	★
宝贝涂鸦	★		★			★	★★		★★★		★★	
童谣唱游		★	★		★	★	★★		★★★	★★★	★	★
数形空间					★				★★★			
入园准备	★	★★			★	★★	★	★	★★	★★★	★★★	★★★
解读宝贝	★		★★		★★	★★	★★★	★★	★★	★★	★★	★★

注:"★★★"表示关联度大,"★★"表示关联度中,"★"表示关联度小。

　　课程模块充分体现了课程指南的要求,但并非一一对应,而是以可选择度和课程实施的可行性为模块划分的依据。早期教养指导课程目标是课程模块的设置依据,课程模块应体现和反映课程目标。饮食哺喂等 15 个模块反映了课程目标要求,但各有侧重。某些目标在某一或某几个模块中得到集中体现,如"游戏与发展"领域下的"动作促进"目标主要体现在粗大动作、精细动作、宝贝体操三个模块上;某些目标则分散体现在若干模块中,如粗大动作、精细动作、创意涂鸦、数形空间等模块均反映了"环境与安全"领域下的"材料"目标要求;另有部分目标在大部分模块中均有所反映和体现,如情感关怀的目标要求。

　　一中心老师实践了完整的 0～3 岁综合亲子指导课程以及包括了亲子阅读、解读宝贝、意外防护、入园准备、宝贝涂鸦、童谣唱游等在内的多个主题课程,不断论证、完善模块化课程的内容与实施,指导家长在生活和游戏中健康育儿。其中,综合性亲子课程按婴幼儿月龄线索选择和组合模块课程内容,根据婴幼儿身心发展特点和差异,划分成 0～3 个月、4～6 个月、7～9 个月、10～12 个月、13～18 个月、19～24 个月、25～36 个月的亲子课程。各月龄段的课程内容均来自 15 个模块,选择组合与该月龄段相适宜的课程内容。主题课程则具有短程、聚焦,就一个领域包含不同月龄段的内容等特点。以解读宝贝主题课程为例,该课程的目标主要包括:①观察、了解孩子生活中常有的一些行为和表现,并正确地看待 0～3 岁宝宝典型行为;②理解孩子典型行为背后的原因,并掌握适切的支持方法;③尊重孩子典型行为发展的需要。课程主要包括以"解读宝宝典型行为"为主题的 2 次讲座和以"善陪乐玩,做宝贝好伙伴"为主题的 6 次亲子活动。

表 4-3　各月龄段的综合亲子课程与课程模块的关系(部分)

月龄段	饮食哺喂	服饰着装	习惯养成	保健护理	意外防护	粗大动作	精细动作	宝贝体操	牙牙学语
0～3	母乳喂养 人工喂养	婴幼儿服饰特点 服饰选择	饮食习惯	生长发育特点	窒息	抬头	抓握动作	抚触	听懂宝宝"语言"和宝宝说话
4～6	母乳喂养 人工喂养 辅食添加		饮食习惯 睡眠习惯	生活护理重点	窒息 跌落	翻身	抓握动作 手眼协调	抚触 被动操	
7～9	辅食添加	季节与服饰	饮食习惯 睡眠习惯 卫生习惯	易发疾病 病儿照顾	跌落 碰伤	爬行	抓握动作 手眼协调	被动操	

实践表明,模块化课程从不同角度满足了婴幼儿家庭的个性化服务需求,无论是内容全面的综合亲子课程,还是单元化、小组化的主题课程都深受广大家长欢迎,课程满意度始终保持在 95％。

如在《综合亲子指导课程家长满意度问卷》中,有家长表示,"作为家长,我们可以根据自己的需要来选择早教指导中心的课程,这一点很不错。我是个新手妈妈,在带孩子这方面完全是个'小白',综合亲子课程内容很全面,从生活照料上的吃喝拉撒睡到如何陪伴宝宝做游戏,内容非常丰富。总之,收获感很强"。

在《主题课程家长满意度问卷》中,有家长认为,"亲子阅读主题课程教会了我们给宝宝寻找好书,如何引导阅读、解读宝宝,更好地从整体上了解宝宝,给宝宝一个更好的游戏环境。这些课程设计都相当好,我们家长和宝宝都十分喜欢"。

三、《聪明宝宝从这里起步》系列教材

在《课程指南》15 个课程模块的基础上,可选择性模块课程教材以《课程指南》的理念、目标与相关要求为依据,内容涵盖指南的所有要求。《课程指南》中的目标在教材中都有所体现,教材内容有助于课程总体目标的实现。每册教材由致读者、目录与正文等部分组成。该套教材具有以下几方面特点:①知识、技能并重,操作性强。每册教材的主体主要包括两部分,前半部分都是对基于婴幼儿家长在教养实践中真问题、真困惑的归纳、总结和回答,侧重知识性内容的呈现;后半部分侧重教养知识的应用,游戏方案、实操图解、营养菜谱、案例解析等内容,对家长养育孩子具有极强的实践指导作用。②教、养并重,养育成分凸显。在 0～3 岁婴幼儿的早期教养工作中,"养"的成分较多。根据课程目标,教材注重养育指导内容的设计开发。在教材编制过程中,发挥营养师、保健医生等专业人士的作用,对教材内容进行科学、专业的审核修订。教材中引入"医生"角色来呈现相关的养育内容。③图文并茂,简明扼要。教材以 0～3 岁婴幼儿家长为主要读者,充分考虑家长的阅读习惯,尽可能用简洁概要的语言和生动直观的图文形象来表达,在教材中呈现大量图片。

0～3 岁婴幼儿早期教养指导课程体系成果曾获上海市级基础教育教学成果奖一等奖,并作为"面向 0～3 岁婴幼儿家长的科学育儿指导的探索与实践成果"中的重要组成部分,于 2014 年获得国家级基础教育教学成果一等奖,至今仍被上海

市乃至全国的面向 0～3 岁婴幼儿家庭服务的早教指导机构广泛使用。

（上海市早期教育指导服务中心、上海市黄浦区学前儿童发展监测中心

忻　怡、王　岫）

第二节　专业进社区，提升区域科学育儿指导质量

黄浦区历来重视 0～3 岁婴幼儿家庭的科学育儿指导工作。2011 年，《上海市学前教育三年行动计划（2011—2013 年）》中提出"全市 95％以上户籍 0～3 岁婴幼儿的家长和看护人员每年得到 4 次以上有质量的科学育儿指导"的要求，黄浦区率先响应，提出本区每年向户籍 0～3 岁婴幼儿的家长和看护人员提供不少于 6 次有质量的科学育儿指导服务。2012 年起，黄浦区建立全覆盖的早教指导服务联动网络。设立黄浦区早期教育第一指导中心、黄浦区早期教育第二指导中心两个区级早教指导服务中心，同时，在全区 10 个街道设立分中心，每个分中心依托辖区内优质幼儿园设立 10 个早教指导站，与区计生指导中心、街镇社区卫生服务中心儿保科和科学育儿指导服务基地，共同构筑 0～3 岁科学育儿指导服务联动网络。建立科学育儿指导服务统一运作机制，围绕"高质量、全覆盖"的工作目标制定工作规划。

当时的一份区域早教指导机构发展调研报告中显示，各街道分中心与幼儿园指导站在开展面向辖区 0～3 岁实有散居婴幼儿家庭的一年六次的公益免费的早教指导活动时，缺乏统一的、系统完整的指导课程和教材，导致服务凭经验、凭感觉居多，服务质量参差不齐。由于教师大多为幼教专业志愿者，虽然持幼儿教师、育婴师双证上岗，但由于日常主体岗位是幼儿园带班教师工作，他们对 0～3 岁宝宝的年龄特点比较缺乏了解。在课程内容的选择上，教师的普遍做法是将幼儿园小班的内容低龄化，降低难度后运用到活动中。这样的活动内容并不符合 0～3 岁婴幼儿发展的特点和需要，所以常常出现家长替代宝宝完成或"手把手"教孩子的现象。另外，在活动的组织形式上，大多为集中活动，不符合 0～3 岁婴幼儿个体发展需求，现场组织起来难度较大。为了解决分中心、指导站缺乏专业指导课程、教材、实施方案的问题，确保早教指导的有效性，黄浦区教育局委托黄浦区早期教育第一指导中心研发编制《03 实有人口婴幼儿家庭一年六次公益免费亲子指导活动方

案》(以下简称活动方案)。该活动方案强调 0～3 岁婴幼儿主要生活在家庭中，父母及其他家庭成员是 0～3 岁婴幼儿最主要的教育者。将社区分中心或指导站一年六次开展公益亲子指导活动的主要提高对象定位为家长，通过家长与教师间的平等协商，帮助家长形成正确的教养态度，了解基本的教养常识，掌握科学的教养方法，以此促进 0～3 岁婴幼儿的健康成长。

一、目标内容

该活动方案的总体目标包括两大方面：①形成科学的儿童观和养教观，具有端正的教养态度与意识，勇于承担养育婴幼儿的职责，学会尊重孩子、热爱孩子；②了解婴幼儿基本生长发育规律及学习特点，能在动作、认知、语言、情感、社会性等方面陪伴孩子成长。

基于 0～3 岁婴幼儿是以动作和游戏为主要方式来探索、理解和体验周围世界的时期，而婴幼儿家庭在教养态度、教养问题、原有教养水平等方面具有各自的特殊性，该活动方案的内容指向 0～3 岁婴幼儿生长发育的各个领域，并根据散居婴幼儿家庭在教养实践中的具体需要来进行课程内容的设置和安排。该活动方案在目标、内容上融入了黄浦区早期教育第一指导中心的模块化课程的理念和内容，并基于分中心和指导站均设在幼儿园里这样的资源优势，在幼儿观察重点中增加了与月龄特点相匹配的入园准备模块观察要点，每一个课时有"教师必备知识"提示。在游戏设计上补充了数形空间、牙牙学语、宝贝涂鸦等模块内容，游戏类型更加多样化。

二、具体编排

根据黄浦区提供一年六次公益免费的早教指导要求，该活动方案设定为六个课时，每课时的具体内容包括两个部分，分别是教师资源和家长资源。其中，"教师资源"包括：45 分钟的现场亲子活动方案、各流程环节操作说明、区域观察及指导要点、亲子游戏资源(包括体操/音乐律动资源、替换素材资源包)。"家庭资源"包括：科学育儿短文、家庭亲子游戏推荐。

表4-4 《03实育人口婴幼儿家庭一年六次公益免费亲子指导活动方案（2～3岁婴幼儿家庭）列举

环节安排	时间安排	游戏类别	课时安排					
			第一课时	第二课时	第三课时	第四课时	第五课时	第六课时
接待、介绍	5分钟							
自由活动和个别指导	15分钟		重点指导："辨认颜色""照顾娃娃"	重点指导："画线线""玩球球"	重点指导："图形镶嵌""娃娃家"	重点指导："涂涂画画""玩工具"	重点指导："给娃娃穿衣服""交通建构"	重点指导："玩面团""平衡走"
集体游戏和指导	20分钟	亲子游戏	颜色宝宝回家	圆点变变变	找到形状站上去	画泡泡	找到图片坐下来	玩彩泥
		体操/律动（二选一）律动	跨越投篮 备选:运球球	滚皮球 备选:红绿灯	排队走 备选:过山坡	开火车 备选:捡树叶	骑小车 备选:钻山洞	红绿灯 备选:袜子小鱼
		体操	我有小手 备选:捏拢放开 小花猫 备选:停停转转	手指家庭 打气	两只小鸟 小手小脚 备选:小花猫 备选:模仿小动物走路	骑着我的小白马 备选:小花猫 拉个圆圈走走	捏拢放开 备选:小手小脚 太阳眯眯笑	我爱我的小动物 小手小脚 草地舞 我爱我的小动物
		阅读	《你好》《小蓝和小黄》	《我会咬短棒啦》《点！点！点！》	《圆滚滚和方块块》《排好队一个挨一个》	《好饿的小蛇》《莎娜的雪火车》	《走开，绿色大怪物！》《爸爸》	《我的后面是谁呢》《小泥人》
告别	5分钟							

三、实施要点

　　该活动方案在内容架构上有以下五方面特点：①活动室主体环境及流程保持稳定。依据 0～3 岁婴幼儿的发展特点和学习方式，每个课时的主体环境保持不变，环境材料对应具体婴幼儿的月龄段，涵盖婴幼儿各个发展领域的发展需要。而且每次活动的具体流程都保持一致，以便婴幼儿和家长熟悉课程，更好地参与课程。②活动室小组活动内容分领域逐一聚焦。针对家庭育儿的需求，结合亲子活动的特点，每个课时的小组集中活动都聚焦于某个婴幼儿发展领域，六次课时覆盖五个领域（粗大动作、精细动作、语言发展、认知发展、社会性情绪情感）。③现场活动内容与家庭推荐内容相呼应。03 早期教养的主要场所是家庭，因此该课程最希望家庭育儿能够体现与现场活动一致的育儿理念和内容方法，把现场活动的精华带回家。所以，每课时现场活动结束后，家长拿到的家庭教育资源内容是和现场活动内容相对应的，且根据家庭环境特点有适当调整变化的内容，方便家长迁移应用。现场活动中，教师也会就这些内容为家长做精要解读。④课程内容体现婴幼儿及家庭的个体差异。该课程在创设环境的时候，会考虑不同发展阶段的婴幼儿所需要的具体环境以及不同类型的家长所需要的环境；还会考虑在婴幼儿与环境互动的时候，可能会出现的玩法层次，并提供相应的指导。⑤课程内容非常注重可操作性。该课程尽量把每个环境、每种材料、每个活动，以及教师有可能会需要的

表4-5　《03 实有人口婴幼儿家庭一年六次公益免费亲子指导活动方案》课时安排表
（2～3 岁婴幼儿家庭第一课时）

课　时	指导重点	现场活动内容	家庭推荐内容	
			亲子活动	家庭阅读附件
第一课时	能解开鞋带 学着自己穿鞋	"照顾娃娃"	游戏"我帮爸爸解鞋带" 阅读《小鞋子走一走》	《宝宝多大开始可以自我服务》 《帮助宝宝养成自己穿衣服的习惯》
	认识 5 种颜色（知道黄色、绿色，并能指认）	"辨认颜色"	"袜子配对"	《宝宝是如何认识颜色》

可替换的内容都涵盖进去,以简明扼要的方式呈现出来,方便使用课程的教师快速了解和掌握。

四、使用成效

在分中心试用后,教师反馈:

"刚开始做社区 0~3 岁婴幼儿公益指导时,最头疼的就是活动内容的设计。现在,区里统一了教材,让我们觉得踏实了不少,不用为每次设计活动而苦恼。"

"游戏的类型很丰富,有和数概念相关的,还有语言、涂鸦等多个领域的游戏,类型很多样。最后的'观察重点'和'必备知识'让我们对每个课时的观察、指导重点以及自己需要提前储备的专业知识更加清晰,这对于教师现场指导是很有帮助的。"

此后,黄浦区早期教育第一指导中心和黄浦区早期教育第二指导中心联合对该社区活动方案进行全区性试用论证,并不断调优。发展到 2016 年,黄浦区早期教育指导中心为保障 10 个指导站的教师在实践时更好地内化婴幼儿潜能开发的理念,为每位教师配备了该中心研发的《0~3 岁婴幼儿健康课程活动设计方案(四季版)》与"秋季修订版",支持各站点实施以早教课程为载体,动态研究为方向的常态化指导。

黄浦区率先对公益免费的早教指导课程、教材及实施方案进行标准化研制,不仅优化了一年六次的公益早教的指导内容,在一定程度上为公益早教质量提供了保障,也为规范管理奠定了基础,在确保一年六次免费科学育儿指导服务的质量,践行"办人民满意的教育"之路上又跨出了一大步。

(上海市早期教育指导服务中心、上海市黄浦区学前儿童发展监测中心　王　岫
上海市黄浦区早期教育指导中心　王静萍)

第三节　入园适应课程实践探索婴幼衔接

一直以来,黄浦区都在打造海派文化的精品教育,率先建成学习型社会,坚持"办人民满意的教育"。

大多数 0～3 岁婴幼儿早教指导机构没有设立关于入园准备的相关课程。有的幼儿园在小班入园前,会安排家长和幼儿一起参与亲子体验日,让幼儿不仅能熟悉幼儿园环境,还能体验相关的生活、游戏等活动。但是这样的活动以幼儿体验为主,对家长的指导较少。整体而言,早教指导机构和幼儿园都缺乏系统的、面向家庭开展的入园准备指导课程。

对于家庭来说,宝宝入园是孩子真正意义上从家庭走进幼儿园,从个人生活走向集体生活的第一步。面对入园,许多父母在欣喜中夹杂着担忧和忐忑:孩子几岁入园比较合适? 入园应具备哪些自理能力? 是否要提前让孩子按照幼儿园的作息时间生活? 孩子入园后被别人欺负怎么办? 上幼儿园要专门准备哪些物品? 孩子入园后哭闹怎么办? ……面对这些困惑,家长们往往通过网络或从有经验的朋友处寻求解答。还有的父母缺乏入园准备意识,或用哄骗等方式给予幼儿不当的心理暗示,比如对宝宝说"上了幼儿园,老师会给你做规矩""你不好好吃饭,到了幼儿园,老师会骂你"等。

由于父母前期所做的准备不足、引导不当,以及幼儿在家中作息不规律、自身能力不足等原因,很多幼儿初入园时表现出明显的不适应,使得适应周期变得漫长。比如,早晨入园时较难与家人分离,持续两个月甚至半年入园时还大声哭闹;饮食减少,甚至拒绝进食;睡眠不安,易惊醒;在幼儿园变得沉默,不说话等。

如何做好入园前的准备,父母需要获得专业指导,幼儿需要参与适宜的活动体验,以循序渐进的方式培养良好的生活能力,从而养成良好的习惯。

自 2009 年起,黄浦区早期教育第一指导中心(原卢湾区早教指导服务中心)便与黄浦区奥林幼儿园合作,在长达 10 年的合作共建过程中开发、实践了入园准备主题课程。

一、入园准备课程

这套入园准备主题课程面向 22～36 个月婴幼儿家庭,课程学制为 2 个月(11 课时),课程的目标主要包括三个方面:①了解宝宝入园入托的相关知识。②掌握缓解分离焦虑、促进宝宝适应集体生活、培养宝宝自理能力等方面的方法和技能。

③理解宝宝入园表现出的分离焦虑及其他不适应等状况,给予关爱、疏导、积极暗示等良性影响。

　　课程主要内容包括"关注宝宝入园入托""从尿布到马桶——培养良好如厕习惯"为主题的 2 次亲子讲座和"幼儿园生活早体验"为主题的 4 次幼儿园亲子体验活动。每次体验活动前,教师发送家长公告,包含当日体验内容、重点观察要点、幼儿可能出现的情况、特别提示等。体验活动的环节安排循序渐进,从"晨检接待""区域活动"逐步过渡到"小组活动"以及"进餐"体验环节。结束时安排交流分享环节,教师与家长围绕当日活动安排、幼儿活动情况、家长陪伴情况等做全面的分析、分享和交流,并协商制定适合家庭的迁移方法。

表 4-6　"入园准备主题课程"进度一览表

主　　题		课时（小时）	课程内容
亲子讲堂	关注孩子的入园准备	1.5	奥林幼儿园园长为家长讲解如何选择幼儿园,如何理解并应对宝宝的分离焦虑等方法、技巧
	从尿布到马桶——培养良好如厕习惯	1.5	认识宝宝生理自然成熟的规律,了解到生理发育对宝宝如厕训练的影响;学习培养宝宝良好自理能力的方法和技巧
幼儿园生活早体验	幼儿园生活早体验　1——试点园参观体验	1	走进幼儿园,了解幼儿园的设施设备和老师,体验幼儿园晨检、游戏、学习等活动的流程
	幼儿园生活早体验　2——幼儿园环节活动体验	2	宝宝参与幼儿园的生活学习活动,家长了解到孩子的自我服务能力和环境适应能力,了解家庭迁移的方法
	幼儿园生活早体验　3——幼儿园半日活动体验1	3	家长和宝宝进行短暂的分离,宝宝尝试和老师、小朋友一起独立做游戏、吃点心。家长通过观察宝宝的状态,学习分析宝宝各种适应现象后的原因,寻找家庭迁移解决方法
	幼儿园生活早体验　4——幼儿园半日活动体验2	3	宝宝尝试在幼儿园进餐,家长通过观察,和教师一起分享宝宝在幼儿园生活和游戏的启发,分享家庭迁移方法和经验

　　以下是来自宝宝家长和教师的反馈:

霖霖(42 个月,初入园)妈妈表示:"我是曾经参加过'入园准备班'小朋友的家长。首先,很感谢早教指导中心能将'科学育儿'的理念指导给我们家长,使我家宝宝可以克服'从未上过托班''小月龄'(霖霖是 7 月生的)的不利因素,实现了居家养儿向幼儿园入学的平稳过渡。

经过这一个星期,霖霖完全能适应幼儿园的集体生活,入园情绪稳定,能自己做一些力所能及的事,如:洗手、主动如厕、喝水、玩乐、把玩具送回家、自己吃饭等,同时表现出非常乐意去幼儿园、午睡习惯良好,幼儿园老师反映孩子很乖很配合,这主要得益于指导中心提供这样一个课程,使我们能提前做准备和适应,并在日常生活中尽量培养孩子的自理能力和适应能力,也使我们面对宝宝的入园问题能够更从容、更自信。"

奥林幼儿园分中心教师说:"有了入园准备相关课程后,老师们会更加有目的地进行指导服务,很多家长回家后会根据教师的建议进行调整,孩子的表现会在后续的指导活动中表现出明显的变化,比如:行为习惯,与老师的互动情况等。另外,参加过社区的免费早教指导活动的家庭,在进入幼儿园后,对老师的指导方法、教育策略上会更容易理解接受,对家园共育起到了很好的推动。"

二、婴幼儿衔接实践研究

近年来,黄浦区早期教育指导中心则开展了"交互式早教指导活动中促进婴幼儿衔接的实践研究",编发《交互式婴幼衔接活动系列方案》,该方案强调早教指导中心、早教指导分中心(幼儿园)、家庭、社区各独立体在交流互动的过程中,聚焦 2～3 岁幼儿发展规律,整合多方教育优势,形成教育合力,在中心健康成长课程基础上与幼儿园小班五大领域目标进行衔接,拓展与幼儿园一日生活有紧密联系的早教系列活动(如:生活自理类、独立游戏类、适应他人、适应集体),为 2～3 岁婴幼儿入园适应做好充分准备。主要方式是遵循 2～3 岁婴幼儿的特点,采用坡度适应、提前准备的措施使婴幼儿与家长减少和消除分离焦虑现象,实现幼儿与家长一起快乐、顺利地度过婴幼衔接过渡期。

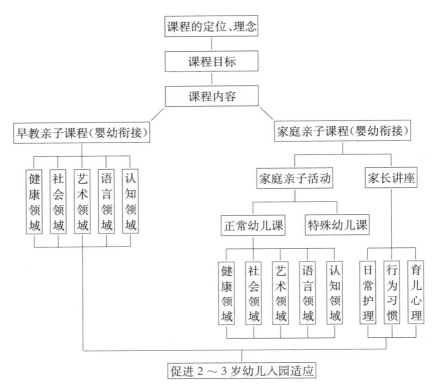

图 4-4　婴幼儿衔接课程实施架构

该课程实施取得了良好的效果。通过跟踪调查,以 2019 年为例,86％接受过育儿指导的家庭认为自己的孩子入园适应、融入集体生活明显比其他没有接受过育儿指导的孩子要快,要好。"在交互式早教指导活动中促进婴幼衔接的实践研究"课题获得黄浦区第十三届教科研成果一等奖。《入园准备》教师、家长指导读本均付梓出版。

（上海市早期教育指导服务中心、上海市黄浦区学前儿童发展监测中心　陈　静

上海市黄浦区奥林幼儿园　张　颖

上海市黄浦区早期教育指导中心　王静萍）

第四节　"医教结合"下的个性化育儿指导

"医教结合"是科学育儿指导的内容和要求。"医教结合"不仅适用于特殊儿童

的教育，同样也适用于普通儿童的教育。无论是特殊儿童还是普通儿童，都存在明显的个体发展差异。如果用同样的方式方法对待所有的教育对象，肯定是行不通的。因此，必须根据每个婴幼儿具体的发展情况，制定个性化的教养方案，实施有差异的医教结合指导。了解和判断婴幼儿发展差异和个性化需求的基础是观察与评价。也就是说，儿童发展评价是实施有效教学的重要保障，是开展有针对性、满足个性需求的早教指导的前提条件。

为此，黄浦区早教第一指导中心通过文献研究、现状研究和行动研究，经历了梳理理论基础、四位一体干预、面向群体研究、确立指导模式等多个阶段，研发出一套针对不同发展情况的婴幼儿的基于发展诊断的个性化指导模式。

一、基本思路

该指导模式解决问题的基本思路，首先是要找准婴幼儿生长发育的问题，不能把偶然的、个别的现象当作问题，也不能把导致问题的原因归为问题；其次要找对原因，要从生理和教育两个角度来分析和判断问题；最后要找到有针对性的指导建议。

二、发展诊断技术

其中，找准问题的过程，就是"发展诊断"的过程，我们称之为"发展诊断性指导"。在这个过程中，需要医生和教师共同收集多方面的资料，经过 2～3 周的观察指导与分析，婴幼儿生理发育情况、各领域能力发展水平、家庭教养环境以及其他相关信息都可以通过这个过程得到。再通过与月龄相对应的指标进行对比和专业判断，就可以得出总结性的信息，并且确定婴幼儿在生理发育、感知运动、语言、认知、社会情感等方面哪些是值得注意的或者需要干预的，为后续指导提供指南。

三、三种指导策略

基于发展诊断的结果，教师会发现，大部分婴幼儿的身体健康以及各领域能力发展都处于正常的水平，尽管他们有可能在饮食、作息、阅读等方面存在问题。研究团队将这一部分婴幼儿及其家庭归为发展支持性指导的对象。教师应该提供合适的教养方案以促进婴幼儿走在正常的发展轨道上。发展支持性指导体现为养教融合的二维目标、游戏与生活的二维内容以及医生与教师的二者联合实施,因此发展支持性指导模式也可称之为"2 * 3 模式"。在支持性指导模式中,教师和医生二者是相互配合,教师为主,医生为辅进行指导的。每次活动前,医生和教师都会相互探讨,明确活动时各自的指导内容。一个医生可能要兼顾多个班级,在不同的时间进入不同的班级进行指导。

发展改进性指导主要针对有行为偏差的幼儿,指导对象应是幼儿与家长两类人群,目的是纠偏家长的不当教养方式以及促使该类幼儿回归到正常幼儿群体中。具体指导对象包括:基于发育诊断报告(《0～6 岁发育筛查测验》),DQ<84;该幼儿某领域发展落后于常模 4 个月及以上水平;其他婴幼儿行为问题,如注意力不集中、爱哭等。发展改进性指导模式是发展支持性指导模式的补充,为幼儿提供更有针对性、个性化的医教结合指导,从中凸显的是医生、教师的双重视角对幼儿问题行为成因的分析。在此基础上,教师、医生、家长三方协商编制改进性指导方案,并以 4 周为一个周期循环递进落实改进性指导。改进性指导的核心在于二维分析问题成因、三方协商编制改进方案、四周递进指导,因此,发展改进性指导模式也可称为"234 模式"。在改进性指导中遵循的基本原则主要包括:尊重幼儿本身的发展规律,不揠苗助长;重视环境的作用,从家庭教养环境入手;关注偏差行为的同时也关注其他领域的发展;全程需要家庭、教师、医生三方共同参与。

康复性指导为医学康复和教育康复的相结合,指导的对象包括:基于发育诊断报告(《0～6 岁发育筛查测验》),DQ<70,且在改进性指导进行一轮(4 周)后无明显效果的婴幼儿;有异常表现的幼儿,经专业机构诊断为特殊幼儿。除了教师和医生一起合作提供早期干预和指导,外部专业诊疗机构将作为重要主体介入康复性指导。因此,康复性指导模式也可称为"2 + x 模式":2 指医生和教师合作,x 指外部专业诊疗机构,根据不同问题,x 可指代不同机构。

四、个性化指导模式及价值

个性化指导,具体来说,将不同的婴幼儿按照发展水平分为三个层次。对发展正常的婴幼儿家庭,提供发展支持性指导,这是早教医教结合的主线;对发展轻度偏离的婴幼儿家庭，提供发展改进性指导；对发展偏离异常的婴幼儿家庭，提供康复性指导。

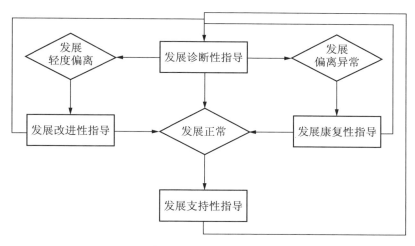

图 4-5　基于发展诊断的个性化指导模式

此研究对"医教结合"在实际中如何应用做了一次深度探索，更加清晰地确立了婴幼儿融合性发展目标和家庭育儿指导目标，拓展了医教结合课程体系与实施方式，让个性化指导有了更加科学的操作指引，并且对建立测评反馈机制、医教结合保障机制都做了有益的补充，对开展早教医教结合指导服务提供了良好的参考和借鉴。

（上海市早期教育指导服务中心、上海市黄浦区学前儿童发展监测中心　金荣慧）

第三章　增强实效，提升科学育儿指导新水平

第一节　双证双师提升专业素养

长期以来，黄浦区始终将专业指导服务队伍的建设工作放在优质早教内涵提升的重要位置。近年，随着早教的快速发展，黄浦区对早教师资队伍的培养也日益重视。

整体来说，黄浦区的早教师资队伍存在诸多优势，同时也存在亟待解决的问题。可主要概括为：①教师普遍有教育学历背景，但缺乏医学以及养育方面的必要知识技能；②培训教研从不松懈，但缺少国际化视野和多样化形式；③区已有较规范的早教指导课程内容及实施方法建议，但各早教指导机构的实际操作方法还是存在较大差异，教育质量不够均衡。

针对以上这些现状，黄浦区采取了诸多举措，一一攻克难题，有的放矢地建构师资培养体系，有效提升师资质量。

一、早教指导教师均持"双证"上岗

黄浦区承担全区公益早教指导服务活动的师资队伍主要为区早教指导中心教师及幼儿园派出教师。这些教师在上岗之前都必须考取教师资格证以及中、高级育婴师证，即持"双证"上岗。为了满足广大教师的课程学习需要，黄浦区还特别联合育婴师培训机构上门为教师提供授课培训和等级考试，确保了所有教师都及时考取证书，为早期教养质量提供基本保障。

二、探索医教结合双师做法

黄浦区早期教育指导中心（以下简称早教指导中心）在此基础上，探索医教结合的双师型人才培养，教师在获得双证的基础上，参加多项医学类专业培训。目前多位教师完成了"感觉讯息处理与感觉统合介入""ESDM 初级理论""0～6 岁儿童发育筛查量表培训""韦氏学龄前儿童智力量表""Griffiths 发育量表中文版"等儿童医学专业课程并通过考核获得证书，夯实自己的专业基础，为婴幼儿和家长提供更专业的服务。

三、重视养育照护培训

《上海市 0～3 岁婴幼儿教养方案》指出，"以养为主，教养融合。强调婴幼儿的身心健康是发展的基础。在开展保教工作时，应把儿童的健康、安全及养育工作放在首位"。因此，黄浦区早期教育指导中心还将婴幼儿照护为本的专业技能实训作为提升早教指导师医教结合实施指导的技能，将 0～3 岁婴幼儿科学喂养、生活照料、保育护理作为早教指导人员必备的专业基础。黄浦区早期教育指导中心定期组织开展育婴技能实操培训。

表 4-7　2017 年黄浦区育婴技能实训安排表（部分）

培训时间	培训项目	主要内容
2017.2.23	科学喂养	牛奶和奶粉的冲调
2017.3.17		4～6 个月辅食添加
2017.4.7		制作菜泥和果汁
2017.4.21	生活照料	婴幼儿抚触及按摩
2017.5.5		"三浴"的好处与方法
2017.5.26		尿布的选择、使用及更换
2017.6.9	保育护理	婴幼儿体格发育测量
2017.6.23		婴幼儿常见疾病简易护理

四、研训一体,案例反思,提升教师观察与分析能力

成人对教养问题和情境的认识与判断决定着对幼儿的态度和应对行为,如果教师只是从自己的视角来判断幼儿的行为,那么结论可能全是错误的,随后做出的反应和回应也会对幼儿带来不良影响。儿童的自信心、自在感和满足感源于内在需求的满足。因此,养育幼儿和早教指导需要回归幼儿的自然发展规律,破解其内在需求和行为动机,即探索解析幼儿的"心语",做一个会解读、回应和提供机会的教师。

受婴幼儿理解水平和表达能力的局限,教师要洞悉其内在的需求和动机并不是一件容易的事。但是,幼儿的内在发展和需求会由内而外地表现为特定的动作、语言和表情等外显行为。教师可以从幼儿的这些外显表现入手,以幼儿成长规律和阶段发展需求为视角,通过婴幼儿在活动中的表情、行为、动作来解析婴幼儿,在案例中寻找个体差异,总结合适的教养方式,去伪存真。早教指导中心鼓励教师参与课题研究,以撰写指导案例为反思方式,促进行为解析与回应需求的专业能力发展。教师在日常工作中有大量的实际问题,需要通过研究,妥善解决,来自日常的早教指导实践活动的案例撰写,由于特别贴近教师工作,让教师有事实可说,有道理可讲。

表 4-8　婴幼儿案例记录及分析评估表(示例)

活动内容	"抓抓捏捏"(9~12 个月)案例分析	"可爱的动物"(13~18 个月)案例分析
活动时间	2019 年 9 月 20 日	2019 年 10 月 16 日
案例呈现	俊俊在老师示范的时候被发出声响的小鸭吸引了,他抓起小鸭敲敲地板,又抓起能发出声响的长颈鹿玩具与小鸭对碰。在无意的触碰中,俊俊发现了玩具能发出声音,脸上露出了好奇惊讶的神态,接着,俊俊用另一只手握着小鸭子捏捏,发出声音后,俊俊出现了左右手交替且反复捏拿的动作	在"我爱我的小动物"活动中,妈妈指指图书上的小猫,对悦悦说:"悦悦,这是什么动物?它是怎样叫的呢?"可随便妈妈怎样引导,悦悦就是不愿开口模仿小动物的叫声。教师尝试用短小、有节奏的儿歌引导悦悦模仿小动物,悦悦的兴趣一下被点燃了,在欢快、短小的儿歌节奏中,悦悦终于愿意和妈妈一起采用一问一答的方式模仿各种小动物的叫声
评估分析	此月龄段婴幼儿已经能用手抓住玩具,并通过感官体验去探索周围事物,所以,在无意的尝试中,俊俊发现了原来玩具会发出声音,于是激发了俊俊继续探索的兴趣,俊俊能主动抓住玩具,并尝试将玩具从一只手换到另一只手进行摆弄	此月龄段宝宝常用单音词和双词句,是宝宝认识动物学动物叫声的最好时机。但是单一的提问式互动吸引幼儿注意力的时间较短。从脑科学的角度来看,有韵律的节奏更容易吸引幼儿的注意力,短小、重复的语句,便于幼儿模仿跟读,同时锻炼口舌肌肉的发展,对幼儿的语言发展有促进作用

通过参与课题研究，教师深切体会和理解了婴幼儿行为分析的重要性。现在，教师大多能够以多元视角分析婴幼儿行为，破解婴幼儿成长密码（需要和动机）。教师除了学会应用婴幼儿成长规律进行解读和回应，还开始抓住发展的关键期为婴幼儿提供有利的成长机会，顺应、陪伴和支持他们健康、快乐成长。

五、建设医教结合指导基地，打造研究实践示范窗口

2018 年，早教指导中心与复旦大学附属儿科医院签订协议，挂牌成为"复旦大学附属儿科医院医教结合工作实践基地"，整合教育医学力量，相互补充、各施所长，形成优势互补、依责履职的合作工作机制，保障每一名婴幼儿及其家庭都能够享受合适的教育、保健、指导服务。2019 年 4 月，华东师范大学在黄浦早期教育指导中心设立了早教指导机构教学实践基地，深化开展教育教学实践研究，促进课程发展以及教师团队的专业发展。2019 年，黄浦区又一次先试先行，设立黄浦区儿童早期发展基地。该基地融合了黄浦区优质的卫生与教育资源，由上海交通大学医学院附属瑞金医院、第九人民医院黄浦分院、黄浦区妇幼保健所、黄浦区瑞金二路街道、淮海东路街道、半淞园路街道社区卫生服务中心与黄浦区早期教育指导服务中心联合申报，集医疗、保健、教育于一体，条块结合、分工合作，在儿童早期发展领域有着独特的优势。这些举措对推动黄浦区 0～3 岁早期教养指导工作科学、规范开展，提升质量和内涵，都将发挥积极作用。

（上海市黄浦区早期教育指导中心　王静萍、钱　倩）

第二节　网络师训引领研修一体专业发展

上海市早期教育指导服务中心（以下简称市早教指导中心）正式成立后，该中心在黄浦区教育局的管理与支持下，积极发挥"配合市教委相关部门，组织开展早期教育指导见习教师规范化培训以及在职教师的能力提升培训"的职能，在研修一体网络课程建设方面积极探索尝试，并取得了一定的成果。

2013 年，教育部颁发了《教育部关于深化中小学教师培训模式改革，全面提升培训质量的指导意见》以及《教育部关于实施全国中小学教师信息技术应用能力提

升工程的意见》;2014 年 3 月,教育部教师工作司又发布了《网络研修与校本研修整合培训实施指南》的通知。其中,明确提到,"培训机构要以任务驱动为主线,根据各地需求确定网络研修主题,分阶段设计系列课程模块,每个模块应包括学习目标专题内容典型案例线上与线下研修活动和成果要求等,将必修与选修相结合,明确线上与线下研修的学时任务"。线上研修成为教师专业培训的趋势以及新任务、新要求。

2014 年,上海市教委人事处和教研室合作开展了"上海市中小学(幼儿园)教材教法研修一体网络课程建设"项目研究,经过调研,发现早教教师普遍在婴幼儿评价方法以及婴幼儿社会性发展领域的观察和解读这些方面存在学习需求。

一、开发系列课程

市早教指导中心在接到上海市教委有关部门委托的研修一体网络课程的研发任务后,便建立课题组,结合中心的研究课题与教学实践开发教师培训项目,从早教教养指导活动的目标、内容、实施、评价四个方面出发,先后形成了"0～3 岁婴幼儿自控能力的表现性评价""早期教养指导活动目标的确立""早期教养指导活动内容的确立""协商式早期教养指导活动方案的实施设计"课程,努力将多年的实践研究成果转化为教师研修内容,促进教师基于实践案例生发问题,带着问题思考、学习和研讨,再应用问题分析维度和框架解决问题,以此提高教师的幼儿发展评价水平和科学育儿水平。

表 4-9　中心已开发的上海市中小学(幼儿园)教材教材研修一体网络研修课程

课程名称	课程模块	课程学科	课时数
0～3 岁婴幼儿自控能力的表现性评价	知识技能	学前教育	20
早期教养指导活动目标的确立	知识技能	学前教育	20
早期教养指导活动内容的确立	知识技能	学前教育	20
协商式早期教养指导活动方案的实施设计	知识技能	学前教育	20

二、研制课程目标

以"协商式早期教养指导活动方案的实施设计"课程为例,该课程要达到的目标是:①通过观看视频、图片和对家长、教师的访谈记录,知道早教指导活动实施过程中存在的三大问题。②通过微报告及自学材料的学习,知道早教指导活动的基本实施方法。③能运用所学的理论完成对早教指导实施方法设计在实际指导活动中应用情况的案例分析。④能运用所学的理论,设计并实施完整的早教指导活动,并通过实践对设计的实施方法予以改进。

三、设计学习环节

由于该门教师研修课程的开发实际也是对既往研究成果的应用,课程开发人员围绕"协商式早教指导组织与实施的基本方法"课程开发和内容建设,富有创意地设计了"现象思考→理论学习→案例分析→实践反思"四个紧密关联、层层深入的学习环节。"现象思考"用录像、照片、动画、故事叙述等各种形式的正反案例呈现教学实践案例,激发学员的思考和学习兴趣。"理论学习"用微报告、微谈话保持教师学习兴趣并重点学习教学方法,同时提供自学材料和延伸阅读材料。"案例分析"通过观摩课例,并在此基础上学习与研讨,分析案例成功的经验与存在的问题,加深对所学内容的理解并初步应用。"实践反思"将所学内容用到实处并检验研修目标达成与否。

四、精选学习内容

该课程通过对早教指导活动组织与实施中存在的普遍问题的分析和成功的经验归纳,进一步厘清协商式早教指导的特性,为早教指导组织实施的原则与方法的确定提供理论基础。在协商式早教指导的应用上,结合该课程建设,重点完成对早教指导活动组织与实施案例的分析,以及结合日常早教教学实践的协商式早教指导活动方案的设计与应用。

基于这样的学习,教师能从实际教学实践中发现的问题出发,到理论的再学习,之后进入理论的运用,最后进入个人反思,这既是成人实践的过程,也是围绕学科教材教法进行分析研究的过程。参与课程研修,教师实质上完成了"实践和研究融为一体的学习"。

表 4-10　协商式早期教养指导活动方案的实施设计

环节		主　　题	学习目标	主要内容（提纲）	时长
1	现象思考	微视频案例：早教指导活动组织与实施的普遍现象	通过观看视频、图片和对家长、教师的访谈记录，发现早教指导活动组织与实施存在的普遍问题	● 影音观摩：活动设计的高结构；指导的主观性；家庭建议的笼统和泛化	20
		冲关挑战		● 围绕视频案例的4道选择题	20
2	理论学习	自学1：教师教学方法；0～3岁婴幼儿早期教养课程；协商课程入门	通过微报告及自学材料的学习，分析存在的三大核心问题，了解协商式早教指导组织与实施的基本方法	● 教学方法的内涵 ● 早期教养课程的诠释 ● 有关协商课程的研究 ● 有关0～3岁早期教养指导形式的研究	50
		微报告1：学会观察		● 观察时机的选择 ● 观察要点的制定 ● 观察记录方法 ● 观察记录实施方法	15
		微报告2：学会个别化指导		● 发展支持性指导 ● 发展改进性指导 ● 发展康复性指导	15
		微报告3：学会协商		● 探讨式指导的定义、分析与操作要点 ● 参助式指导的定义、分析与操作要点 ● 差异式家庭作业的定义、分析与操作要点	15
		冲关挑战		● 判断题	40
3	案例分析	微视频1：协商式早教指导课程实施的研讨1	能运用所学的理论分析案例，进一步掌握早教指导组织实施原则与方法在实际指导活动中的应用	● 影音观摩：早教指导活动方案设计中，组织实施方法的选择及协商式指导的应用分析	20
		微视频2：协商式早教指导课程实施的研讨2		● 影音观摩：教师组织实施方法的分析	70
		冲关挑战		● 判断题	45
4	实践反思	设计与应用：0～3岁婴幼儿早教指导活动的设计与应用	能运用所学的理论，设计并实施完整的早教指导活动，并做好反思和进一步的改进	● 早教指导活动方案的设计 ● 早教指导活动方案的实践 ● 早教指导活动反思	135

目前,该系列课程已经成为"上海市中小学(幼儿园)教材教材研修一体网络研修课程",填补了0~3岁婴幼儿早教指导网络研修课程的空白,成为全市早期教育工作者的专业学习素材。

(上海市早期教育指导服务中心、上海市黄浦区学前儿童发展监测中心

茅红美、王 燕)

第三节 表现性评价工具研究改善育儿指导实效

上海市早期教育指导服务中心在黄浦区教育的管理与支持下,发挥既往研究高地的特色,积极履行"受市教委委托,组织开展国内外早期教育发展、早期教育指导课程与'互联网+早期教育'多元指导服务模式研究,促进早期教育资源的整合、辐射、共享"的职能,在既往研究成果的基础上,继续突破性前行。

随着医教结合的早教指导服务工作的深入,早教指导教师们普遍感到要想提高早教指导的科学性、个性化,一定要基于科学的评估方法,要依据儿童发展评价的结果选择和设计指导内容。

儿童发展评价是教育评价中的重点问题,也是难点问题。由于0~3岁婴幼儿各项能力发展还不完善,对他们进行发展评价会困难重重。受婴幼儿理解水平和表达能力的局限,传统的纸笔测验做不到对婴幼儿的科学、真实测评;纸笔测验只能评价部分内容,社会性、情绪情感等内容则无法测评。除了纸笔测验,婴幼儿发展评价的方法还包括量表测评法、观察法、调查法和宝宝成长册(档案袋评价)等,其中盖泽尔发育量表和丹佛发育筛查量表(简称DDST)是较为有名并被广泛使用的测评工具。但是,这类评价往往脱离具体的、真实的问题情境,而且测评环境和氛围较为严肃,导致婴幼儿表现不真实,因此广被诟病。

在日常早教指导实践中,教师经常也会开展基于行为观察的评价,这是表现性评价的雏形。但日常观察评价存在以下几方面的困难:一是教师不会看,不知道重点观察什么,缺乏观察的视角;二是观察不到想要观察的内容;三是解读、分析跟着感觉走,有经验的教师和没经验的教师得出的结论差距大。

一、研究路径

表现性评价也被称为"真实性评价",是一种质性评价方法。表现性评价与日常观察评价的重要区别在于一个是在设计的、具有激发幼儿相应行为的冲突性的任务情境中,一个是随机、偶发的日常契机。表现性评价具有以下特性,可解决传统评价方法无法解决的问题:一是真实性,反映婴幼儿实际发展水平;二是情境性,消除婴幼儿紧张、焦虑情绪;三是冲突性,能激发幼儿相应的行为表现。

以此问题为导向,探索、构建、应用表现性评价方法,在真实情境下通过可观察、可检测的行为表现来挖掘、评价婴幼儿的内在发展,对0～3岁婴幼儿的发展水平做出科学、真实的判断和分析,并利用表现性评价结果改进家庭指导的机制与策略,从而提高教师个性化家庭指导服务的质量,提升家庭育儿的科学性。

市早教指导中心研究团队先是对表现性评价进行基础研究和学习,集体学习《幼儿园教育评价》一书,并邀请该书作者胡惠闵教授专题培训表现性评价设计技术。除了历史的、逻辑的思维方式,团队最常使用的便是行动研究法。每一个表现性评价任务的情境、环节、提示语以及等级评价标准都是在一次次的应用和修订中不断改进,并不断地产生新的问题。就这样在一次次的观察记录分析中发现新的问题,在一次次的问题解决中使表现性评价工具日臻完善。例如,"儿童移情水平的表现性评价任务"就先后经过了数十次的应用和修订,"幼儿同伴关系的表现性评价任务"也先后经历了半年的应用和修订。

研究团队还深入研究学习儿童的身心发展规律,重点翻译学习了《英国0～5岁儿童的学习与发展指南》和美国多个州的早期学习标准;在国家出台《3～6岁儿童学习与发展指南》后,第一时间组织课题组成员进行集体学习并组织专家进行分析解读。通过学习,课题组对儿童不同时期、不同阶段、不同领域的发展规律有了较为精准的把握。然后,教师们运用表现性评价方法在日常活动中加强观察,对儿童行为表现进行记录、分析,经过集体交流和研讨,挖掘出不同阶段儿童发展的典型行为表现。构建抽象的规律与具体的行为表现之间的桥梁,最终实现了从关注"儿童群体印象"到强调"儿童个体表现"的转变。

二、研制表现性评价工具

经过"任务样例设计",研究团队不断加深对表现性评价的认识和理解,最终根据婴幼儿发展规律,分块面、按月龄段对 0～3 岁婴幼儿的行为进行观察分析和比较,逐步梳理出与发展水平一致的典型行为表现,建立了婴幼儿表现性发展测评目标、任务和情境,建立起配套的多领域观察评价表等测评工具。

表 4-11　幼儿自控能力表现性评价任务列举

评价内容	1～3 岁幼儿自我控制能力——从对成人指令的顺从角度		
表现性评价任务	环境创设: 各种新颖的、可以发出声响的小玩具 4 个(如摇铃、串珠等)分别放入布艺口袋。准备两个不透明的大号带盖塑料箱并将其分开放在教室内最显著的一块区域里(如圈圈乐),该区域不再放置其他任何物品。将一个定时发音物品(如手机)放入其中一个箱内。用阻隔物将此区域的入口进行阻隔。其他区域放置少量玩具。 实施过程: 教师将宝宝带到圈圈乐区域外,向其说明今天区域活动的要求: (1)"今天圈圈乐区域里,我为你们准备了一个好玩的小玩具"(老师可以向宝宝展示布艺口袋,轻轻地摇晃发出声音,但不要给宝宝打开看口袋里的物品); (2)"我会把它放在那边的一个箱子里,老师没有同意前,请不要进入这个区域,也不要打开箱子和袋子,等老师说可以玩了,才可以去拿,听明白了吗?"随后,教师当着宝宝的面进入区域将布袋随机放入一个箱子里。 随后,教师和家长至指定位置等候或观察,每隔 1～2 分钟,让箱内的定时发音玩具发出声响。10 分钟后,活动结束。如果宝宝好奇,可以打开袋子摆弄玩具。		
任务操作说明	1. 阻隔物的选择说明:物品要安全,要留有供宝宝钻进观察区的空隙 2. 建议请家长和教师在安全的前提下离开教室,如果成人留在教室,请在观察期间处于教室角落并不可有任何的言语或行为发生 3. 为了确保每个孩子知晓规则,教师说明后,可请家长再向宝宝重复一遍		

评价标准	评价维度	等级标准		
		1	2	3
	理解和遵守规则	不能听从成人的指令,按自己的意愿行事;无视阻隔物冲进观察区打开箱子;翻找袋子里的玩具	看到他人的违规行为时会寻找或看向老师;会在观察区外转悠并朝区域内看;看到别人的违规行为随机跟随违规;进入区域捡拾被同伴带进去的其他玩具	能听从成人的指令;看到他人的违规行为会通过转移注意力等方式忍住自己也想违规的冲动;会告诉同伴"这里不能进"

结合上表,可以看到,为了便于观察,研究团队将同一个月龄段的婴幼儿放在一起,每次同时记录 8 个婴幼儿的行为,用摄像机拍摄下来。根据任务设计创设情景,完成任务,然后依据婴幼儿的表现进行评价。

在开始完成任务之前,研究团队需要给婴幼儿充分熟悉环境的时间,否则会影响其能力的展现。所以在一个小时的活动中,一开始是提供合适的游戏环境,让幼儿自由活动,教师现场随机解读这个月龄段的一些典型行为。半个小时之后,再组织幼儿完成特定的表现性评价任务。

每个任务对应一个任务单,里面针对任务的内容做出具体而清晰的描述,方便操作者操作。同时,将幼儿完成任务时可能有的表现都罗列出来,并且根据水平进行归类。评估者只要将婴幼儿的具体表现和表格中的表现相对照,就会发现该幼儿的表现主要处于哪一个水平,不同月龄的幼儿完成同一个任务时会表现出不同的水平。

三、表现性评价工具的论证与应用成效

在诊断性指导中,研究团队发现婴幼儿的行为表现是不稳定的。通过一次或偶然的表现做出评价可能会偏离婴幼儿的真实发展水平。因此,对婴幼儿的发展诊断应基于一个观察期,特别是对于重大发展偏差的情况,一定要通过连续多次、不同场景中观察与评价做出判断。经过持续观察之后,研究团队就要对婴幼儿的各领域的能力发展做出评价。做评价的时候,需要教师和医生共同参与完成。他们需要共同观看录像,对每个婴幼儿的表现逐一观察,逐一讨论后填写任务单中的评价部分。然后将这些结果和之前完成的基础概况进行比照。

一方面,基于评价改进早教指导的实施。在进行表现性任务实施的过程中,研究团队发现,现场指导需要结合配套的观察记录表才能对婴幼儿的发展情况作出等级描述和评估,为此,研究团队设计了《0~36 个月婴幼儿发展家长自检表》。教师通过现场观察以及对家长自检记录的分析,对早教指导活动方案进行修订,这个评估过程使得早教指导教师备课不再盲目,而是基于班级幼儿及其家庭的实际情况选择和设计指导内容,使早教指导更具针对性和有效性,在此过程中,教师们形成了 100 多个个别化指导案例。

为了让家长在家庭中也能掌握和运用表现性评价的方法,中心将各月龄段、各

领域的观察评估记录表进行转化，编制形成供家庭使用的、融合表现性评价思想的 0～3 岁的《育儿周周记》。

2017 年，课题"医教结合视角下 0～3 岁婴幼儿表现性评价的研究"荣获"上海市基础教育教学成果特等奖"。

（上海市早期教育指导服务中心、上海市黄浦区学前儿童发展监测中心　崔希娟）

第四节　干预新模式，助力中重度智障幼儿发展

随着特殊儿童的逐渐增多，如何有效地开展学前特殊教育成了我们面临的一个现实问题。基于我国中重度智障幼儿面临课程"空白"的尴尬局面，自 2009 年起，黄浦区学前特教指导中心开始与上海市复旦大学附属儿科医院儿保科、区儿保所、市教委教研室等部门建立长期合作关系，并着手开展"新干预模式的实践研究——医教结合背景下中重度智障幼儿课程园本化的开发与实践"①，研究着眼于中重度智障幼儿"真实生活"以及"缺陷补偿"的发展需求，开发符合当前社会生活的，注重生活经验积累、生活习惯、态度培养的学前特殊教育课程。同时，创设联合体数字化平台，通过平台在专业教师、医学团队、普通教师以及幼儿家长之间形成有效的互动链接，整合课程资源。

一、医教结合视角下，幼儿发展需求解析

研究关注特殊幼儿群体数量的变化趋势和不同障碍类别幼儿的身心发展特点，以便于更好地顺应当下的特殊幼儿群体以及他们的教育需求。

二、确立以幼儿发展需求为本的理念与目标

依据中重度智障幼儿因认知、语言、运动等方面的差异导致的自我服务能力弱

---

① 2018 年 4 月，市级课题"医教结合背景下中重度智障幼儿课程园本化开发的实践研究"（项目编号：B14077）经上海市教育科学规划领导小组办公室组织验收结题，验收等第：优秀。

表 4-12　不同有特殊教育需要幼儿需求分析

幼儿类型	典型需求	共性需求
智力落后	具有注意集中、维持以及分配的能力	具有在社会生活中进行自我服务的能力
自闭症	具有社会交往的意愿以及基本能力（懂得社交规则、理解语言、进行表达）	
脑　瘫	具有协调肢体实施简单生活技能（穿衣、进食等）的能力	

的特征，我们将课程目标聚焦在幼儿的基本生活与生存需求，关注对其生活经验的积累，生活习惯、态度的培养。

中重度智障幼儿都伴有不同程度的感知觉障碍，联想、记忆和逻辑思维能力非常弱。同时，鉴于幼儿个体间所存在的差异，即便是同一名幼儿，在每一个阶段的教育干预或医学康复的需求也不一样。因此，研究力求做到目标的制定以及内容的选择从"习得"转向"体验"。相较于其他学前特教机构的特殊幼儿干预，我们不仅注重短期效应（习得某种技能），更注重中重度智障幼儿的长远发展（在真实生活环境中运用某种技能）。

表 4-13　医教结合背景下中重度智障幼儿园本化课程的主要内容

课程类型	课程板块		课程内容
基础课程	生活活动		饮食、如厕、睡眠、衣着、自我保护等
	感知运动	感知干预	视觉、听觉、触觉、嗅觉等感知干预
		粗大动作干预	走、跑、跳、爬、攀登等粗大动作干预
		精细动作干预	抓、握、拍、打、叩、敲等精细动作干预
		感觉讯息处理	前庭平衡觉、本体觉、触觉等感觉讯息处理
	学习活动		个别化学习
			集体教学活动
	语言沟通		呼吸、发声、理解和表达、社会交往等言语语言干预
特色课程	融合活动		全园性大活动、个别化学习活动、户外活动、游戏活动、集体活动
拓展课程	家园共育		具有较强针对性的缺陷补偿亲子教育干预

（一）从幼儿需求出发，创新基础课程

根据学前幼儿的年龄特点，基础课程以主题活动的形式呈现。与普通幼儿课程不同的是,"主题"的选择更贴近生活,以"真实生活"为核心进行课程设计,更符合特殊幼儿的实际需求。以基础课程中的主题"我自己"为例:

表 4-14 基础课程中的主题"我自己"案例

主题目标		1. 能够尝试认识自己的身体,知道要保护自己的身体 2. 积累简单的生活自理经验,尝试自己的事情自己做			
周次 板块		第一周	第二周	第三周	第四周
生活活动	内容	长袖变短袖		我会擦鼻涕	
	目标	水平一:独立把袖口卷起来后洗手		水平一:使用正确方式自己擦鼻涕	
		水平二:在提示下将袖口卷起并洗手		水平二:在提示下使用正确方式擦鼻涕	
		水平三:愿意在帮助下卷起袖口洗手		水平三:愿意配合教师帮助擦鼻涕	
感知运动	内容	大小咚咚啪(律动)		手指本领大(精细动作)	
	目标	水平一:能够跟着节奏进行律动并记住动作		水平一:能够在观察后模仿手指动作	
		水平二:能够在提示下和着节奏完成律动		水平二:在教师指导下做出不同手指动作	
		水平三:愿意参与音乐律动活动		水平三:参与活动,喜欢动动手指玩游戏	
语言沟通	内容	我的身体		我的五官	
	目标	水平一:认识身体各部位并进行命名		水平一:命名五官并指出五官正确位置	
		水平二:在提示下指出正确身体部位		水平二:在提示下能指认五官及其位置	
		水平三:愿意伸手指认身体各个部位		水平三:愿意伸手指认点点五官	
个别化学习		娃娃家 (社会适应)	水手本领大 (感知觉)	我有一双小小手 (认知)	贴五官 (认知)
集体学习		依据主题网络图中素材,开展集体教学活动			

主题目标中的"能够尝试认识自己的身体,知道要保护自己的身体",其中隐含了"了解身体的主要部位及简单功能;有爱护身体的意识,知道避开日常生活中的危险;喜欢做游戏,能够利用小手小脚尝试简单的肢体动作"等不同的隐性目标,对应了课程领域目标中的"语言交往领域中的运用名词、运用单句;社会适应领域中的社会适应;运动领域中的攀爬、跑、跳"等。

在主题推进中,逐步引导幼儿"自己的事情自己做"。在发展幼儿基本生活技能的同时培养其"自我服务""自我照料"的能力,对幼儿形成连贯而有效的刺激,促进他们的自理、认知等不同的能力发展。

（二）注重健康、发展特色，建设融合课程

对于每一名幼儿，我们将医生、教师的专业评估和家长反馈相结合，根据综合评定结果为其选择适合他们的融合教育安置模式以及活动内容。但融合课程的内容不是一成不变的，而是灵动、开放的。我们根据幼儿在活动中的行为表现与情绪状态，及时进行活动调整，具体体现为：开放的活动、开放的群体、开放的空间。

（三）拓展领域，开发亲子课程内容

在特教专业教师指导下，由家长开展亲子拓展教育干预。简单的内容，专业的指导，帮助家长将课程延伸拓展至家庭中，让家长在家庭中对幼儿开展有针对性的干预活动，不仅可以改善幼儿的相关障碍，还能够有效增进亲子关系。

三、以常态化医教结合模式为核心的课程实施

课程实施过程以幼儿实际生存需求为核心，运用发展的眼光即时评估幼儿。在幼儿发展评估、缺陷补偿等方面，将医学干预与教育干预的力量结合起来，最大限度地促进幼儿发展。将过程性评价和总结性评价结合，通过医学评估（不同障碍类幼儿使用不同医学评估量表，如：GESELL、PEP-3、DST、Griffths 儿童发育评估等），教师测评（根据运动、感知、认知、语言交往和社会适应六大领域评价指标进行），观察记录、追踪记录等方式，建立幼儿成长档案，做到评价方式及主体的多元。

与其他学前特教机构每学年一般由教师对幼儿进行三次能力评价不同的是，本研究更关注幼儿的"常态化评估"，并且认为精准的"常态化评估"应该同时包括"医学评估"与"教育评估"两方面。因此，建立了教师、医生、家长综合评估幼儿的机制，更好地为当前的特殊幼儿提供适切的服务，且合作模式是可复制、可推广的。

对于有特殊教育需要的幼儿，在早期发现之后，统一由根据市医学监测定点单位（即复旦大学附属儿科医院、儿童医学中心、新华医院、精神卫生中心）出具诊断报告，随即医教团队结合幼儿在园与家庭的实际表现，对幼儿的发展状况进行整体评估。每学年开展一次医学复评估，基础课程实施每月一次阶段评估，特色课程每周一次活动评价，拓展课程两周一次家长反馈……常态化评估有助于实时、动态了解幼儿阶段性的发展情况，使下一阶段的教育干预更为"精准和科学"。

此外，很多开展医教结合工作的特殊学校都面临缺乏专业医师或康复人员的状况，导致为幼儿提供的康复服务缺乏专业技术保障。因此，本研究在课程实施的

过程中,始终坚持医学指导和实践操作相结合的医生"请进来"、教师"走出去"、医教"多渠道沟通"三种模式。

四、基于"联合体数字化平台",整合各类课程资源

2015 年 10 月,本中心开发了黄浦区"联合体数字化平台",打破特教课程局限于校园环境的单一硬件资源,实现特教教师、普通教师、医生、家长间的常态互动,并在平台上呈现幼儿成长轨迹,将家庭及社区纳入课程资源,向家庭及社区开放,让课程资源变得丰富和开放。

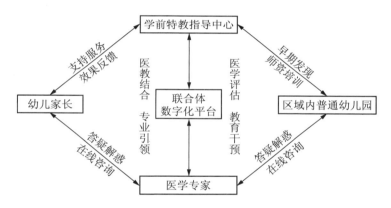

图 4-6 联合体数字化平台功能示意图

研究自 2013 年 1 月起,共计对 117 名中重度智障幼儿实施干预,截至 2017 年 6 月,毕业幼儿 95 名,其中进入辅读学校的幼儿有 32 名,进入普通小学的幼儿有 63 名。接受干预的幼儿在其原本的发展基础上都有不同程度的发展,课程的特色得到充分彰显,教师的课程领导力得以迅速提升。截至 2018 年 6 月,本平台已惠及 46 个家庭和近百名普通教师。

表 4-15 课程研究获奖一览表

课程获奖领域	获得区级以上奖项(个)	区级以上刊物发表交流(篇)
课程开发力	15	9
课程实施力	20	15
课程评价力	4	1
课程反思力	5	6

如何进一步扩大本课程的应用范围，惠及更多的幼儿、特教机构、幼儿园和家庭？随着越来越多有特殊教育需要的幼儿进入早教指导机构及普通幼儿园，如何帮助没有特殊教育专业学科背景的普通教师树立早发现、早干预的专业自觉，让医教结合视角下的早教零拒绝在普通早教中心、幼儿园的课程实施中得以可持续发展？这是研究团队当前的思考，也是下一阶段的攻坚方向。

（上海市黄浦区早期教育指导中心　俞丛晓）

第四章　挑战机遇,促进科学育儿指导可持续

第一节　把握机遇,抓牢托育服务发展新契机

黄浦区的0～3岁婴幼儿家庭科学育儿指导事业经过多年的发展,在探索、改革与试验的过程中积累了丰硕的成果和经验,在机制建设、内涵发展上形成了一整套关于早期教育发展的理念和做法。科学育儿指导是一个动态的、持续发展的过程,黄浦人也并不满足于过往已取得的成绩。我们在实践中不断寻找和发现新的机遇、迎接新的挑战。

随着全面二孩政策的放开,人民群众对托育服务的需求日益强烈。以互联网、大数据、云计算、物联网、人工智能为代表的新兴信息技术正在推动社会从后工业社会向智慧社会或智能社会转型。时代的发展、群众的需求,让黄浦人看到了0～3岁科学育儿事业发展的新契机。

一、托育事业的兴起

2017年,党的十九大顺利召开,首次明确提出了"幼有所育"的要求,将其作为保障和改善民生的重要内容。同年12月,中央经济工作会议也提出了要解决好婴幼儿照护的问题。2019年5月,国务院办公厅《关于促进3岁以下婴幼儿照护服务发展的指导意见》颁布,提出以需求和问题为导向,推进供给侧结构性改革,建立完善促进婴幼儿照护服务发展的政策法规体系、标准规范体系和服务供给体系,充分调动社会力量的积极性,多种形式开展婴幼儿照护服务,逐步满足人民群众对婴幼儿照护服务的需求,促进婴幼儿健康成长、广大家庭和谐幸福、经济社会持续发展。

上海市委、市政府积极贯彻落实中央"幼有所育"的精神,把 3 岁以下托育服务作为事关民生的大事来抓,作为上海可持续发展的战略来推。2018 年 4 月,上海市出台了《关于促进和加强本市 3 岁以下幼儿托育服务工作的指导意见》以及与之相配套的《上海市 3 岁以下幼儿托育机构管理暂行办法》和《上海市 3 岁以下幼儿托育机构设置标准(试行)》(以下简称市托育服务"1 + 2"文件),提出"政府引导、家庭为主、多方参与"的总体思路,明确了未来一段时间内的托幼服务工作方向和要求。2019 年 9 月,上海市委、市政府举行托幼工作现场推进会。市委书记李强在会上强调,托幼工作事关"最柔软的群体",要按照"幼有善育"的更高标准,加快发展与上海经济社会发展相匹配的托幼服务事业。为了确保托育工作能够得以顺利推进,上海成立了托幼处,16 个区也纷纷成立了区级托育服务指导中心。

不难看出,新的政策背景下,科学育儿事业有了新的发展要求,即在继续发展面向家庭的科学育儿指导服务的同时,要加强面向婴幼儿的托育服务。从 2018 年起,黄浦区的科学育儿工作开始"两手抓",一方面大胆探索托育服务的管理与实践,另一方面继续加强"互联网 + 科学育儿"的应用与推进。

二、先试先行,探索和构建托育服务管理新格局

黄浦区 3 岁以下托育服务工作有着丰富而扎实的基础,在全市幼托资源紧张、纷纷拆并托儿所的情况下,黄浦区一直高度注重保留托育服务资源。在上海市托育服务"1 + 2"文件发布之前,黄浦区已有招收 3 岁以下幼儿的托幼园所 14 所,并设立了 2 个面向 2~3 岁社区幼儿的托管点。此时的黄浦,又超前迈进,迎接挑战,与市教委联手承办"上海市托育服务指导中心",在现有市级早教指导中心的基础上进行牌子增挂。

可以说,黄浦拥有得天独厚的条件。由于基础良好、资源存量多,同时又有市级托育中心的示范和引领,黄浦被确立为全市 5 个试点区之一。黄浦区委、区政府高度关注托育服务工作,将它作为民生大事纳入黄浦的公共服务体系建设,坚持精准把握相关政策,规范引导,制订《黄浦区 3 岁以下托育服务试点工作方案》,"稳""慎"推进 3 岁以下托育服务工作。黄浦区教育局一直将 3 岁以下幼儿托育服务工作作为学前教育的重要组成部分,提出要构建具有黄浦特色,满足多元需求的广参与、多形式、重公益的托育服务体系,实现公益性和普惠性托育服务点街道全覆盖,

争创科学育儿指导示范区。为实现这样的目标和理想,黄浦区在托育工作的管理机制、资源开拓、服务形式等方面进行了有益的探索。

(一)管理机制探索——托幼工作联席会议,实现分级管理

2018 年 5 月,黄浦区政府召开托幼工作联席会议,明确了区教育局牵头,教育、民政、市场监管、卫生计生、公安、消防、人社、房管、建管、财政、物价、工会、妇联等 16 个部门、10 个街道分工合作的工作格局。其后召开托育机构申办联席会议及现场协调会,明确各方职责,切实形成合力,通过协调配合,黄浦区基本完成了部门协同监管机制的设计。并通过实施"常态 + 动态"的走访巡查,及时做好指导和督促整改。2018 年 6 月 4 日,上海市第一张营利性机构的"依法开展托育服务告知书"在黄浦区发放。

(二)队伍建设探索——整合资源,快速培养精干队伍

黄浦区利用开放大学黄浦分校的资源,抓好育婴员、保育员等五类相关从业人员的任职资格培训及其他相关专业培训,严格把控从业人员的整体素质,建立一支懂业务、会管理、善指导、优服务的专职管理人员队伍。

(三)服务品质探索——"一门式"服务,跨前指导,服务贴心高效

原有"黄浦区早教指导中心"加挂"区托育服务指导中心",按一套班子两块牌子的运行方式,在保留开展科学育儿指导服务职能的基础上,增加托育服务指导职能。在综合考量了交通便利、位置醒目、业态特点等因素后,区托育中心选定了重庆南路 18 号甲,建立"一门式"服务窗口,在 2018 年 5 月底完成了受理窗口区域的建设。同时,开通了一门直线电话接待社会咨询,适时发放托育服务指导中心整理的申办流程,帮助举办者更好地了解文件。区托育中心对所有来电咨询机构进行电话回访,主动了解举办者需求,并予以解答。

(四)监管机制探索——完善托育服务市场准入和事中事后监管的长效机制

一是加强规范性引导。严格按照市托育服务"1 + 2"文件要求,依据法律法规,加强对托育服务机构的规范性引导,指导机构办出质量,满足 3 岁以下婴幼儿家庭多元化需求;完成《黄浦区 3 岁以下幼儿托育机构(点)事中监管办法》以及黄浦区托育机构基本内控制度参考文本,逐一明确、落实对于每一家机构的具体规范要求,根据机构类型有针对性地开展规范工作,为机构的转型发展提供指导;针对市场上不具备托育服务资质但实际从事托育服务的经营机构,依托区托幼工作联席会议制度,依托市场监管等有执法力量的部门,依托街道网格化管理机制,切实加

强监管力度,真正推动托育服务市场规范有序发展。

二是加强综合监督体系的建设。明确监管主体和监管范围,探索建立信息公示、诚信评价等机制,以及行业自律、部门监管、社会监督三位一体;逐步探索建立包括托育机构定期自查、托育服务指导中心"实地随访+网上巡查"、专业部门抽查、多部门联合年检在内的多元化、全覆盖的日常检查机制;实施多元化、立体式的"常态+动态"监管,做到定期服务指导覆盖率100%,并依托信息化网络平台作为有效工作手段,逐步建立综合监管体系。

由此,黄浦区作为试点区,完成托育服务指导中心窗口建设,编写黄浦区托育机构办事指南和操作流程,各主要部门讨论并试点了托育机构办理流程,按照市里部署,对社会开放受理申办托育服务机构。分管副区长两次召开黄浦区托幼工作联席会议落实部门职责和相互协调、共同监管的机制。

(五)资源开拓探索——多途径挖掘公益资源

满足多层次、多样化的托育服务,要坚持以提供公益性服务为主体。黄浦区在调研中发现,社会和家庭对公益性托育资源的需求更高,但公益性托育服务资源有限,部分街道公益性托育服务资源缺失。如淮海中路街道、瑞金二路街道和打浦桥街道尚没有公益性托育点,无法满足这三个街道家庭就近进入公益性托育机构的需求。

一是公益普惠性托育服务点建设。2019年,黄浦区政府将"新增3个托育服务点,实现公益性、普惠性托育服务点区域全覆盖"列入政府实事项目。针对区域内托育资源供给不平衡、不充分的矛盾,黄浦区教育局积极争取区政府的大力支持,一方面进一步做好学前教育资源扩充与布局调整,应对适龄儿童入园高峰的同时,逐步改善办园条件,实施达标工程;另一方面,按照上海市托育服务"1+2"文件精神,进一步盘整、挖掘资源,进行托幼一体化公益性托育服务探索,在3所公办幼儿园(重庆南路幼儿园、复兴中路第二幼儿园、大同幼儿园)增设托班,在全市范围内率先实现了公益性托育服务机构在所有街道的全覆盖。

二是托幼一体化建设。黄浦区将托幼一体化纳入新建幼儿园规划设计,并加大改建扩建,创设公办幼儿园开设托班的硬基础。如瑞金二路街道的大同幼儿园,原本办园条件非常艰苦。教育局协同相关委办,积极协调,在瑞金二路街道内增加了一处校舍。新校舍投入使用后,大同幼儿园原址空间整体用于招收托班,服务瑞金二路街道居民。淮海中路街道的复兴中路第二幼儿园,原本学额非常紧张,但是幼儿园作为区 0～3 岁幼儿早期教育分中心，具有比较好的招收托班的基础。根据 2019 年入园报名情况，教育局不断完善新生入园安排方案，使得复兴中路第二幼儿园可以减招一个小班，腾出资源开设托班，服务淮海中路街道居民。由于打浦桥街道学前教育资源非常紧张，每年小班新生中，都有一定比例的幼儿在邻近的重庆南路幼儿园入园。考虑到这样的基础，教育局积极支持重庆南路幼儿园新大楼的改建改造，在 2019 年下半年增加了部分教学用房。重庆南路幼儿园也具备了开设托班的条件，跨街道服务打浦桥街道居民。

与此同时，黄浦区加大内涵建设，提升公办幼儿园开设托班的软实力。区教育局根据 3 所幼儿园的实际情况和需求，在托班的教师和其他人员配备、保育活动安排、科学育儿活动研究等方面给予经费支持，协调相关业务部门给予专业支撑，提升软实力，努力打造高起点、有品质、重公益的托育服务体系。由此，公办幼儿园托幼一体化发展不仅成为推动托育服务公益性资源增量的一个有效方式，也成为黄浦学前教育内涵发展的一个新平台。

三是调动社会力量共同参与。目前，有限的托班名额与社会实际需求之间还存在一定差距。黄浦区通过鼓励民办幼儿园（托儿所）提供普惠性托班名额，鼓励街道开设公建民营托育服务点，支持有条件的机关、企事业、园区、楼宇等单位建设公益性的托育园等方式，进一步挖掘社区资源和社会资源，扶持、引导国有企业和社会力量参与举办普惠性托育服务机构。

三、现阶段成效

截至 2020 年 5 月，黄浦区共有 29 个多种类型的托育服务点，包括 3 所公办幼儿园，14 所民办（集办）托幼机构，12 所社会力量举办的托育机构，实现了普惠资源的全覆盖。从长期以来对托育资源的保护，到托育服务新格局的形成，黄浦区始终坚持多方统筹联动、指导监管并行、公益普惠为先的思路，结合区域实际，放大自身优势，积极探索创新工作体制机制，努力发挥示范引领作用，稳步推进 3 岁以下托育服务工作。

（上海市黄浦区早期教育指导中心　俞丛晓）

第二节　直面问题，持续探索，引发对未来发展的新思考

2018 年 5 月，黄浦区成为上海市托育服务工作试点区，黄浦区政府召开托幼工作联席会议，明确了区教育局牵头，教育、民政、市场监管、卫生计生、公安、消防、人社、房管、建管、财政、物价、工会、妇联等 16 个部门、10 个街道分工合作的工作格局。2018 年 6 月 4 日，上海市第一张营利性机构的"依法开展托育服务告知书"在黄浦区发放。在黄浦区委、区政府强有力的领导下，黄浦区托育服务和家庭科学育儿指导各项工作正在积极、有序、稳妥推进，成绩斐然。

当然，这是一项刚刚起步的工作，影响托育服务和科学育儿发展的深层次困难和问题依然存在。如，区域内托育服务资源供给还存在不足以及结构性矛盾；托育机构准入门槛偏高，申办难度较大，托育机构运营风险大、成本高，可持续发展难；社会各方参与发展托育事业的积极性还不够高，客观上影响了托育机构的快速发展；托育从业人员数量和质量不能适应托育机构发展的需要。再如，科学育儿指导内涵发展也还有较大提升空间，覆盖度有待提高，尤其在疫情防控背景下，特别需要进一步探索科学育儿指导服务方式与信息技术的深度融合，进一步加强新技术的支撑作用，提供更多元、更优质的科学育儿指导服务，不断扩大科学育儿指导服务的受益面。

如何解决这些问题，突破事业发展的瓶颈？当前科学育儿事业已经进入了一个快速发展的阶段，面临着难得的历史机遇，受到了全民的高度关注，当然，也遇到了诸多的挑战。面对新的形势和任务，黄浦区将以习近平新时代中国特色社会主义思想为指导，在上海市委、市政府的领导下，积极响应国家和上海市战略规划，对标《中国教育现代化 2035》《上海教育现代化 2035》，全面贯彻《关于促进 3 岁以下婴幼儿照护服务发展的指导意见》、上海市托育服务"1＋2 文件"要求，回应人民群众的关注和需求，持续提升黄浦托育服务工作水平，逐步实现多元共建向体系构建转变，进一步完善"政府引导、家庭为主、多方参与"的托育服务体系，加快推进托幼服务事业向"幼有善育"提升。

为实现这一目标，黄浦区思考将在以下五方面继续发力：

一、托育服务合理布局,加大资源供给

一是拓展普惠性托育资源。三年内以托幼一体化为主,落实每年新增普惠性托育点的区政府实事项目。二是发展多元照护服务。规范发展多种形式的婴幼儿照护服务机构;鼓励和引导民办幼儿园和其他社会力量提供托育服务,构建多元化的婴幼儿照护服务体系,满足 0～3 岁婴幼儿家庭多层次、多样化的照护需求。

二、教养医结合,支持家庭科学育儿

一是医养结合,加强内涵建设。用好《上海市母子健康手册》《"医养结合"视角下托育机构一日活动方案》、科学育儿资源包等工具,探索医养结合上门与社区指导服务模式,每年为每个常住人口新生儿家庭提供医养结合上门指导服务,帮助家庭认识儿童早期发展的影响因素,不断优化婴幼儿成长环境和养育方式。二是继续推进线上线下科学育儿指导,大力发展线上科学育儿指导服务,100％覆盖有需要的适龄婴幼儿家庭。三是充分发挥信息技术手段在科学育儿指导中的助推作用。根据婴幼儿托育服务的实际情况,进一步发挥互联网、物联网、大数据、人工智能等信息技术在优化育儿指导服务、强化顶层管理、提升质量监测水平等方面的作用。

三、完善队伍建设,提升科学育儿的能力

完善托育从业人员培训机制。将婴幼儿照护服务从业人员作为紧缺人员纳入培养培训计划,研制托育从业人员职业规划。构建托育从业人员职前职后一体化师资培养培训体系,从业人员持证上岗率达 100％,落实每年不少于 72 课时的在职培训,其中职业道德教育培训不少于 40 课时。培训中着力提升从业人员的职业素养,如职业道德、协商共育能力、个性化育儿支持能力、家园沟通、反思与自我发展等方面的能力。

四、强化规范管理，建设示范性托育机构

努力形成政府依法管理、行业规范自律、社会协同治理的托育服务市场综合治理格局。一是健全托育服务监督管理机制。实现各类托育服务机构管理全覆盖，确保托育机构信息公开率达 100％。二是严格规范，综合监管。实现入园到离园全过程操作规范化、机构经营合法化、人员管理标准化，确保所有托育机构的举办、建设与服务符合国家和市区相关管理规范。三是建立常态化监测制度。基于托育机构评估体系，定期开展督导检查，增加儿童发展数据采集，增强数据的互联互通，探索托育服务常态化监测模式，建成一批具有示范效应的托育服务机构。

五、加强儿童友好型城市建设

儿童是城市的未来，城市的规划设计应该优先考虑儿童的生活和学习的需求。然而，目前城市的许多建设缺乏儿童层面的考虑。由于人口密集，城市空间受限，留给儿童的户外活动空间和"自然化"的公共空间较为缺乏。因此，在城区规划与改建中能以儿童优先为原则，充分考虑为儿童留有活动空间，进一步优化儿童成长环境，打造儿童友好城区，是全社会关注的构想。目前黄浦区正在推进的"儿童友好社区"创建试点工作，创建儿童友好社区，是从儿童视角，以儿童优先为原则，以儿童需求为导向，优化资源配置、整合统筹社区内儿童活动场所和服务项目，以儿童服务中心和儿童之家为阵地，以嵌入式、菜单式、分龄式服务为儿童打造一个环境友好、设施齐全、服务完善的 15 分钟社区生活圈，为儿童提供安全、便利、适宜的活动空间，增强儿童及其家庭对社区的归属感、获得感和幸福感。

黄浦区已有瑞金二路、豫园、打浦桥、五里桥 4 个街道申报了全市首批儿童友好社区创建的试点，正按照市妇儿工委儿童友好社区创建推进节奏，在积极筹建 1 个街道儿童服务中心和若干个社区儿童之家，形成"一中心多站点"的网络布局。南京东路、外滩、淮海中路、老西门、小东门、半淞园路 6 个街道也提出在 2021 年参与创建，计划至 2021 年年底，黄浦区儿童友好社区创建工作将在 10 个街道做到全覆盖。让城市建设更好地服务于儿童的发展，为儿童带来福祉。

时间已走到了 2020 年，这一年，不仅是《国家中长期教育改革和发展规划纲要

（2010—2020 年)》《上海市中长期教育改革和发展规划纲要（2010—2020 年)》《上海市黄浦区国民经济和社会发展第十三个五年规划纲要》的收官之年，同时也是《上海市教育综合改革方案（2014—2020 年)》《黄浦区推进教育综合改革实验整体方案》的收官之年，黄浦区的 0～3 岁科学育儿事业也走过了十几个年头，从开始的面向家庭的 0～3 岁早教指导服务，到现在增加了面向婴幼儿的托育服务，两块业务共同有序推进，形成了今天黄浦区 0～3 岁科学育儿事业蓬勃发展的局面，经过多年来的不懈努力，黄浦区在科学育儿事业上取得了丰硕的成果，在全国范围内都产生了极大影响，黄浦科学育儿指导工作者们正在向百姓交付一份满意的答卷！

当下，"以提供满足不断变化需求的服务"为自己内涵的黄浦人已将今天的基础作为未来工作的新起点。黄浦的科学育儿指导工作者们会带着幸福的使命感，继续前行……

（上海市早期教育指导服务中心、上海市黄浦区学前儿童发展监测中心

茅红美、汪志超）

后 记

从 2015 年开始,黄浦区学前教育在区教育局领导下,在全面推进教育综合改革中进行积极的实践研究与探索。几年来,黄浦区各级各类幼儿园形成了丰富的经验并取得了一定成效。为了进一步做好研究成果的提炼和推广工作,做好教育综合改革成果总结和经验提炼的相关要求,黄浦区教育局编撰了一套《面向现代化的黄浦教育综合改革》丛书,该丛书共分 7 册,本书是这套丛书中的其中一册。本书主要从教育面向现代化,如何实现黄浦学前教育"科学化、高品质"目标,树立现代教育理念、优化保教活动质量、深化学前课程建设以及科学实施 03 早教工作,比较全面地阐述了"十三五"期间黄浦学前教育所进行的思考与探索、经验与成果。

本册书稿编写过程中,由姚晓红局长亲自挂帅,策划、拟定各章节主题,提出各章节撰写的具体安排及要求;由黄浦区教育学院肖燕萍全面负责,带领团队开展此项工作。具体分工如下:导言由区教育局学前科科长刘丹执笔撰写。第一编第一章、第五章由张红负责(统稿、审稿);第二章由王莉娟负责(统稿、审稿);第三章由陈霞红负责(统稿、审稿);第四章由肖燕萍负责(统稿、审稿)。第二编由肖燕萍负责(统稿、审稿)。第三编由茅红美负责(统稿、审稿)。本册书稿编写过程经过多轮反复修改和完善,教育局办公室主任徐燕雯、学前科科长刘丹进行多方沟通与协调;在完成书稿过程中,黄浦区教育学院院长奚晓晶和科研室唐军老师、上海教育报刊总社《上海托幼》主编王坚老师为书稿的完善提出了指导性建议。在此,对所有参与书稿撰写的教师,对书稿修改给予指导的市区专家,以及参与书稿校对和编辑工作的老师们一并表示感谢。还要感谢上海教育出版社编辑邹楠和她的同事们为确保本书高质量的出版付出了大量的心血。

由于能力有限和时间仓促,书中如有不当之处,恳请批评指正。